KB168038

코틀린
마이크로서비스 개발

코틀린 마이크로서비스 개발

스프링 5와 스프링 부트 2.0을 활용해
코틀린으로 구축하는
리액티브 마이크로서비스

후안 안토니오 메디나 이글레시아스 지음

강인호 · 황주필 옮김

Packt> i!i 에이콘

 에이콘출판의 기틀을 마련하신 故 정완재 선생님 (1935-2004)

내 친구 후안 안토니오 브레냐(Juan Antonio Breña)에게: 그의 동기 부여와 열정은 내가 생각하지 못한 수준으로 나를 이끌었다. 그가 없었다면 이 책은 결코 존재하지 않았을 것이다. 세르지오 발레라(Sergio Valera)에게: 우리가 얼마나 멀리 떨어져 있든지 상관없이, 그의 영감과 비전을 항상 기억할 것이다.

– 후안 안토니오 메디나 이글레시아스

| 지은이 소개 |

후안 안토니오 메디나 이글레시아스 Juan Antonio Medina Iglesias

20년 전에 인디 게임 개발을 시작한 이후 해외 4개국에서 임베디드 소프트웨어부터 엔터프라이즈 애플리케이션에 이르기까지 다양한 분야에서 일했다. 소프트웨어 장인 정신에 평생을 바쳤다.

금융 산업에서 가장 큰 트렌스포메이션을 수행했던 재능 있는 전문과 그룹과 2006년부터 산탄데르 테크놀로지 Santander Technology에서 일하고 있다.

현재 산탄데르 테크놀로지 UK의 디지털 혁신 팀에서 수석 엔지니어로 일하고 있다.

이 책의 기술 감수자 빅터 헤라이즈 Victor Herraiz와 닐 캐논 Neil Cannon, 그리고 콘텐츠 개발 에디터인 프란시스 카네이로 Francis Carneiro에게 감사의 말을 전한다. 그들은 책의 내용과 예제 코드로 훌륭한 일을 해냈다.

비공식적인 리뷰로 내용에 의견을 보내준 데이비드 앨본 David Albone, 레이첼 워버튼 Rachel Warburton, 앨런 테일러 Alan Taylor, 쿠람 마흐무드 Khurram Mahmood에게도 감사한다.

| 기술 감수자 소개 |

닐 캐논 Neil Cannon

수년간 서버측 자바 작업을 한 후 2010년부터 안드로이드 애플리케이션을 개발해왔다. 코틀린 1.0 베타 버전을 테스트한 후 자바에서 벗어나 가능한 자바를 최소로 사용해왔다.

빅터 헤라이즈 포사다 Victor Herraiz Posada

산탄데르 그룹Santander Group과 맙프리Mapfre 같은 회사의 복잡한 분산 시스템을 설계하고 개발하는 데 15년 이상의 경험을 가진 수석 소프트웨어 엔지니어다.

가르치고 훈련하는 데 열정적이다. 접근성, 품질 관리, 디자인 패턴, 프로그래밍 언어 수업과 강연을 했다. 물리, 메탈 음악, 기타, 비디오 게임, 오래된 공상 과학 영화, 책, 만화를 좋아한다.

통찰력 있는 이 책을 검토해 달라고 요청한 후안 안토니오 메디나 이글레시아스에게 감사한다. 이 책은 많은 회사가 직면해야 하는 도전을 헤쳐나가는 여정이다.

| 옮긴이 소개 |

강인호(innoshome@gmail.com)

개발자로 IT 경력을 시작해서 EnSOA와 티맥스소프트를 거치면서 CBD & SOA 방법론 컨설팅을 수행했다. 오라클에서는 클라우드 네이티브, 컨테이너 네이티브 애플리케이션 개발과 운영을 돕는 일과 개발자 생태계를 지원하고 소통하는 역할을 하고 있으며, 최근 에는 머신 러닝에도 많은 관심을 가지고 있다.

기록적인 더위속에서도 번역할 수 있는 시간을 배려해준 아내와 무탈하게 잘 자라고 있는 윤서, 지윤이에게 사랑을 담아 고마운 마음 전한다.

황주필(jupil.hwang@gmail.com)

IT 기업에서 개발자로 시작해 오랫동안 BEA 시스템즈, 오라클 등에서 소프트웨어 아키텍 처, 엔지니어로 일했다. 수많은 기업에서 기업용 소프트웨어 지원과 비즈니스 적용을 도 왔으며, 컨테이너에 관심이 많아서 LXC, 도커로 시작해 쿠버네티스 생태계에 참여하고 있다. 현재는 컨테이너 기반의 클라우드 네이티브 애플리케이션의 개발과 운영을 돕는다. 현재는 피보탈Pivotal에서 플랫폼 아키텍트Platform Architect로 근무하며, 고객이 클라우드를 통 해 디지털 트랜스포메이션을 성공적으로 할 수 있도록 돕고 있다.

힘들거나 고민거리가 있을 때 보기만 해도 힘이 되는 아내와 딸에게 항상 고마움을 표한다.

| 옮긴이의 말 |

이제 어느덧 마이크로서비스는 새로운 서비스를 만들 때 실질적인 표준de facto이 되어 가고 있다. 이는 비단 스타트업이나 서비스 기업뿐만 아니라 전통적인 기업에서도 기존의 일체형 애플리케이션을 마이크로서비스화하기 위해 시도하고 있다는 이야기가 심심치 않게 들려오고 있다.

코틀린은 2010년 처음 등장한 이후 구글의 공식 언어 지원을 등에 엎은 안드로이드 생태계의 영향이기는 하지만 어느새 자바 생태계의 주류 언어로 자리매김하게 되었고 서버측 개발 언어로도 많은 부분이 코틀린을 채택하고 있다.

마이크로서비스의 1세대가 VM 기반의 폴리그랏으로 대변되는 자치성에 기반한 서비스의 분리에 있었다면, 2세대는 컨테이너 기반의 리액티브 패러다임이라 말할 수 있을 것 같다.

이 책은 코틀린 언어를 이용해 차세대 마이크로서비스를 구축하기 위한 다양한 내용을 담고 있다.

마이크로서비스와 리액티브의 개념적인 원리와 장점으로 시작해서 스프링 부트 기반으로 마이크로서비스를 쉽게 만들어보고, 스프링 웹플럭스WebFlux를 사용해 넌블로킹 리액티브 마이크로서비스를 구축하는 방법에 대해 살펴본다.

그리고 이를 컨테이너 기반으로 운용하기 위한 개발, 테스트 모니터링과 배포에 이르는 영역을 다룬다. 무엇보다도 이 책의 장점은 제목에서도 알 수 있듯이 기본적인 개념에 대한 이해를 바탕으로 직접 만들어 보면서 새로운 개념과 기술을 체험할 수 있도록 구성돼 있어서 차세대급 마이크로서비스 구축에 소요되는 기술 기반을 조망해보는 데 좋은 안내서가 될 것으로 기대한다.

원서가 출간된 시점에 스프링 부트 버전은 2.0.0 M7이었으나 번역서가 출간되는 시점에는 2.1 버전이 출시됐다. 그리고 인텔리제이 IDEA CE 버전도 2017.2이었으나 번역서 출간 시점에는 2018.3으로 업그레이드되었다. 번역서에는 이런 변경 사항을 반영해 예제와 책 내용을 무리없이 따라 할 수 있도록 일부 내용을 수정했으니 안심해도 좋다.

마지막으로 마이크로서비스의 배포와 운용을 위해 컨테이너를 고려 중이라면 쿠버네티스를 함께 검토해볼 것을 권한다. 서비스 메시Service Mesh를 구성하기 위한 쿠버네티스와 이스티오istio의 조합은 컨테이너 기반 마이크로서비스 운용에 최상의 조합이 될 것이다.

강인호, 황주필

| 차례 |

지은이 소개 6

기술 감수자 소개 7

옮긴이 소개 8

옮긴이의 말 9

들어가며 23

1장   마이크로서비스의 이해   31

마이크로서비스란 무엇인가 32

    SoA 이해 33

    SoA와 마이크로서비스의 차이점 35

    일체형에서 마이크로서비스로 38

마이크로서비스 원칙 41

    설계 원칙 정의 41

    비즈니스 역량 중심 모델 42

    느슨한 결합 42

    단일 책임 43

    구현 은닉 44

    격리 45

    독립적인 배포 가능 45

    장애를 고려한 빌드 46

      업스트림 46

      다운스트림 47

      로깅 47

      모니터링 47

      경고 47

복구 47

폴백 48

확장성 48

자동화 51

도메인 주도 설계 51

도메인 주도 설계란 51

유비쿼터스 언어 52

경계된 컨텍스트 53

컨텍스트 매핑 53

마이크로서비스에서 DDD 사용하기 55

리액티브 마이크로서비스 56

리액티브 프로그래밍 56

리액티브 선언문 58

응답성 58

복원성 59

탄력성 59

메시지 기반 59

배압 60

리액티브 프레임워크 61

리액티브 익스텐션 61

프로젝트 리액터 61

자바 리액티브 스트림 62

아카 62

리액티브 마이크로서비스 62

클라우드 네이티브 마이크로서비스 63

클라우드 컴퓨팅 63

컨테이너 64

배포 모델 65

프라이빗 클라우드 65

퍼블릭 클라우드 65

하이브리드 클라우드 66

서비스 모델 66

IaaS 67

PaaS 67

SaaS 68

클라우드 네이티브 마이크로서비스 68

정리 69

2장　스프링 부트 2.0 시작하기 71

스프링 부트 애플리케이션 만들기 72

구성 72

JDK 8 설치 73

메이븐 3.5 설치 74

인텔리제이 IDEA CE 2018.3 75

스프링 이니셜라이저 사용 77

기본 사용 방법 77

생성된 프로젝트 파일 검토 78

고급 사용법 80

메이븐 사용 80

라이프사이클의 단계 80

메이븐의 목표 82

POM 파일 이해 83

인텔리제이 IDEA 사용 85

메이븐 프로젝트 열기 86

라이프사이클 단계 및 목표 실행 87

마이크로서비스 수정 89

디버깅 93

팁과 트릭 95

스프링 부트 애플리케이션의 구조 96

애플리케이션 오브젝트 생성 97

스프링 애플리케이션 컨텍스트 정의 98

컴포넌트 스캔 이해 98

컴포넌트 사용 100

의존 관계 자동 설정 101

스프링 부트 애플리케이션 패키징 및 실행 104

패키징 104

WAR가 아닌 JAR로 패키징하기 105

스프링 부트 애플리케이션 실행 105

실행 가능한 JAR 만들기 106

애플리케이션 설정 107

설정 값 설정하기 107

프로퍼티 사용하기 109

Yaml 사용 109

명령줄 인수 사용 110

스프링 표현 언어의 이해 110

프로파일 사용 111

프로파일 값 정의 111

프로파일을 사용한 실행 112

조건부 빈 만들기 113

명시적으로 빈 만들기 114

추가 빈 정의 115

조건으로 빈 정의 116

다른 설정 실행하기 118

정리 119

3장   RESTful 서비스 만들기   **121**

RestController의 이해 122

컨트롤러란 122

RestController 만들기 123

컨트롤러 이해 125

경로와 요청 매개 변수 126

customers 맵 생성 127

경로 변수 얻기 129

경로 변수 이해 129

요청 매개 변수 정의 130

요청 매개 변수 이해 ··· 131

HTTP 동사와 상태 ··· 132

표준 HTTP 동사와 상태 ··· 132

단일 리소스 ··· 132

컬렉션 ·· 133

일반적 오류 ··· 133

HTTP 동사 처리 ··· 134

HTTP POST 처리 ·· 135

HTTP DELETE 처리 ··· 137

HTTP PUT 처리 ··· 138

동사와 매핑 애노테이션 사용 ·· 139

서비스 레이어 구현 ·· 140

서비스 인터페이스 생성 ·· 140

구현 생성 ··· 141

적절한 빈 바인딩 ·· 144

서비스 이용하기 ·· 145

HTTP 상태 처리하기 ·· 147

ResponseEntity 사용 ··· 147

GET 요청에 응답 ··· 148

POST 요청에 응답 ··· 148

DELETE 요청에 응답 ·· 149

UPDATE 요청에 응답 ··· 150

빈 응답 ·· 150

JSON으로 작업하기 ··· 151

직렬화 이해 ··· 152

간단한 객체 이용 ·· 152

복잡한 객체 작업 ·· 155

고객 클래스에 전화번호 추가 ·· 156

널 값 처리 ··· 158

역직렬화 이해 ·· 161

요청을 객체로 ·· 161

복잡한 객체 역직렬화 ··· 162

객체의 유효성 검사 ··· 163

오류 처리 165

    컨트롤러 어드바이스 사용 165

    비즈니스 예외 생성 169

    컨트롤러 어느바이스 피하기 170

정리 171

4장   리액티브 마이크로서비스 만들기   173

스프링 웹플럭스의 이해 174

    스프링 웹플럭스 애플리케이션 만들기 174

    네티 사용하기 177

    정적 콘텐츠 제공 178

    RestController 추가 180

    Customer 서비스 만들기 181

    블로킹은 리액티브가 아니다 184

리액티브 서비스 만들기 185

    구독자와 게시자 185

    단일 객체 게시하기 187

    서비스에서 모노 사용하기 188

    여러 객체 게시하기 190

    서비스에서 플럭스 사용하기 191

    리액티브하게 객체 수신 193

함수형 웹 프로그래밍 사용하기 198

    RouterFunction 사용하기 199

    핸들러 만들기 203

    리액티브 서비스 사용하기 207

    다중 경로 처리하기 213

    쿼리 매개 변수 사용하기 215

    JSON 본문 처리하기 219

리액티브 오류 처리하기 225

    핸들러에서 오류 캡처하기 225

    오류 게시 229

정리 232

5장   리액티브 스프링 데이터   **233**

NoSQL 데이터베이스 234
　　SQL 데이터베이스란 234
　　NoSQL 데이터베이스란 236
　　몽고DB 설치 237
　　　데이터베이스 서버 시작 237
　　　Mongo 클라이언트와 연결 238
　　데이터베이스 생성 239
　　명령 사용 241
스프링 데이터 사용 243
　　프로젝트 설정 244
　　연결 구성 245
　　몽고DB에 명령어 보내기 247
리액티브 리포지토리 250
　　리포지토리 생성하기 250
　　리포지토리 사용하기 252
　　초기화 완료 254
　　ReactiveMongoTemplate 사용 256
CRUD 연산을 위한 RESTful API 258
　　서비스 재사용 258
　　GET을 READ로 매핑 261
　　POST를 CREATE로 매핑 262
　　DELETE 매핑 265
　　고객 검색 270
정리 274

6장   클라우드 네이티브 마이크로서비스 만들기   **275**

스프링 클라우드의 이해 276
　　클라우드 네이티브 프로그램이란 무엇인가 276
　　스프링 클라우드 아키텍처 278
　　　컨피그 서버 278

서비스 탐색 279

로드 밸런서 280

게이트웨이 281

서킷 브레이커 283

스프링 클라우드 넷플릭스 284

스프링 클라우드 마이크로서비스 만들기 285

컨피그 서버 287

컨피그 서버 만들기 287

설정 얻기 292

데이터 암호화 296

애플리케이션 프로파일 사용하기 298

서비스 탐색 299

서비스 탐색 서버 만들기 300

탐색 서버에 연결하기 302

스프링 부트 액추에이터 사용하기 303

게이트웨이 305

게이트웨이 만들기 305

라우터 정의 307

정리 309

7장   도커 만들기   311

도커로 시작하기 312

컨테이너 이해 312

가상 머신 312

컨테이너 313

도커 314

도커 설치 314

도커 시작하기 315

이미지 가져오기 317

이미지 관리 319

마이크로서비스 도커 생성하기 321

예제 마이크로서비스 만들기 321

Dockerfile 만들기 323

마이크로서비스 도커 만들기 326

마이크로서비스 실행하기 328

도커 게시 330

저장소 이해 330

도커 허브 계정 만들기 331

도커 게시 332

도커와 메이븐 통합하기 333

정리 336

8장   마이크로서비스 확장   337

확장 가능한 아키텍처 338

확장의 방향성 338

수직적 확장 339

수평적 확장 339

확장 설계 340

독립적 확장 341

축소 341

클라우드 만들기 342

스웜 만들기 342

서비스 추가 344

서비스의 로그 확인하기 346

서비스 삭제 347

마이크로서비스를 서비스로 퍼블리시 348

레지스트리 만들기 348

마이크로서비스 만들기 349

도커 만들기 352

서비스 만들기 353

서비스 제어하기 353

인스턴스 확장 354

서버스 로그 가져오기 356

서비스 제어하기 357

정리 358

9장   스프링 마이크로서비스 테스트   359

SpringBootTest 이해 360

간단한 마이크로 서비스 만들기 361

SpringBootTest 이해 365

빈 테스트 367

MockMvc 사용하기 375

모의 빈 사용하기 380

왜 목을 사용하는가 381

목 설치 382

모의 값 반환하기 383

목 호출 검증하기 386

플루언트 테스트 388

Kluent 추가하기 389

서술적으로 서비스 테스트하기 390

서술적으로 컨트롤러 테스트하기 395

정리 400

10장   마이크로서비스 모니터링   403

모니터링의 이해 404

모니터링은 무엇인가 404

경고 406

복구 407

장애 발생 마이크로서비스 만들기 408

스프링 부트 액추에이터 411

스프링 부트 액추에이터 활성화 411

액츄에이터의 엔드포인트 이해 413

상태 엔드포인트 413

메트릭스 엔드포인트 415

트레이스 엔드포인트 416

상태 표시기 정의 418

액츄에이터 엔드포인트 보호 420

JMX 421

JMX 이해 422

JMX 사용하기 422

관리 빈 만들기 426

정리 429

11장 마이크로서비스 배포   **431**

설정 432

깃허브 계정 생성 432

깃 설치 435

오픈시프트 계정 만들기 436

오픈시프트 클라이언트 다운로드 440

애플리케이션 빌드 441

예제 마이크로서비스 만들기 441

테스트 추가 445

깃허브에 업로드하기 447

오픈시프트에 게시 451

애플리케이션 만들기 452

애플리케이션 관리 456

애플리케이션 업데이트 457

정리 465

12장 모범 사례   **467**

코틀린 관용구 사용 468

타입 추론 468

표현식 470

기본 매개 변수 472

람다 473

스프링 컨텍스트 관리 474

생성자 주입 474

명시적 컨텍스트 설정 477

서비스 분리 479

애플리케이션의 계층화 481

클래스 이해 481

도메인 483

분할 484

효과적인 테스트 485

테스트 유형 이해 485

단위 테스트 486

통합 테스트 486

E2E 테스트 486

그 외 테스트 487

테스팅 피라미드 487

테스트 주도 개발 489

행위/행동 주도 개발 490

CI/CD 처리 491

지속적인 통합 492

지속적 배포 492

파이프라인 493

대시보드 494

정리 494

찾아보기 496

| 들어가며 |

구글이 안드로이드 생태계에서 코틀린의 지원을 발표하면서 코틀린은 주류 언어로 인식되기 시작했다.

마이크로서비스는 확장성 있고 관리하기 쉬운 웹 애플리케이션을 설계하는 데 도움이 되며, 코틀린은 현대적 관용구ᵘᵈⁱᵒ를 활용해 개발을 단순화하고 고품질 서비스를 만들 수 있게 한다.

코틀린은 JVM과 100% 상호 운용성이 있어 기존 자바 코드를 가지고 작업하기 쉽다.

스프링Spring, 잭슨Jackson, 리액터Reactor 같은 인기 있는 자바 프레임워크에는 널 안전성Null-safty이나 타입 안전type-safe 선언 빌더와 같은 언어 기능을 지원하는 코틀린 모듈이 들어있다.

이 책은 운영 환경에서 테스트 가능한 코드로 서비스를 설계 및 구현해 독자가 기존 자바로 구현하는 것보다 코드를 더 짧고 유지보수가 용이하고 편하게 작성할 수 있다.

넌블로킹 기술을 활용하고 서비스를 차기 수준의 업계 표준으로 끌어올리기 위해 리액티브 패러다임을 사용할 때의 장점을 알게 될 것이다.

또한 리액티브로 NoSQL 데이터베이스를 사용해 대용량 처리 마이크로서비스를 만든다.

이 책에서는 다양한 클라우드 환경에서 실행할 수 있는 클라우드 네이티브 마이크로서비스를 만드는 방법과 이를 모니터링하는 방법을 알려준다.

마이크로서비스용 도커 컨테이너를 만들고 이를 확장하는 방법을 알 수 있다. 마지막으로, 오픈시프트 온라인에 마이크로서비스를 배포한다.

▌ 이 책의 대상 독자

마이크로서비스 아키텍처에 대한 기본 지식이 있고 현재 엔터프라이즈급 웹 애플리케이션에서 이런 서비스를 효과적으로 구현하고자 하는 코틀린 개발자라면, 이 책은 당신을 위한 것이다.

▌ 이 책의 내용

1장. 마이크로서비스 이해 마이크로서비스와 그 원리를 소개한다. 도메인 주도 설계Domain-Driven Design, 클라우드 네이티브 마이크로서비스와 리액티브 아키텍처를 알아본다.

2장. 스프링 부트 2.0 시작하기 스프링 부트 2.0을 사용해 코틀린에서 처음 마이크로서비스를 개발하는 데 도움을 준다. 스프링 부트를 심도 깊게 알아볼 것이고 인텔리제이IntelliJ IDEA를 사용해 마이크로서비스를 구축하는 방법을 살펴본다.

3장. RESTful 서비스 만들기 클라우드 네이티브 마이크로서비스를 RESTful API로 확장해 다양한 스프링 구성 요소를 소개한다.

4장. 리액티브 마이크로서비스 만들기 넌블로킹 리액티브 마이크로서비스를 생성한다. 스프링 웹플럭스WebFlux와 리액터Reactor를 사용해 리액티브 마이크로서비스를 구축하는 방법을 알아본다.

5장. 리액티브 스프링 데이터 리액티브 스프링 데이터를 사용해 몽고DB 같은 NoSQL 데이터베이스를 작업하는 방법에 중점을 둔다. 그런 다음 REST API의 CRUD 작업을 리액티브하게 생성하는 리액티브 마이크로서비스를 향상시키는 방법을 살펴본다.

6장. 클라우드 네이티브 마이크로서비스 만들기 클라우드 네이티브 마이크로서비스가 무엇이고, 스프링 클라우드로 쉽게 구축하는 방법을 설명한다.

7장. 도커 만들기 도커를 설치 및 구성해서 컨테이너를 작성, 게시, 실행하는 방법과 메이븐Maven을 사용해 마이크로서비스를 빌드할 때 이를 통합하는 방법에 대해 설명한다.

8장. 마이크로서비스 확장 도커에서 개인용 클라우드를 만드는 방법과 마이크로서비스를 확장하고 제어하는 방법을 살펴본다.

9장. 스프링 마이크로서비스 테스트 SpringBootTest와 JUnit을 사용해 마이크로서비스를 테스트하는 방법을 설명한다. Kluent를 사용해 더욱 풍부한 표현 방식으로 마이크로서비스를 테스트하는 방법을 배운다.

10장. 마이크로서비스 모니터링 실제 운영 시스템에서 모니터링이 중요한 이유와 스프링 부트 액추에이터^{Acuator}와 JMX를 이용해 모니터하고 제어하는 마이크로서비스를 제공하는 방법에 대해 설명한다.

11장. 마이크로서비스 배포 마이크로서비스 도커를 오픈시프트 온라인^{OpenShift Online}에 배포하는 방법과 마이크로서비스 코드가 변경될 때 깃허브를 통합해 자동 배포하는 방법을 설명한다.

12장. 모범 사례 마이크로서비스를 만드는 데 사용할 수 있는 업계 모범 사례를 설명한다.

▌ 준비 사항

시작하기 전에 다음 소프트웨어를 설치해야 한다.

- JDK 8
- 메이븐 3.5+
- 인텔리제이 IDEA CE 2018.1
- Zip 파일 압축 해제 프로그램
- 브라우저
- 윈도우용 도커나 맥용 도커(도커 툴박스 아님)
- 윈도우와 관련된 몇 가지 예를 보려면 시그윈^{Cygwin} 또는 Windows Linux Subsystem

▌ 고객 지원

이 책을 구입한 독자라면 다음과 같은 지원을 받을 수 있다.

예제 코드 파일 다운로드

한국어판의 예제 코드는 에이콘출판사의 도서정보 페이지인 http://www.acornpub. co.kr/book/ml-with-kotlin에서도 다운로드할 수 있다.

원서의 예제 코드를 보려면 http://www.packtpub.com/support를 방문해 이메일을 등록하면 파일을 직접 받을 수 있으며, 원서의 Errata도 확인할 수 있다. 또한 https:// github.com/PacktPublishing/hands-on-microservices-with-kotlin에서 다운로드 할 수 있다.

 이 책이 쓰여졌을 때 스프링 부트 2의 현재 스냅샷 버전은 스프링 부트 2.0.0 M7이다. 코드 묶음과 예제는 해당 버전으로 최신 버전이다. 스프링 부트 2.0.0이 릴리스되면 코드 번들도 업데이트할 것이다.[1]

이 책의 컬러 이미지 다운로드

책에서 사용된 스크린샷/다이어그램의 컬러 이미지를 PDF 파일로 제공한다. 컬러 이미지는 출력 결과의 변화를 더 잘 이해하는 데 도움이 될 것이다. 에이콘출판사 도서정보 페이지 http://www.acornpub.co.kr/book/microservices-kotlin에서 다운로드할 수 있다.

---

1 번역 시점에 스프링 부트 2의 릴리스 버전은 스프링 부트 2.1.2이었고, 제공되는 코드가 해당 버전에서도 잘 실행되는 것을 확인했다. - 옮긴이

원서의 이미지를 확인하고 싶다면 다음의 주소에서 볼 수 있다.

https://www.packtpub.com/sites/default/files/downloads/HandsOnMicroserviceswithKotlin_ColorImages.pdf

▌ 이 책의 편집 규약

이 책에서는 독자의 이해를 돕고자 다루는 정보에 따라 다음과 같이 글꼴 형식을 다르게 적용했다. 다음은 다르게 적용된 스타일의 예제와 의미 설명이다.

문장 중에 사용된 코드, 데이터베이스 테이블 이름, 사용자 입력, 트위터 처리 등은 다음과 같이 표기한다.

"다운로드한 `WebStorm-10*.dmg` 디스크 이미지 파일을 시스템의 다른 디스크로 마운트한다."

코드 블록은 다음과 같이 표기한다.

```
package com.microservices.chapter2

interface ServiceInterface {
    fun getHello(name : String) : String
}
```

코드 영역에서 특정 부분을 강조할 때에는 진한 글씨로 표기한다.

```
<build>
....
  <plugins>
    <plugin>
      <groupId>org.springframework.boot</groupId>
      <artifactId>spring-boot-maven-plugin</artifactId>
```

```
    <configuration>
      <executable>true</executable>
    </configuration>
  </plugin>
....
</build>
```

명령줄 입력과 출력은 다음과 같이 표기한다.

```
mvnw spring-boot:run
mvnw compile
```

화면상에 출력된 메뉴나 대화상자 문구를 문장 중에 사용할 때는 다음과 같이 표기한다.

"Administration 패널에서 System Info를 선택한다."

 주의해야 하거나 중요한 내용은 이와 같이 표기한다.

 참고 사항이나 요령은 이와 같이 표기한다.

▌ 독자 의견

이 책에 대한 독자의 의견은 언제나 환영이다.

독자 의견을 보낼 때는 이메일 제목란에 구입한 책 제목을 적은 후 feedback@packtpub. com으로 전송한다. 이 책에 관련된 질문이 있다면 questions@packtpub.com으로 문의하기 바란다. 최선을 다해 답하겠다. 한국어판에 관한 질문은 이 책의 옮긴이나 에이콘출판사 편집팀(editor@acornpub.co.kr)으로 문의할 수 있다.

정오표

오타 없이 정확하게 만들기 위해 모든 수단을 동원해서 책을 만들지만 실수가 있을 수 있다. 문장이나 코드에서 문제를 발견하면 우리에게 알려주기 바란다. 다른 독자들의 혼란을 방지하고 차후 나올 개정판을 개선하는 데 도움이 되기 때문이다. 오류를 발견하면 http://www.packtpub.com/submit-errata에서 책 제목을 선택하고 Errata Submission Form 링크를 클릭해 자세한 내용을 입력하면 된다. 보내준 오류 내용이 확인되면 웹사이트에 그 내용이 올라가거나 해당 책의 정오표 부분에 그 내용이 추가될 것이다.

기존 오류 수정 내용은 https://www.packtpub.com/books/content/support 검색창에 책 제목을 입력하면 Errata 절 하단에 필요한 정보가 나타날 것이다.

한국어판의 정오표는 에이콘출판사 도서정보 페이지 http://www.acornpub.co.kr/book/microservices-kotlin에서 찾아볼 수 있다.

저작권 침해

인터넷에서의 저작권 침해는 모든 매체에서 벌어지고 있는 심각한 문제다. 팩트출판사에서는 저작권과 상용권 문제를 매우 심각하게 인식한다. 어떤 형태로든 팩트출판사 서적의 불법 복제물을 인터넷에서 발견한다면 적절한 조치를 취할 수 있도록 해당주소나 사이트 명을 알려주길 부탁한다

의심되는 불법 복제물의 링크는 copyright@packtpub.com으로 보내주길 바란다. 저자와 더 좋은 책을 위한 팩트출판사의 노력을 배려하는 마음에 깊은 감사의 뜻을 전한다.

질문

이 책과 관련해서 어떠한 종류의 질문이라도 있다면 questions@packtpub.com으로 문의하길 바란다. 최선을 다해 질문에 답할 것이다. 한국어판에 관한 질문은 이 책의 옮긴이나 에이콘출판사 편집 팀(editor@acornpub.co.kr)으로 문의해주길 바란다.

01

마이크로서비스의 이해

마이크로서비스^{Microservices}와 지속적으로 진화하는 마이크로서비스 아키텍처는 기업용 애플리케이션에서 가장 많이 사용하는 접근 방식 중 하나가 됐다. 이 책에서는 실제로 마이크로서비스가 무엇인지 이해하고, 마이크로서비스가 근거로 삼고 있는 원칙이 무엇인지 알아본다. 도메인 주도 설계^{Domain-Driven Design}를 사용해 애플리케이션이 진화할 수 있는 클린 아키텍처[1]를 유지하도록 하며 이런 원칙을 강화할 것이다.

---

1 엉클밥(Uncle Bob)으로 유명한 로버트 마틴(Robert Martin)이 「The Clean Architecture」란 글에서 소개한 개념으로 '의존 규칙 (Dependency Rule)'을 따라 UI를 독립시키고 데이터베이스를 분리시키고, 외부적인 설정에 독립적인 구조를 적용하면 프레임워크에 의존적이지 않고 테스트 용이한 코드를 짤 수 있는 아키텍처 구조. 더 자세한 내용은 https://8thlight.com/blog/uncle-bob/2012/08/13/the-clean-architecture.html을 참고하기 바란다. – 옮긴이

마이크로서비스에는 정해진 아키텍처가 없으므로 여기서는 새롭게 등장한 리액티브 Reactive 패러다임으로 마이크로서비스를 만드는 방법이 어떻게 바뀔 수 있는지 알게 될 것이다. 마지막으로 클라우드 아키텍처에 대한 개요와 클라우드 네이티브 마이크로서비스를 만들어야 하는 이유를 설명한다.

1장에서 다루는 내용은 다음과 같다.

- 마이크로서비스란 실제로 무엇인가
- 마이크로서비스 원칙 이해
- 클린 아키텍처를 위한 도메인 주도 설계 사용
- 넌블로킹Non-Blocking 리액티브 마이크로서비스
- 클라우드 네이티브 마이크로서비스와 장점

▎ 마이크로서비스란 무엇인가

마이크로서비스는 모듈 방식으로, 세분화된 기능을 제공하는 느슨하게 결합된 서비스다. 마이크로서비스는 관심 사항을 물리적으로 분리해 독립적으로 설계, 개발, 테스트, 배포할 수 있다.

이런 모듈화 특성으로 인해, 마이크로서비스는 애자일 방법론과 데브옵스 문화를 수용하는 소규모의 교차기능cross-functional 팀에서 만들 수 있으며, 지속적인 배포Continuous Delivery와 배포Deployment의 이상적인 후보가 된다.

 데브옵스(DevOps)는 소프트웨어 개발 및 배포 프로세스로 제품 관리, 소프트웨어 개발, 운영 전문가 간의 커뮤니케이션과 협업을 강조한다.

마이크로서비스는 이해하기 쉽고 다른 서비스와 연결이 용이하기 때문에 복잡한 애플리케이션을 쉽게 통합할 수 있으며 독립적으로 확장, 모니터링, 제어할 수 있기 때문에 클라우드 아키텍처에 최대한 활용할 수 있다.

SoA 이해

마이크로서비스는 서비스 지향 아키텍처SoA, Service Oriented Architecture에서 발전한 개념이다. 따라서 마이크로서비스를 이해하기 위해서는 SoA가 무엇인지 알아야 한다. SoA는 애플리케이션 컴포넌트를 기반으로 만들어지며, 이 컴포넌트는 원격에서 액세스할 수 있는 개별 기능을 가지는 일련의 서비스들로 이뤄진다. 따라서 서비스는 SoA의 토대가 되며, 마이크로서비스의 경우도 마찬가지다.

SoA에서 서비스는 다음 4가지 속성을 가진다.

- 논리적으로 특정 결과를 갖는 비즈니스 활동을 상징한다.
- 자기완비적self-contained이다.
- 서비스 사용자에게는 블랙박스다.
- 다른 기본 서비스를 활용해 구성할 수 있다.

이런 특성을 이해하기 위해서 SoA를 활용한 애플리케이션 예제를 살펴보자.

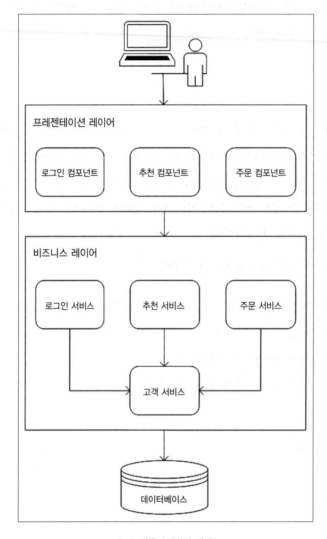

SoA 애플리케이션 예제

전형적인 n-티어 아키텍처에서, 애플리케이션은 3개의 레이어로 나뉜다.

- **프레젠테이션 레이어**: 사용자를 위한 UI
- **비즈니스 레이어**: 비즈니스 기능을 위한 도메인 로직을 구현한 서비스
- **데이터 레이어**: 도메인 모델을 관리

각 컴포넌트는 특정 비즈니스 활동에 있어서 사용자와 상호작용하는 로직을 포함하며 이를 위해 비즈니스 레이어가 제공하는 서비스를 사용한다. 각 서비스는 비즈니스 활동의 구현체다. 예를 들어, 로그인 서비스를 이용해 애플리케이션에 로그인하거나, 추천 서비스가 제안하는 추천 상품을 확인하거나, 주문 서비스를 통해 주문을 생성한다. 이런 서비스는 비즈니스 레이어에서 자체적으로 제공되기 때문에 사용자 입장에서는 블랙박스처럼 보인다. 컴포넌트는 서비스 구현 방법이나 도메인 모델이 유지되는 방법을 알지 못한다. 모든 서비스는 고객 데이터를 얻거나 고객 정보를 반환하기 위해서 고객 서비스에 의존하지만, 고객 서비스의 사용자는 고객 서비스의 세부 사항을 알지 못한다.

이 접근 방법은 아키텍처에 여러 가지 이점을 제공한다.

- **표준화된 서비스 계약**: 컴포넌트와 쉽게 통합할 수 있게 한다.
- **재사용성**: 서비스가 서로에게 책임을 위임할 수 있게 한다.
- **비즈니스 가치**: 비즈니스 기능을 구현한다.
- **복잡성 은닉**: 데이터베이스를 변경해야 하는 경우 클라이언트는 영향을 받지 않는다.
- **자율성**: 각 레이어는 분리가 가능하며 원격에서 액세스할 수 있다.

SoA와 마이크로서비스의 차이점

마이크로서비스 아키텍처는 SoA로부터 진화했지만, 꼭 이해해야 할 중요한 차이점이 있다. 앞의 SoA 예제를 마이크로서비스 아키텍처로 다시 만들고, 이런 유형의 아키텍처의 차이점과 이점을 검토해보자.

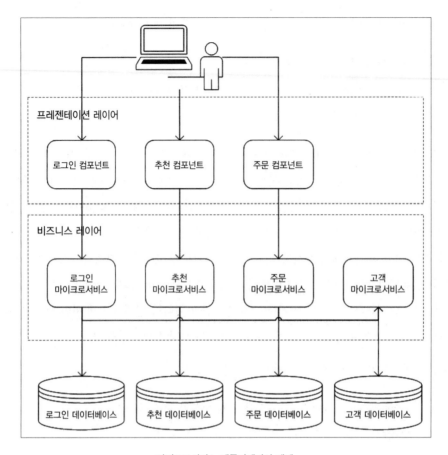

마이크로서비스 애플리케이션 예제

이 아키텍처에서 레이어는 논리적으로 완전히 분리돼 있어서 서로 묶이지 않는다.

각 마이크로서비스는 다른 서비스와 완전히 분리돼 있어서, UI 컴포턴트조차도 완전히 별도의 배포 가능한 모듈이 될 수 있다. 이런 마이크로서비스는 각각 자체 데이터를 소유하며 서로 영향을 주지 않으면서 변경할 수 있다. 이는 애플리케이션의 다른 부분에 영향을 미치치 않으면서 테스트와 파이프라인에 데이터를 제공할 수 있기 때문에 지속적인 통합과 전달이 필요할 때 두드러지는 기능이다.

이런 독립성으로 인해 마이크로서비스는 각각이 독특한 특성을 가질 수 있다. 이런 이점을 활용해 해당 전문 기술을 팀내에 구축할 수 있다. 비즈니스 역량에서부터 도메인 로직을 제어하는 전문팀은 제품에 더 나은 가치를 효과적으로 제공할 수 있다.

각 마이크로서비스를 구축하는 개발 언어, 플랫폼, 기술의 범위를 다양화할 수 있다. 완전히 독립적이기 때문에, 각 비즈니스 요구에 따라 다른 데이터베이스를 사용하거나 특정 요구 사항을 보다 쉽게 적응하는 데 필요한 민첩성을 제공하는 특정 기술을 사용할 수 있다.

마이크로서비스는 모듈 방식이므로 독립적으로 배포할 수 있고, 각 모듈의 출시 주기가 다를 수 있다. 모니터링이 필요한 경우 일의 성격과 수행 방법에 따라 다양한 경고[Alert]나 KPI를 만들 수 있다. 회계 프로세스에 사용되는 마이크로서비스와 마케팅 배너용 콘텐츠를 제공하는 마이크로서비스는 다를 것이다. 비슷한 이유로, 마이크로서비스는 개별적으로 확장할 수 있다. 일부 마이크로서비스는 확장을 위해 서버를 추가하는 데 반해 어떤 경우에는 CPU나 리소스만 추가하면 된다.

 TIP 마이크로서비스를 독립적으로 제어하고 모니터링하는 방법을 잘 활용하면 서비스 확장을 최적화할 수 있다.

일반적으로 마이크로서비스를 위한 인프라가 더 단순하다. 이유는 관리, 구성, 모니터링, 제어해야 할 복잡한 서버가 많지 않고, 방대한 데이터베이스 스키마를 사용하지 않으며, 팀내에 전문 지식이 높으면 더 많은 것들을 쉽게 자동화할 수 있기 때문이다. 이는 마이크로서비스팀 내에 데브옵스 문화가 일반적인 관행이 되게 하고, 이를 통해 제품 내에 유연성을 더욱 높일 수 있다.

일반적으로 마이크로서비스를 만드는 팀은 작아서, 피자 두판을 나눠 먹을 수 있는 규모 정도가 가장 적정하다는 게 업계의 공통된 인식이다. 이것이 현실이든 아니든 팀을 작게 유지하면 이런 유형의 아키텍처가 주는 가치를 극대화하는 데 도움이 된다.

SoA와 마이크로서비스를 살펴보면 자연스런 진화 과정을 볼 수 있다. 마이크로서비스 아키텍처는 SoA의 장점을 취하면서 같은 방향으로 한걸음 더 나아갔다. 그래서 다음과 같이 단언할 수 있다.

 "마이크로서비스는 SoA지만 모든 SoA가 마이크로서비스는 아니다."

일체형에서 마이크로서비스로

그렇다면 SoA는 왜 마이크로서비스로 진화하게 됐을까? 아마도 그 이유 중 하나는 일체형Monolith이 가지는 문제 때문일 것이다. 애플리케이션이 작았던 시절이 있었다. 이때는 대개 프레젠테이션 로직과 비즈니스 로직이 결합됐다. 그 이후 도메인 모델이 복잡해지고 많은 소프트웨어 패턴이 생겨났다. 그들 중 대부분은 한 가지에 초점을 맞추고 있는데, 바로 관심사의 분리이다.

관심사의 분리SoC, Separation of Concerns는 소프트웨어를 고유 영역으로 분리해서 각 영역이 단 하나의 관심사만 처리하도록 하는 설계 원칙이다. 그러나 소프트웨어만 분리해야 하는 것이 아니라 아키텍처도 분리해야 한다. SoA 같은 것들이 이런 목적으로 설계됐는데, 복잡성을 블랙박스 뒤에 숨겨서 아키텍처를 모듈화하고 복잡성을 해결할 수 있게 한다.

우리는 상세한 비즈니스 규칙을 기반으로 하거나 심층 스키마, 복잡한 저장 프로시저, 뷰, 관계relationship가 있는 강력한 데이터베이스를 기반으로 메인 프레임에 복잡한 데이터 저장소를 만들 수 있다. 그리고 이런 부분을 쉽게 조정orchestrate하도록 프레임워크와 도구를 선택할 수 있다. 아마도 강력한 **엔터프라이즈 서비스 버스**ESB, Enterprise Service Bus가 필요할 것이다.

ESB는 서비스의 조정, 매핑, 라우팅을 담당하는 소프트웨어 컴포넌트다. ESB의 전반적인 사상은 메시지를 쉽게 조정할 수 있는 강력한 컴포넌트를 갖추는 것이다. 복잡한 애플

리케이션을 만들려면 대부분의 요소를 사용해 서비스를 설계하기 때문에 복잡한 관계가
만들어졌다.

서로를 호출하는 서비스에서부터 여러 테이블을 쿼리하는 뷰에 이르기까지, 다양한 비즈
니스 도메인에서 데이터를 가져온다. 최종적으로 ESB에서 이런 요소를 비즈니스 규칙 기
반으로 조합해서 새로운 서비스를 만든다.

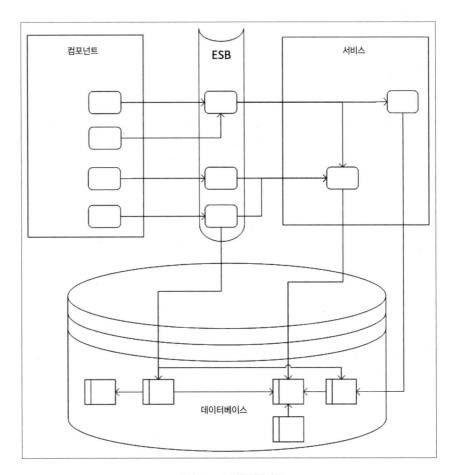

복잡한 SoA 애플리케이션

특정 서비스 또는 스키마의 테이블 하나를 변경하면 전체 애플리케이션에 연쇄 반응을 유발하는데 서비스, 매핑, 심지어 화면이더라도 모두 묶여 있기 때문에 이런 관계와 종속성을 변경해야 한다. 대부분의 경우 이런 수준의 복잡성을 다루는 것이 쉬운 작업이 아니기 때문에 출시 주기가 길어진다. 개발, 구성, 테스트, 배포도 마찬가지다.

애플리케이션 확장면에서도 데이터베이스를 더 크게 할지, 서비스를 위한 서버를 더 증설할지, 더 많은 메시지를 처리하기 위해 ESB를 증설할 것인지에 영향을 미칠 수 있다. 상호 의존적이기 때문에 개별 확장이 쉽지 않다. 이 모든 것은 아키텍처가 결합돼 일체형 애플리케이션을 만들었다는 의미다.

 일체형 애플리케이션은 SoA 이전에도 존재했고, 실제로 클라이언트와 비즈니스 도메인을 분리하는 것이 SoA가 처리하는 작업 중 하나였다. 불행히도 SoA를 구현하려는 노력이 많은 애플리케이션을 다시 일체형 애플리케이션으로 이끌었다.

SoA를 한다는 것이 일체형 애플리케이션을 만든다는 것을 의미하는 것일까? 아니다. 사실 마이크로서비스 개념 이전에도 많은 아키텍트와 개발자가 이 문제를 처리하기 위해 패턴과 아키텍처를 채택하기 시작했다. 이것이 요즘 우리가 마이크로서비스라 부르는 것으로 진화했다.

 마이크로서비스란 이름이 존재하기 이전에 마이크로서비스를 사용하던 사람들은, 이것을 SoA라고 불렀다.

▌ 마이크로서비스 원칙

마이크로서비스 원칙을 잘 정의하면 확장성 있고 유지관리하기 쉬운 엔터프라이즈 애플리케이션을 구축할 수 있다. 이런 원칙을 검토할 때 장점과 단점에 초점을 맞출 것이다. 때때로 원칙 중 일부에 약간의 이견이 있는 것을 이해한다. 그러나 원칙 모두를 검토할 것을 권장한다. 마지막으로, 수십 가지 이상의 원칙이 있다는 사실을 알고 있지만, 이 책의 맥락을 고려해 가장 적절한 것들을 선택했다.

설계 원칙 정의

마이크로서비스를 설계할 때 일련의 원칙을 선택해야 한다. 개별 원칙은 이 장의 뒷부분에서 다루는 고유한 장점이 있고, 이 원칙을 정의하면 다양한 문제에 일관성 있게 접근하게 될 것이며 다른 사람들이 아키텍처를 이해하는 데 도움이 된다.

정의할 핵심 원칙은 다음과 같다.

- 비즈니스 역량 중심 모델
- 느스한 결합
- 단일 책임
- 구현 은닉
- 격리
- 독립적인 배포 가능
- 실패를 위한 빌드
- 확장성
- 자동화

비즈니스 역량 중심 모델

잘 설계된 마이크로서비스는 구현해야 하는 비즈니스 역량을 중심으로 모델링돼야 한다.

소프트웨어를 설계한다는 것에는 추상화라는 요소가 있어서, 요구 사항을 획득하고 구현하는 데에 익숙해도, 우리를 포함한 모든 사람이 현재뿐 아니라 미래에도 우리가 설계한 솔루션을 어떻게 이해할지에 대해서 반드시 고려해야 한다.

마이크로서비스를 업데이트하거나 수정해야 할 때, 마이크로서비스를 정의했던 원래 개념으로 추상화해야 한다. 이 과정에서 처음 이해했던 것과 다르거나 디자인을 개선시킬 수 없다는 사실을 알게 되기도 한다. 심지어 비즈니스 도메인의 경계를 허물어야 하고 더 이상 원래의 기능을 구현하지 않거나, 실제로는 관련없는 마이크로서비스에서 이 기능을 구현하는 경우를 발견할 수도 있다. 결국 마이크로서비스가 서로 간에 커플링을 이루는 경우로, 우리가 피하고자 하는 것이다.

해당 비즈니스 역량의 도메인 전문가는 이런 기능이 어떻게 동작하고 어떻게 결합되고 사용되는지를 명확히 이해하고 있다. 도메인 전문가와의 협업은 마이크로서비스를 미래의 자신을 포함한 모든 사람이 이해할 수 있게 만들며, 서비스가 비즈니스 역량의 단순한 추상화가 아니라 원래 비즈니스 역량이 매핑되도록 한다.

 도메인 전문가와 최대한 긴밀하게 협력하면 항상 도움이 된다.

이 내용은 이 장의 '도메인 주도 설계' 절에서 좀 더 자세히 살펴본다.

느슨한 결합

어떤 시스템이든 다른 시스템(다른 마이크로서비스를 포함해서)과의 상호작용이 필요한 것처럼 마이크로서비스도 홀로 존재하는 서비스는 없으며, 상호작용을 구현할 때 최대한 느슨하게 결합해야 한다. 특정 고객에게 추천 상품을 제공하는 마이크로서비스를 설계한다고 가정해보자. 상품을 추천하기 위해서는 고객 ID같은 고객과의 관계relation가 필요하며, 이 정도가 허용할 수 있는 최대의 결합이 돼야 한다.

추천 서비스를 사용하는 컴포넌트를 위해서, 마이크로서비스가 추천 정보를 표시할 때 고객명도 표시해야 하는 경우를 상상해보자. 고객 마이크로서비스를 이용해서 응답에 고객 정보를 추가하도록 변경할 수도 있지만, 이렇게 하면 고객 마이크로서비스와의 결합도가 생긴다. 이 경우, 예를 들어 고객명 필드가 성과 이름으로 분리되면 마이크로서비스의 출력도 변경해야 한다. 이런 유형의 결합은 피해야 한다. 마이크로서비스는 자신의 도메인 내에 있는 정보만 반환해야 한다.

> 특정 기능이 비즈니스 역량에 포함되는지를 이해하는 데 도메인 전문가가 도움이 된다는 것을 기억하라. 아마도 고객 추천 영역의 전문가는 고객 이름은 다른 비즈니스 역량에서 취급한다는 걸 알 것이다.

마이크로서비스 사이에서뿐만 아니라 외부 시스템을 포함한 아키텍처의 모든 것에서 어떻게 결합하고 있는지에 주의를 기울여야 한다. 이는 모든 마이크로서비스가 자체 데이터를 소유해야 하는 이유 중 하나다. 여기에는 심지어 데이터가 저장되는 데이터베이스도 포함된다.

단일 책임

모든 마이크로서비스는 애플리케이션에서 제공하는 기능 중 단일한 부분에 대한 책임만 져야 하며, 그 책임은 마이크로서비스에 의해 완전히 캡슐화돼야 한다. 마이크로서비스의 설계는 그 책임과 밀접하게 연계돼야 한다.

로버트 C. 마틴이 OOP에 적용한 원칙를 차용할 수 있다. "하나의 클래스는 변화에 오직 하나의 이유만 있어야 한다." 이 원칙은 "하나의 마이크로서비스는 변화에 오직 한 가지 이유만 있어야 한다."라고 말할 수 있다.

애플리케이션 내에서 비즈니스 기능을 변경해야 할 때 여러 마이크로서비스가 변경되거나 관련 없는 마이크로서비스까지 변경해야 되면 이때가 바로 설계 방식을 재고해야 할 시점이다.

그렇다고 해서 하나의 작업만하는 마이크로서비스를 만들라는 의미는 아니다. 고객 정보의 생성, 조회, 삭제 같은 고객 정보를 처리하는 마이크로서비스를 하나로 만드는 것은 좋은 방안이지만, 고객 마이크로서비스에 추천 정보를 추가하는 것 같은 작업을 처리하도록 해서는 안 된다.

구현 은닉

일반적으로 마이크로서비스는 구현 세부 사항을 숨기는, 명확하고 이해하기 쉬운 인터페이스를 가진다. 내부의 세부 사항을 공개하면 안 되며 기술적 구현이나 이를 구현하는 비즈니스 규칙도 노출돼서는 안 된다.

이 원칙을 적용하면 다른 마이크로서비스와의 커플링을 줄이고, 세부 사항의 변경이 다른 마이크로서비스에 영향을 주는 것을 줄인다. 기술적인 변경이나 개선이 전체 아키텍처에 영향을 미치는 것을 막는다. 비즈니스 모델을 어디에 저장하는지부터 프로그래밍 언어나 프레임워크까지, 필요하다면 언제든지 변경할 수 있어야 한다.

전체 애플리케이션에 영향을 주지 않으면서 도메인 내의 변화를 적용하기 위해 로직이나 규칙을 변경할 수 있어야 한다. 이런 변경에 유연하게 대응할 수 있는 것이 잘 설계된 마이크로서비스 아키텍처의 장점 중 하나다.

격리

마이크로서비스는 마이크로서비스를 서비스하는 시스템의 인프라와 논리적으로나 물리적으로 분리돼야 한다. 데이터베이스를 사용한다면 자체 데이터베이스여야만 하고, 서버를 운영 중이라면 자체 서버여야 한다. 이를 통해 외부 요인으로부터의 영향을 막고, 외부 서비스에도 영향을 주지 않는다.

이는 배포에서부터 성능, 모터니팅 심지어 지속적인 배포 파이프라인을 만드는 데에도 도움이 된다. 이것은 독립적인 통제와 확장을 용이하게 하며, 팀내의 운영 조직이 마이크로서비스를 관리하는 데 도움이 된다.

아키텍처 일부에서의 장애가 다른 곳에 영향을 미치던 시절에서 벗어나야 한다. 컨테이너는 이 원칙을 효과적으로 적용할 핵심 아키텍처 중 하나다. 자세한 사항은 이 장의 '클라이우드 네이티브 마이크로서비스' 절에서 살펴본다.

독립적인 배포 가능

마이크로서비스는 독립적으로 배포가 가능해야 한다. 그렇지 않다면 이는 아마도 아키텍처 내에 해결해야 할 일종의 결합Coupling이 있음을 의미한다. 다른 원칙은 충족시킬 수 있지만 이 원칙에 실패한다면 마이크로서비스 아키텍처의 장점을 경감시키는 것이다.

지속적으로 배포할 수 있는 능력은 마이크로서비스 아키텍처의 장점 중 하나다. 애플리케이션에서 버그를 제거하는 것처럼 모든 제약 조건을 제거해야 한다.

 마이크로서비스와 아키텍처를 설계하는 초기 단계부터 배포를 염두에 두어야 한다. 후반부에 이 영역에 대한 제약을 발견하면 전체 애플리케이션에 큰 영향을 미칠 수 있다.

장애를 고려한 빌드

마이크로서비스 내에서 얼마나 많은 테스트를 수행하는지, 얼마나 많은 컨트롤이 준비되어 있는지, 트리거할 수 있는 경고의 수가 얼마나 많은지는 중요하지 않다. 마이크로서비스에 장애가 발생한다면 이 장애를 최대한 매끄럽게 처리하도록 설계해야 하며 복구 방안을 정의해야 한다.

"잘못될 수 있는 일은 반드시 잘못된다."

— 머피

마이크로서비스를 설계하는 초기 단계부터 기본적인 오류를 처리해야할 작업을 시작해야 한다. 설계가 진행됨에 따라, 모든 상세 시나리오를 검토하면서 결국에 정말로 잘못될 수 있다는 것을 생각해야 한다. 그런 상황을 어떻게 알리고, 모니터링하고, 통제할 것인지, 어떻게 복구할 수 있는지, 문제를 해결하는 데 필요한 정보와 도구가 있는지를 평가해야 한다.

마이크로서비스를 설계할 때는 다음 영역을 고려해야 한다.

- 업스트림Upstream
- 다운스트림Downstream
- 로깅
- 모니터링
- 경고
- 복구
- 폴백Fallback

업스트림

업스트림은 서비스를 사용하는 소비자에게 어떻게 오류를 알릴 것인지, 또는 알리지 않을 것인지에 대한 것이며, 항상 커플링을 피해야 한다는 것을 명심해야 한다.

다운스트림

다운스트림은 우리가 사용하는 다른 서비스나 데이터베이스 같은 시스템이 장애를 일으킬 때 어떻게 대응하느냐 하는 것이다.

로깅

로깅은 장애를 기록하는 방법에 관한 것으로, 로그를 남기는 빈도와 정보의 양 그리고 액세스 방법을 고려해야 한다. 민감한 정보와 성능 영향에 대해 각별히 주의해야 한다.

모니터링

모니터링은 신중하게 설계해야 한다. 모니터링 시스템에 올바른 정보 없이 장애를 처리하는 것은 문제가 매우 심각한 상황이다. 애플리케이션의 어떤 요소가 의미 있는 정보인지를 고려해야 한다.

경고

경고는 무언가 잘못되고 있음을 알리는 신호로 모니터링에 대한 링크와 로깅에 대한 이해를 돕는 것이지만, 애플리케이션을 잘 설계하려면 이상한 것을 경고하는 것만으로는 충분하지 않다. 이상 신호에 대한 더 깊은 연관 분석이 요구된다.

복구

복구는 장애가 발생했을 때 어떻게 정상 상태로 되돌릴 것인지를 설계하는 것이다. 자동 복구를 목표로 하지만 자동 복구가 실패할 수 있기 때문 수동 복구도 고려해야 한다.

폴백

마이크로서비스가 장애 상황이더라도 서비스를 호출한 사용자에게 어떻게 반응할 수 있는지에 대해 생각해보자. 예를 들어 고객별로 추천 정보를 반환하는 마이크로서비스를 설계하는 데 있어서, 데이터 계층에 문제가 생기는 경우 애플리케이션에 최소한의 의미 있는 정보를 제공하는 기본 추천 세트를 반환하도록 설계할 수 있다. 마찬가지로 외부 서비스를 사용하는 경우 외부서비스의 장애 상황에 대비해 폴백 메커니즘을 사용할 수 있다.

 폴백은 아키텍처 내의 문제가 시스템의 다른 부분에 영향을 미치는 것을 방지하기 위한 일반적인 패턴이다. 좋은 폴백을 가지고 있다면 장애가 해결될 때까지도 애플리케이션이 정상 작동할 수 있다.

확장성

마이크로서비스는 독립적으로 확장 가능하도록 설계돼야 한다. 처리할 수 있는 요청 수나 보유할 수 있는 레코드의 수를 늘려야 할 경우에 개별적으로 확장해야 한다. 커플링된 아키텍처의 경우 애플리케이션을 확장하는 유일한 방법은 여러 컴포넌트를 함께 확장하거나 전체 시스템을 확장해야 하므로 지양해야 한다.

기존 SoA 애플리케이션 예제로 돌아가서 추천 기능을 확장해야 하는 시나리오를 살펴보자.

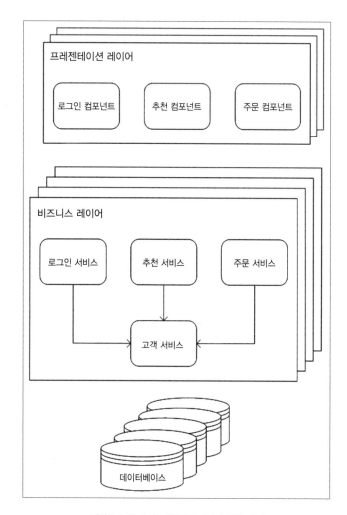

결합도 높은 SoA 애플리케이션의 확장 예제

확장이 필요한 부분은 추천 기능이지만 시스템의 결합도가 높아서 전체를 확장해야 한다.

프레젠테이션과 비즈니스 레이어의 인스턴스 수를 늘리고, 더 많은 인스턴스 또는 더 큰 데이터베이스로 늘려야 한다. 아마도 필요한 리소스가 늘어남에 따라 이런 서버 중 일부를 증설해야 할 수도 있다. 마이크로서비스 아키텍처에서는 필요한 요소만 확장할 수 있다. 마이크로서비스를 사용해서 동일한 애플리케이션을 확장하는 방법을 살펴보자.

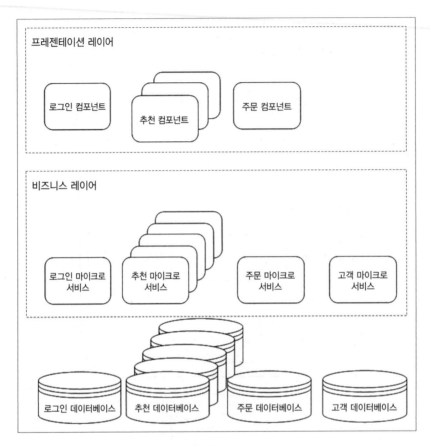

마이크로서비스 애플리케이션 확장 예시

추천 기능을 위해 필요한 영역만 늘리고 나머지 아키텍처는 그대로 유지한다. 마이크로 서비스에서는 제한된 범위로 인해 서버가 더 작고 리소스가 그다지 필요하지 않다는 점을 고려해야 한다.

잘 설계된 마이크로서비스 아키텍처는 더 정확하게 최적화되고 독립적으로 확장할 수 있기 때문에 더 적은 인프라를 가지고도 효율적으로 더 큰 용량을 처리할 수 있다.

이 내용은 이 장의 '클라우드 네이티브 마이크로서비스' 절에서 자세히 다룬다.

자동화

마이크로서비스는 구축, 테스트에서부터 배치, 모니터링에 이르기까지 자동화를 염두에 두고 설계해야 한다. 서비스를 작게 만들고 격리시키기 때문에 자동화에 드는 비용은 낮아야 하며 이점은 높아야 한다.

자동화 원칙을 통해 애플리케이션의 민첩성은 향상시키고, 시스템에 영향을 미치는 불필요한 수동 작업은 방지한다. 이런 이유로 지속적인 통합과 지속적인 전달CI/CD은 아키텍처 초기 단계부터 설계돼야 한다.

▌ 도메인 주도 설계

마이크로서비스에서 **도메인 주도 설계**DDD, Domain-Driven Design를 사용하면 마이크로서비스 원칙을 충족하는 데 도움이 될뿐만 아니라 DDD는 이런 유형의 아키텍처가 제공하는 가치를 배가 하도록 팀을 구성하는 데 도움이 된다. 그러나 먼저 DDD가 실제로 무엇이고, 이를 통해 어떻게 클린 아키텍처를 구축할 수 있는지 이해해야 한다.

도메인 주도 설계란

DDD는 핵심 도메인으로 경계지어진 진화하는 복잡한 모델을 다루는 소프트웨어 개발 방안이다.

도메인 주도 설계(Domain-Driven Design)란 용어는 에릭 에반스(Eric Evans)의 동일한 제목의 책에서 유래됐다.

복잡한 시스템을 다룰 때, 대개 시스템의 여러 측면을 선택해서 이를 설명하는 모델로 추상화하고 그것을 사용해 문제를 해결하는 방법을 설명한다. 여러 모델을 사용하고, 다양한 모델 기반의 코드가 결합되면 소프트웨어는 버그가 발생하고 신뢰할 수 없으며, 이해하기 어렵게 된다. 어떤 컨텍스트에서 모델을 적용하지 말아야 하는지 종종 불분명하다. 도메인은 도메인 전문가인 시스템 사용자가 이해하는 지식 영역으로 소프트웨어와 상호작용을 하기 위해 사용한다.

DDD에서는 모델이 적용되는 컨텍스트를 정의한다. 팀 조직, 애플리케이션의 특정 부분에서의 사용, 코드 베이스와 데이터베이스 스키마 같은 물리적인 측면에서 명시적인 경계를 설정하고 이 경계 안에서 모델을 엄격히 일관되게 유지한다.

유비쿼터스 언어

DDD에서는 개발자와 사용자간에 공통적이고 엄격한 언어를 구축해야 한다. 이 언어는 도메인 모델에 기초해야 하며, 도메인 전문가와 공통적이고 유동적인 대화를 하는데 도움이 되며, 테스트가 가까워지면 필수적이라는 것을 알 수 있다.

도메인 모델은 소프트웨어의 일부이기 때문에, 애매모호함을 피하고 도메인이 성장함에 따라 모델과 언어를 우리의 지식으로 진화시켜야 한다. 그러나 소프트웨어를 만들 때, 도메인 모델뿐만 아니라 도메인 로직, 심지어 아키텍처에서도 유비쿼터스 언어^{Ubiquitous language}가 사용돼야 한다. 이는 팀원 모두가 공통된 이해를 하도록 한다.

 도메인 언어를 사용하는 테스트를 작성하면 모든 팀 구성원이 도메인 로직를 이해하는 데 도움이 된다.

경계된 컨텍스트

도메인 모델이 커지면 통합 도메인 모델을 만드는 것이 복잡해진다. 때로는 하나의 개념에 서로 다른 두 가지 표현이 존재하는 상황을 직면하게 된다. 예를 통해, 큰 규모의 모델에서 패밀리^{family}라는 개념에 대해 살펴보자.

쇼핑 플랫폼에서는 제품 패밀리^{product family}라는 개념이 있다. 예를 들어 멋진 32인치 LCD 스크린과 클래식 24인치 CRT 스크린은 스크린 패밀리 중 하나다. 반면 특가 추천과 마감 추천은 한정 판매 추천 패밀리의 업무다.

여기서 패밀리라는 개념이 제품과 추천에서 정확히 같은 것은 아닐 수도 있다는 것을 알 수 있고, 아마도 각 모델마다의 고유한 이름을 가질 수 있지만, 각각 컨텍스트에 따라 완전히 다른 모델과 로직을 가질 수도 있다.

DDD에서는 모델을 경계된 컨텍스트^{Bounded context}로 구분한다. 이것은 외부와 분리해서 경계 안의 지식을 일관되게 유지시켜 주기 때문에 특정 도메인 모델을 위한 유비쿼터스 언어를 가질 수 있다.

컨텍스트 매핑

여러 경계된 컨텍스트를 위해 설계된 대규모 애플리케이션에서는 전체에 대한 시각을 놓칠 수 있다. 다양한 경계된 컨텍스트 간의 데이터를 공유하거나 전달해야 하는 것은 필연적인 일이다. 컨텍스트 맵은 시스템의 전체 뷰로서 경계된 컨텍스트 간에 커뮤니케이션 방식을 보여준다.

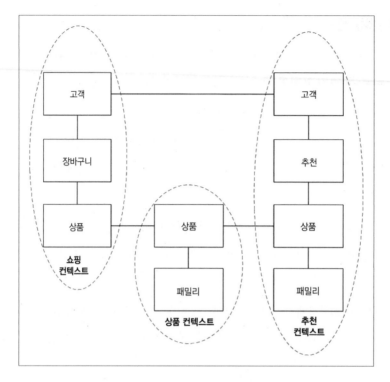

컨텍스트 맵 예제

위의 그림은 세 개의 경계된 컨텍스트와 이들 간의 매핑을 단순화켜 보여주는 예제다. 제품 컨텍스트에는 제품과 그 제품이 속한 패밀리가 있다. 여기서 이 도메인 컨텍스트에 대한 모든 오퍼레이션을 가지며, 다른 컨텍스트와의 직접적으로 연관된 종속성을 가지지 않는다.

추천 컨텍스트는 제품 도메인 컨텍스트에 종속성을 가지지만, 이는 특정 추천에 있는 제품의 ID만을 참조하는 것으로 약한 결합 관계이다. 이 컨텍스트는 추천 컨텍스트의 도메인 로직이 포함된 오퍼레이션을 정의한다.

쇼핑 컨텍스트에서는 쇼핑 목록에 속한 제품과 약한 결합 관계가 있으며, 쇼핑 컨텍스트의 오퍼레이션을 갖는다. 마지막으로, 추천과 쇼핑 콘셉트는 고객과 결합 관계를 가지며, 고객은 아마도 별도의 경계된 컨텍스트에 속할 것이다.

54

마이크로서비스에서 DDD 사용하기

이제 DDD가 무엇인지 더 명확하게 이해했으니, 마이크로서비스에 어떻게 적용할 것인지 검토해야 한다. 먼저 다음 사항부터 살펴본다.

- **경계된 컨텍스트**: 하나 이상의 경계된 컨텍스트를 포함하는 마이크로서비스를 만들지 말아야 한다. 전체 컨텍스트를 하나의 마이크로서비스에 매핑할 수 있으면 더 좋다. 이는 컨텍스트가 실제로 경계되어 있음을 나타내는 것이다.
- **유비쿼터스 언어**: 마이크로서비스가 사용하는 언어가 유비쿼터스 언어임을 보장해야 하므로, 노출된 오퍼레이션과 인터페이스는 컨텍스트 도메인 언어로 표현된다.
- **컨텍스트 모델**: 비록 마이크로서비스가 제공하는 인터페이스에 노출되지 않는 엔티티라 하더라도, 마이크로서비스가 사용하는 모델은 경계된 컨텍스트 내에서 정의돼야 하며 유비쿼터스 언어를 사용해야 한다.
- **컨텍스트 매핑**: 마지막으로 마이크로서비스의 의존성과 결합을 이해하기 위해 전체 시스템의 컨텍스트 매핑을 검토해야 한다.

위의 사항들을 검토해보면 이전에 정의한 주요 원칙을 이행하고 있음을 알게 될 것이다. 마이크로서비스는 비즈니스 역량을 중심으로 모델링되며, 컨텍스트 매핑에서 보여주는 바와 같이 컨텍스 도메인은 느슨하게 연결되며, 경계된 컨텍스트로서 단일 책임을 갖게 된다.

경계된 컨텍스트를 구현한 마이크로서비스는 구현을 쉽게 은닉할 수 있으며, 자연히 격리되므로 독립적으로 배포할 수 있다. 이런 원칙이 적용하면 쉽게 장애에 대비한 확장성과 자동화 기능을 구현할 수 있다. 마지막으로 DDD를 따르는 마이크로서비스 아키텍처는 팀 구성원이 이해할 수 있는 클린 아키텍처를 제공한다.

> 잘 설계된 경계된 컨텍스트의 유비쿼터스 언어는 도메인 전문가와의 작업에서부터 테스트 또는 팀내의 운영 작업에 이르기까지 마이크로서비스 라이프사이클에서 많은 작업을 쉽게 만든다.

리액티브 마이크로서비스

리액티브 프로그래밍은 현재 트렌디한 주제다. 이것은 주로 새로운 패러다임을 이용해 소프트웨어를 구현할 때 얻을 수 있는 장점 때문이다. 스프링 프레임워크 5.0에는 이 프로그래밍 모델의 이점을 제공하기 위해 수많은 변경 사항이 있으며, 스프링 제품군의 많은 새로운 컴포넌트가 이를 지원하기 위해 발전했다. 사실 새로운 스프링 라이브러리는 리액티브 혁명이라 불리는 애플리케이션을 지원하기 위해 만들어졌다. 또한 리액티브 기술을 사용해 스프링 프레임워크의 핵심 부분을 다시 작성해서 이 프레임워크를 사용하는 애플리케이션에 더 나은 기술을 제공한다. 이번 절에서는 리액티브 프로그래밍의 기본과 원칙, 그리고 리액티브 마이크로서비스를 만들기 위한 적용 방안에 대해 알아본다.

리액티브 프로그래밍

우리는 명령형 프로그래밍에 익숙하다. 뭔가를 수행하고 결과를 기다리는 동안 대기하며 블로킹된다. 다음 의사 코드를 예제로 생각해보자.

```
var someVariable = getData()
print(someVariable)
```

위 코드에서는 데이터를 반환하는 함수의 리턴값을 변수에 할당한다. 데이터를 사용할 수 있게 되면 데이터가 출력된다. 이 작은 코드에서 중요한 부분은 데이터를 완전히 얻을 때까지 프로그램이 멈추게 되는데, 이를 블로킹 작업이라 한다.

이런 블로킹을 우회하기 위해 과거에 널리 사용되던 방법이 있다. 예를 들면 데이터를 얻기 위해 별도의 스레드를 생성할 수 있지만, 실제로는 해당 스레드는 완료될 때까지 차단되며, 다른 요청이 있는 경우 각각 새로운 스레드를 생성하고, 물론 스레드 풀을 사용할 수도 있지만 결국에는 처리할 수 있는 스레드 수의 한계에 도달하게 된다. 이것이 대부분의 전통적인 애플레케이션이 작동하는 방식인데, 이제는 개선할 수 있다.

리액티브 프로그래밍에서의 의사 코드를 보자.

```
subscribe(::getData).whenDone(::print)
```

여기서 하려는 일은 작업^{operation}을 구독하고 작업이 완료되면 그 결과를 다른 작업에 보낸다. 이 예제에서는 데이터가 얻어지면 결과를 출력한다. 여기서 중요한 것은 위의 구문 이후에도 프로그램이 계속되어 다른 것들을 처리한다는 것이다. 이를 넌블로킹 작업이라 한다. 단일 결과에만 적용할 수 있는 것이 아니라 리액티브 데이터 스트림을 구독할 수도 있으며, 스트림이 흐르기 시작하면 받은 데이터를 인쇄하는 기능을 지속적으로 호출하게 된다.

 리액티브 스트림은 준비되는 즉시 지속적으로 흐르는 데이터의 모음으로, 데이터베이스에서 일부 결과를 쿼리하는 대신, 준비될 때마다 결과를 보내기 시작한다고 생각할 수 있다. 많은 최신 데이터베이스 드라이버가 이런 개념을 지원한다.

이 새로운 프로그래밍 모델을 사용하면 기존의 블로킹 모델보다 더 많은 요청을 처리할 수 있는 고성능 애플리케이션을 구현할 수 있다. 이 방식은 자원을 더 효율적으로 사용하므로 애플리케이션에 필요한 인프라를 줄일 수 있다. 이제 리액티브 프로그래밍의 원칙을 이해할 수 있어야 한다.

리액티브 선언문

2013년에 세계 유수의 소프트웨어 회사의 전문가 그룹이 리액티브 시스템에 대한 이해와 동작 방식의 기초를 닦는 리액티브 선언문^{Reactive Manifesto}을 발표했다. 이 선언문은 https://github.com/reactivemanifesto/reactivemanifesto에서 확인할 수 있다.

선언문의 내용을 검토해보자.

먼저, 리액티브 선언문은 최신 애플리케이션의 동향을 소개하면서 최신 애플리케이션은 새로운 종류의 시스템이 요구되며, 더 많은 데이터를 더욱 빠른 방식으로 응답해야 하고, 확장성, 복원력, 내결함성을 갖춰야 한다고 강조한다. 이 선언문의 의도는 이런 문제들에 대한 일관된 접근 방식을 갖고, 리액티브 시스템과 이를 통해 얻을 수 있는 장점을 정의하는 것이다. 이런 주제 중 많은 부분을 '마이크로서비스 원칙' 절에서 논의했으므로 이제부터는 리액티브 시스템의 정의 방법을 심층적으로 연구할 필요가 있다.

 선언문에 서명을 하거나 원하는 언어로 PDF를 확인하고 싶다면 http://www.reactivemanifesto.org/를 방문하라.

응답성

최신 애플리케이션은 적시에 시스템 사용자뿐 아니라 문제나 오류에도 응답한다. 응답이 오래 걸리거나 알 수 없는 이유로 실패할 때 애플리케이션이 먹통이 되던 시절은 지났다.

사용자에게 원활하고 예측 가능한 경험을 제공해서, 사용자가 시스템에서 지속적으로 작업할 수 있도록 하고, 일관된 품질을 통해 들쑥날쑥한 사용자 경험이라는 과거의 오명에서 벗어나야 한다.

복원성

복원성Resilient에 관한 내용은 실패를 고려한 빌드와 격리 원칙에서 많은 부분을 다루지만, 리액티브 선언문에서도 복원성을 갖지 못하면 반드시 처리해야 하는 응답에도 영향을 미치는 경향이 있음을 지적한다.

이런 문제 중 일부는 확장성 원칙을 제대로 적용해서도 구현할 수 있는데, 이것은 복제를 통해서도 복원성을 구현할 수 있기 때문이다.

탄력성

리액티브 시스템은 탄력Elastic적이어야 하므로 다양한 워크로드 상황에도 응답성을 유지하기 위해서 확장성 원칙을 효과적으로 적용할 수 있지만, 내부적으로 시스템 자체가 할당하는 리소스를 늘리거나 줄일 수 있다.

예전 아키텍처에서는 리소스 계획이 아키텍처 설계의 일부였다. 일정 용량의 요청을 처리할 수 있는 스레드 풀을 설계하고 이를 관리할 수 있는 서버를 준비했다.

리액티브 시스템에서는 서비스가 필요에 따라 더 많은 리소스를 동적으로 가져오거나 필요하지 않을 때 리소스를 반환할 수 있다.

메시지 기반

리액티브 시스템은 비동기 메시징을 사용해 매우 느슨하게 연결된 여러 컴포넌트를 통해 정보를 전달한다. 이를 통해 격리된 시스템을 상호 연결할 수 있다. 마치 파이프를 통해서 스트림을 연결하는 것처럼 생각할 수 있다. 한 서비스는 정보를 얻기 위해 다른 서비스를 구독하고 두 번째 서비스는 몇 가지 추가 서비스를 구독해서 데이터를 결합하고 이를 원래 서비스로 반환하도록 만들 수 있다.

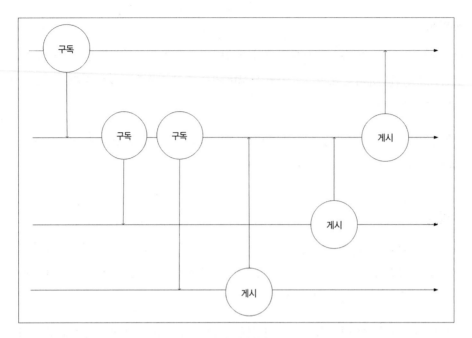

스트림 연결하기

각 서비스는 그 정보가 사용되는 이유 또는 방법을 알지 못하므로 종속성에 대한 정보가 거의 없다.

이를 통해 각 요소를 쉽게 교체할 수 있지만 오류가 발생할 경우 다른 수신자를 사용해 오류를 처리할 수 있다.

이 선언문에서는 배압 적용에 관해 언급하고 있는데, 배압의 개념은 알아 두어야 한다.

배압

배압Back pressure은 리액티브 시스템이 구독자가 처리할 수 있는 것보다 높은 비율로 게시할 때 발생한다. 즉 리액티브 서비스의 소비자consumer가 다음과 같이 말한다. "지금은 요청을 처리할 수 없으며, 데이터 전송을 중지하고 리소스를 낭비하지 마시오(예: 버퍼 메모리)."

이를 처리할 수 있는 메커니즘은 메시지를 일괄 처리하는 방법에서부터 삭제하는 방법까지 다양하며, 일반적으로 리액티브 구현에 가깝지만 지금은 세부 사항까지 살펴볼 필요는 없으며 리액티브 시스템은 반드시 배압을 처리해야 한다는 정도만 알면 된다.

리액티브 프레임워크

리액티브 애플리케이션을 만들 때 사용할 수 있는 리액티브 프레임워크가 있다.

그 중 중요한 프레임워크를 몇 가지 나열하면 다음과 같다.

* 리액티브 익스텐션Reactive Extensions(ReactiveX or Rx)
* 프로젝트 리액터Project Reactor
* 자바 리액티브 스트림Java Reactive Streams
* 아카Akka

리액티브 익스텐션

리액티브 익스텐션은 RxJS를 이용하는 자바 스크립트부터 RxJava를 이용하는 자바나 Rx.Net을 사용하는 .Net 플랫폼에 이르기까지 리액티브 시스템을 만드는 다양한 플랫폼과 프로그래밍을 지원하는 가장 인기있는 프레임워크 중 하나다.

옵저버 패턴을 사용해 넌블로킹 작업을 수행한다. 대부분의 주요 리액티브 시스템은 Rx를 사용해 제작됐다.

자세한 내용은 http://reactivex.io/에서 확인할 수 있다.

프로젝트 리액터

프로젝트 리액터는 리액티브 스트림 사양을 따르는 JVM 리액티브 라이브러리로 리액티브 애플리케이션을 쉽게 만들 수 있는 고수준 라이브러리를 제공한다. 스프링 프레임워크 5.0은 프로젝트 리액터를 광범위하게 사용한다.

자세한 내용은 https://projectreactor.io/에서 확인할 수 있다.

 리액티브 스트림은 넌블로킹 배압으로 비동기 스트림 처리 표준을 제공하기 위한 계획이다. http://www.reactive-streams.org/를 참고한다.

자바 리액티브 스트림

자바 9부터 자바 플랫폼에서 리액티브 스트림을 구현하고 있으며, 일부 프로젝트에서는 기존 Rx 코드를 자바 9 라이브러리로 마이그레이션이 진행 중이다.

자세한 내용은 https://community.oracle.com/docs/DOC-1006738에서 확인할 수 있다.

아카

아카Akka는 리액티브 선언문의 주요 저자인 조나스 보너Jonas Bonér가 스칼라를 사용해 만들었으며, JVM상에서 동시성과 분산 애플리케이션을 만드는 툴킷이다. 아카는 액터 기반 모델을 강조하며 확장성이 뛰어난 분산 애플리케이션을 지원하는 것이 입증됐다.

자세한 내용은 https://akka.io/에서 확인할 수 있다.

리액티브 마이크로서비스

이제 리액티브 시스템에 대해 어느 정도 이해했으니, 왜 리액티브 마이크로서비스를 만들어야 하는지 생각해볼 필요가 있다. 마이크로서비스를 살펴보고 SoA를 마이크로서비스로 이끈 이유를 기억해보면 더욱 복잡한 애플리케이션과 더 나은 시스템을 만드는 데 필요한 사항을 확인할 수 있다. 새로운 리액티브 프로그래밍 모델을 사용하면 인프라 자원을 더 효율적으로 활용할 수 있는 빠르고 넌블로킹 소프트웨어를 만들 수 있다. 더 나은 응답성을 제공할 수 있으며, 개발을 단순화시켜 서로 느슨하게 연결될 수 있는 재사용 가능한 서비스를 만들 수 있다. 그리고 리액티브 시스템이 마이크로서비스 원칙 및 프레임워크의 광범위한 지원과 어떻게 조화를 이루고 있는지를 고려해볼 때, 최신 마이크로서비스가 나아갈 방향은 리액티브가 될 것이라는 결론에 이르게 된다.

이 내용은 4장, '리액티브 마이크로서비스 만들기'에서 좀 더 자세히 살펴본다.

클라우드 네이티브 마이크로서비스

클라우드 네이티브 마이크로서비스는 클라우드 컴퓨팅 모델의 이점을 활용해 마이크로서비스를 구축하는 방안으로 마이크로서비스의 배포, 관리, 확장을 클라우드가 책임지기 때문에 마이크로서비스를 만드는 데 집중할 수 있게 한다.

클라우드 아키텍처는 지속적으로 제품에 가치를 제공할 수 있는 민첩성에 초점을 맞추고 있으며, 먼저 클라우드 컴퓨팅에 대해 알아본다.

클라우드 컴퓨팅

기존에는 조직이 서비스를 위한 인프라를 구성할 때 많은 신경을 써야 했다. 애플리케이션을 확장할 때마다 여러 공급업체가 제공하는 비싼 하드웨어를 추가로 구매해야 하고 시스템을 구성하는 데 상당한 시간을 투자해야 했다.

이런 인프라 구성 방식은 일반적으로 정적인 용량 산정에 기반을 두고 있기 때문에 애플리케이션에 과부하가 발생하면 서버를 추가로 구매해야 한다. 과부하가 지나간 뒤 일부 인프라는 사용되지 않게 되고, 경우에 따라서는 유지보수하는 데 더 많은 비용이 들기도 하며 새로운 서비스에 재활용되기도 하지만 구성이 쉽지 않기 때문에, 다음번 과부하가 발생할 때까지 그대로 유지하게 된다. 클라우드 컴퓨팅은 저렴한 일반 하드웨어를 사용해 자동 또는 수동으로 확장 가능한 여러 애플리케이션을 동적으로 실행하고 배포하는 데 사용할 수 있는 리소스를 생성하는 것이다.

정통적인 아키텍처에서는 특정 서버에 운영 중인 일정 규모의 데이터베이스를 증설하는 경우 서버 리소스를 업그레이드하거나 서버를 추가 구매해서 구성한다. 클라우드에서는 데이터베이스 서버를 만들고 동적으로 인스턴스 수를 증설하며 더 이상 필요하지 않은 경우 사용하지 않는 인스턴스는 제거한다. 해제된 리소스는 다른 애플리케이션을 생성하거나 확장하는 데 사용될 수 있으며, 전체 클라우드 용량은 단순히 일반 서버만 추가해도 증가한다.

이 접근 방식은 조직이 서버를 선결제 구매 방식에서 사용량 지불 방식pay-as-you-go으로 전환하도록 하며 특정 기간 동안 필요한 만큼의 리소스를 사용할 수 있게 한다. 전반적인 개념이 짧은 시간 안에 쉽게 생성할 수 있는 서비스를 갖도록 하는 것이기 때문에 클라우드 애플리케이션은 구성이 간편하게 설계된다. 클라우드 네이티브 애플리케이션은 새 인스턴스 생성할 때 클라우드 플랫폼이나 애플리케이션 자체가 제공하는 일종의 시스템을 사용한다. 클라우드에서 서비스를 쉽게 생성하고 제거할 수 있어야 하기 때문에 대부분의 클라우드는 컨테이너화한 애플리케이션을 사용한다.

컨테이너

컨테이너는 운영체제가 격리된 사용자 공간user space에서 애플리케이션을 실행할 수 있게 하는 가상화 방법으로, 각 컨테이너에 포함된 애플리케이션의 리소스를 제어하고 제한할 수 있다. 컨테이너에서 실행되는 애플리이케이션은 자체 운영체제에서 실행 중인 것처럼 동작한다. 대부분의 컨테이너는 다른 운영체제에서 호스트된다는 것을 알지 못한다. 이를 통해 호스트 운영체제는 시스템의 다른 부분에 영향을 주지 않고 하나의 컨테이너가 다른 컨테이너에게 미치는 영향을 방지하면서 해당 애플리케이션을 생성하거나 제거할 수 있다.

이런 컨테이너는 호스트 시스템에서 실행되기 때문에 시작할 때 운영체제를 부팅해야 하는 일반적인 가상화보다 빠르게 시작할 수 있다.

그러나 이는 실행 중인 호스트와 다른 운영체계를 사용하는 컨테이너를 생성할 수 없음을 의미하며, 따라서 리눅스 호스트에서 윈도우 애플리케이션을 프로세스로 실행할 수 없다는 의미다.

도커는 클라우드 애플리케이션에서 가장 많이 사용되는 컨테이너 시스템이며, 클라우드 제공 업체에 따라서는 애플리케이션을 실행하기 위해 다양한 시스템을 선택할 수도 있다. 7장, '도커 생성'에서 자세한 내용을 확인할 수 있다.

배포 모델

조직은 클라우드 애플리케이션을 생성할 때 다양한 배포 모델을 선택할 수 있다.

가장 일반적인 모델을 살펴보자.

- 프라이빗 클라우드
- 퍼블릭 클라우드
- 하이브리드 클라우드

프라이빗 클라우드

프라이빗 클라우드는 단일 조직을 위한 클라우드 인프라이며, 대개 자체 데이터 센터 내에서 내부적으로 호스팅된다. 대부분 자본 집약적이며 공간, 하드웨어, 환경 제어를 할당해야 한다. 자산은 주기적으로 교체해야 하므로 추가 비용이 필요하다. 일반적으로 자체적으로 구축하고 관리해야 하기 때문에 어디에 구축할 것인가가 아니라 어떻게 구축할 것인가에 집중한다는 콘셉트가 주는 이점을 충분히 활용하지 못하게 된다.

퍼블릭 클라우드

퍼블릭 클라우드 서비스는 인프라와 데이터 센터를 운영하는 서비스 제공 업체를 통해 공개 대상자에게 개방된 네트워크에서 제공된다. 서비스 제공 업체는 서비스를 이용하는 조직의 액세스 제어 및 보안을 관리하며, 일반적으로 인터넷을 통해 연결하지만 필요에 따라 직접 연결할 수도 있다. 사용량 지불 모델pay-as-you-go에서는 프라이빗 모델보다 비싸게 보일 수 있지만, 프라이빗 클라우드를 구축, 업그레이드, 유지보수하는 데 드는 비용을 고려하면 항상 그렇지는 않다.

 복원성과 안정성을 유지하면서 서버를 업그레이드하고 보안 패치가 적용된 상태로 유지시키는 것은 쉽지도 저렴하지도 않다. 퍼블릭 클라우드의 전체적인 장점을 고려해야 한다.

하이브리드 클라우드

하이브리드 클라우드는 프라이빗과 퍼블릭 클라우드를 적절히 혼용해서 각각의 장점을 활용하는 방안이다. 프라이빗 클라우드를 구축하고 처리량이 피크를 칠 때나 추가 리소스가 필요할 때 퍼블릭 클라우드를 활용할 수 있다. 중요한 비즈니스 영역은 사내에서 관리돼야 하기 때문에 프라이빗 클라우드를 이용하지만 그렇지 않은 업무에 대해서는 퍼블릭 클라우드를 선택하는 방안을 활용할 수 있다.

서비스 모델

클라우드 제공자마다 다양한 서비스 모델을 제공하고 있으며, 여러 제품을 사용하기 때문에 하나 이상의 서비스 모델을 이용하기도 한다.

다음은 가장 일반적인 모델이다.

- IaaSInfrastructure as a Service
- PaaSPlatform as a Service
- SaaSSoftware as a Service

IaaS

가장 기본적인 클라우드 서비스 모델이며, 컴퓨팅 인프라, 가상 머신, 그 밖의 리소스를 사용자에게 서비스로 제공한다. 일반적으로 네트워킹, 데이터 파티션, 확장, 보안, 백업 같은 저수준의 세부 사항을 관리할 수 있는 고급 API 또는 프론트엔드를 제공한다. 이런 기능은 일반적으로 원시 형태로 제공되기 때문에 클라우드 사용자가 직접 플랫폼에서 생성된 여러 서버를 유지관리, 패치, 구성해야 한다.

IaaS 플랫폼의 예는 다음과 같다.

- 아마존 웹 서비스Amazon Web Services
- 구글 컴퓨트 엔진Google Compute Engine
- 마이크로소프트 애저 가상 머신Microsoft Azure Virtual Machines
- 레드햇 오픈스택Red Hat OpenStack

PaaS

PaaS 서비스 모델에서 클라우드 플랫폼은 고객이 인프라를 구축하고 유지보수하는 복잡한 과정 없이도 애플리케이션을 개발, 실행, 관리할 수 있는 서비스를 제공한다. 주로 애플리케이션 템플릿 시스템을 통해 새로운 서비스를 쉽게 생성할 수 있도록 지원한다. 예를 들어 애플리케이션 유형, 프레임워크 또는 프로그래밍 언어의 표준 템플릿을 제공한다.

이를 통해 복잡성을 줄일 수 있고 전반적인 애플리케이션 개발이 더 효과적일 수 있으며, 애플레이션의 유지보수 및 기능 향상이 훨씬 용이해진다. 일반적으로 클라우드는 여러 서버를 패치하고 구성할 수 있는 기능을 제공한다.

PaaS 플랫폼의 예는 다음과 같다.

- 구글 앱 엔진Google App Engine
- IBM 블루믹스Bluemix
- 마이크로소프트 애저 클라우드 서비스Microsoft Azure Cloud Services

- 피보탈 클라우드 파운드리Pivotal Cloud Foundry
- 레드햇 오픈시프트Red Hat OpenShift

SaaS

SaaSSoftware as a Service 모델에서는 사용자가 애플리케이션 소프트웨어에 액세스할 수 있다. 이 모델을 온디멘드 소프트웨어라고도 한다. 해당 소프트웨어를 실행하는 데 필요한 모든 요소는 플랫폼 내부에서 관리된다. 클라우드 사용자는 서비스 제공자가 모든 것을 관리하기 때문에 플랫폼이나 클라우드에 대해서 아무것도 관리할 필요가 없다. 일반적으로 사용자별 지불pay-per-user 방식이다.

SaaS 플랫폼의 예는 다음과 같다.

- 구글 G 스위트Google G Suite
- 마이크로소프트 오피스 365Microsoft Office 365
- 세일즈포스Salesforce

클라우드 네이티브 마이크로서비스

클라우드 컴퓨팅을 더 잘 이해하게 됐으니 클라우드 네이티브 마이크로서비스를 구축해야 하는 이유를 생각해볼 필요가 있다. 마이크로서비스 원칙을 준수해 왔다면 쉽게 클라우드에 배포할 수 있고, 마이크로서비스 아키텍처의 이점을 배가하기 위해 이런 클라우드 플랫폼을 활용할 수 있다. 마이크로서비스는 쉽게 확장 및 관리할 수 있으며, 마이크로서비스 간의 분리가 느슨하게 결합돼 있기 때문에 쉽게 컨테이너에 담을 수 있다.

마이크로서비스를 만들 때 클라우드 환경을 인지하는 클라우드 네이티브 애플리케이션으로 만들면 클라우드 컴퓨팅 모델의 이점을 최대한 활용할 수 있다. 스프링 클라우드는 쉽게 사용할 수 있는 프레임워크를 제공해서 클라우드 서비스가 호스팅되는 클라우드 플랫폼과 독립적이며, 플랫폼의 장점을 최대한 이용할 수 있게 한다.

이 부분은 6장, '클라우드 네이티브 마이크로서비스 만들기'에서 확인할 수 있다.

 이 책이 쓰는 시점에서는 스프링 부트 2의 현재 스냅샷 버전은 스프링 부트 2.0.0 M7이었다. 코드와 예제는 해당 버전으로 최신 버전이다. 스프링 부트 2.0.0이 릴리스될 것이고 그에 따라 코드 번들이 업데이트될 것이다.[2]

┃ 정리

이 장에서는 마이크로서비스가 무엇인지, 그 이점과 SoA에서 어떻게 진화했는지를 명확하게 이해했다. 도메인을 만들 때 사용할 수 있는 일련의 원칙과 도메인 주도 설계를 통해 요구 사항에 따라 애플리케이션을 진화시킬 수 있는 방법을 개괄적으로 살펴봤다. 이런 설계 원칙을 따르면 개발에서 확장, 모니터링에 이르기까지 마이크로서비스의 라이프 사이클을 지원하는 클린 아키텍처를 가질 수 있다. 차기 업계 표준 수준의 마이크로서비스를 제공하려면 리액티브 시스템과 클라우드 컴퓨팅 모델의 이점에 익숙해져야 한다.

기본부터 시작해야 하므로 2장에서는 스프링 부트 2.0과 코틀린을 이용한 마이크로서비스를 만드는 방법을 중점적으로 다루고, 마이크로서비스를 만드는 데 사용하는 도구를 배운다.

---

2 번역 작업을 하는 시점에 스프링 부트 2의 릴리스 버전은 스프링 부트 2.1.2이며 제공되는 코드가 해당 버전에서도 잘 실행되는 것을 확인했다. – 옮긴이

02

스프링 부트 2.0 시작하기

최신 레드몽크RedMonk 보고서에 따르면 스프링 프레임워크Spring Framework는 가장 인기 있는 자바 프레임워크이며, 스프링 부트Spring Boot는 마이크로서비스에 관심이 있는 자바 개발자에게 좋은 시작점이 되고 있다. 자세한 레드몽크 보고서 내용은 http://redmonk.com/fryan/2017/06/22/language-framework-popularity-a-look-at-java-june-2017/를 참고하자.

이 장에서는 스프링 부트 2.0과 코틀린Kotlin으로 마이크로서비스를 개발하고, 스프링 부트 애플리케이션 구조 및 컴포넌트 스캔Component Scan이 동작하는 방식을 자세히 살펴본다. 메이븐Maven과 인텔리제이IntelliJ IDEA를 사용해 마이크로서비스를 개발, 구축, 패키징하는 방법과 설정 및 실행하는 방법의 기본 개요를 알아본다.

2장에서 다루는 내용은 다음과 같다.

- 스프링 부트^{Spring Boot} 2.0
- 스프링 이니셜라이저^{Spring Initializr}
- 메이븐^{Maven}
- 인텔리제이^{IntelliJ} IDEA
- 컴포넌트 스캔^{component scan}
- 스프링 애플리케이션 컨텍스트^{Spring Application Context}
- 스프링 설정^{Spring Configuration}
- 스프링 표현식 언어^{SpEL, Spring Expression Language}

▍ 스프링 부트 애플리케이션 만들기

마이크로서비스를 만들 때, 무엇을 하려고 하는지 명확하게 알아도, 어떻게 할 것인지를 결정하기는 생각보다 복잡하다. 이번 절에서는 초기 단계에 필요한 내용을 살펴본다. 먼저 코드를 편집하고 프로젝트 파일과 의존성을 관리하는 도구를 구성해야 한다.

그런 다음 스프링에서 제공하는 서비스인 스프링 이니셜라이저를 사용해 새 스프링 부트 애플리케이션을 쉽게 만들 수 있다. 스프링 이니셜라이저에서 선택한 빌드 시스템(이 책에서는 메이븐 사용)으로 프로젝트를 만드는 방법을 배운다. 마지막으로 디버깅에서 리팩토링에 이르는 개발자 작업을 지원할 수 있는 IDE가 필요한데, 여기에서는 인텔리제이 IDEA를 선택했다.

구성

이번 절에서는 마이크로서비스 개발에 사용할 다음 도구를 설치한다.

- JDK 8

- 메이븐 3.5

- 인텔리제이 IDEA CE 2017.2(또는 인텔리제이 IDEA CE 2018.3)[1]

맥 OS X 사용자는 다음 단계를 건너뛰고 홈브루^{Homebrew}(https://brew.sh/)를 사용해 필요한 모든 도구를 다음 명령어로 설치하면 된다.

```
/usr/bin/ruby -e "$(curl -fsSL
https://raw.githubusercontent.com/Homebrew/install/master/install)"
brew install caskroom/cask/brew-cask
brew tap caskroom/versions
brew cask install java8
brew install maven
brew cask install intellij-idea-ce
```

JDK 8 설치

먼저 JDK 8을 설치해야 한다. http://www.oracle.com/technetwork/java/javase/downloads/index.html에 있는 Java SE Development Kit 8u144 또는 그 이상을 사용한다. Java Platform^{JDK}을 선택한 다음 사용자의 운영체제에 적합한 버전을 선택한다.

표준 설치를 완료하고, 설치 경로를 JAVA_HOME 및 PATH 변수로 설정해야 한다.

유닉스/맥 OS X

~/.bash_profile에 다음을 추가한다.

```
export JAVA_HOME=jdk-install-dir
export PATH=$JAVA_HOME/bin:$PATH
```

---

1 이 책을 번역하는 시점의 최신 인텔리제이 IDEA의 버전은 2018.3이며, 이 책에서 제공하는 모든 예제 소스 코드가 문제없이 동작하는 것을 확인했다. – 옮긴이

윈도우

파일 탐색기 창에서 내 PC를 마우스 오른쪽 버튼으로 클릭하고 **속성**을 선택한다. 컴퓨터 이름 옆의 **설정 변경**을 클릭하고 고급 탭에서 **환경 변수**를 선택한 다음 JAVA_HOME을 추가해 JDK 소프트웨어가 있는 위치(예: C:\Program Files\Java\jdk1.8.0_144)를 지정한다.

설치 테스트

이제 명령줄에 다음 명령을 입력한다.

```
java -version
```

다음과 같이 출력돼야 한다.

```
java version "1.8.0_144"
Java(TM) SE Runtime Environment (build 1.8.0_144-b01)
Java HotSpot(TM) 64-Bit Server VM (build 25.144-b01, mixed mode)
```

메이븐 3.5 설치

아파치 메이븐 3.5 또는 그 이상의 버전을 사용하며 https://maven.apache.org/download.cgi에서 다운로드한다.

유닉스/맥OS X

다음 명령어를 사용해 zip 또는 tar.gz의 압축을 푼다.

```
unzip apache-maven-3.5.0-bin.zip
```

또는 다음 명령어를 사용할 수도 있다.

74

```
tar xzvf apache-maven-3.5.0-bin.tar.gz
```

~/.bash_profile에 다음을 추가한다.

```
export PATH=/maven-install-dir/bin:$PATH
```

윈도우

원하는 압축 도구로 압축 파일을 푼다. 이제 PATH 환경 변수에 메이븐 바이너리를 추가
해야 한다. **파일 탐색기** 창에서 **내 PC**를 마우스 오른쪽 버튼으로 클릭하고 **속성**을 선택한다.
컴퓨터 이름 옆의 **설정 변경**을 클릭하고 고급 탭에서 **환경 변수**를 선택한 다음 PATH 변수를
찾아 **편집**을 클릭한 후 찾아보기에서 메이븐이 압축 해제된 디렉토리의 bin 폴더를 선택
한다(예: c:\maven-install-dir\bin).

설치 테스트

설치가 성공했는지 확인하려면 명령줄에 다음을 실행한다.

```
mvn -version
```

다음과 같은 메시지가 출력된다.

```
Apache Maven 3.5.0 (ff8f5e7444045639af65f6095c62210b5713f426;2017-04-
03T20:39:06+01:00)
```

인텔리제이 IDEA CE 2018.3

인텔리제이 IDEA 커뮤니티 버전은 https://www.jetbrains.com/idea/download에서
운영체제에 적합한 버전을 다운로드한다. 여기서는 2018.3을 사용한다.

> 인텔리제이 IDEA는 코틀린을 개발한 회사 젯브레인(JetBrains)에서 개발했으며, 마이크로 서비스 개발에 매우 효과적이다. 물론 이클립스(Eclipse) 같은 IDE에서도 잘 작동한다. 커뮤니티 버전은 아파치 2.0 라이선스라 상용 및 기업용 소프트웨어를 포함한 모든 종류의 애플리케이션을 만들 수 있다. 자세한 내용은 http://www.jetbrains.org/display/IJOS/FAQ#FAQCommunityEdition에서 확인하자.

기본 설치 단계를 완료하고 나서 **인텔리제이 IDEA CE**를 열고 Welcome 창에서 화면 오른쪽 하단에 있는 Configure를 클릭한 다음 Project Defaults > Project Structure를 클릭한다.

인텔리제이 IDEA Welcome 창

새 창의 왼쪽 Project를 클릭하고, 오른쪽의 Project SDK 옵션에서 new를 클릭한 다음 JDK를 선택하고 JDK 설치 경로를 찾아서 넣어준다.

이것으로 마이크로서비스를 만들기 위한 모든 구성이 완료됐다. 여기서는 스프링 이니셜라이저를 사용한다.

스프링 이니셜라이저 사용

스프링 이니셜라이저Spring Initializr는 스프링 프레임워크Spring Framework에서 스프링 부트 애
플리케이션을 위한 기본 코드 골격skeletons을 생성하기 위해 제공하는 웹 도구다. 이 도구
는 빌드 시스템, 프로그래밍 언어 또는 프로젝트 초기 의존성을 선택해 여러 종류의 프로
젝트를 생성할 수 있게 해준다.

기본 사용 방법

먼저 브라우저에서 https://start.spring.io로 이동한다.

스프링 이니셜라이저 웹 도구

빌드 시스템으로 메이븐을 사용하기 위해서 Maven Project를 프로젝트 타입으로 선택한
다. 그다음 사용할 프로그래밍 언어인 Kotlin을 선택하고, Spring boot 2.1.2 버전을 선택
한다.

프로젝트 메타데이터의 Group은 com.microservices, Artifact는 chapter2로 한다.

이제 필요한 스프링 의존성을 선택해야 한다. 검색 창에 Web을 입력하고 목록에 표시될
때 선택한다.

마지막으로 Generate Project를 클릭해 프로젝트 콘텐츠가 있는 `chapter2.zip` 파일을 가져온다.

생성된 프로젝트 파일 검토

파일의 압축을 해제하면 여러 파일이 표시된다.

```
[.mvn]
  [wrapper]
    maven-wrapper.jar
    maven-wrapper.properties
[src]
  [main]
    [kotlin]
      [com]
        [microservices]
          [chapter2]
            Chapter2Application.kt
    [resources]
      [static]
      [templates]
      application.properties
  [test]
    [kotlin]
      [com]
        [microservices]
          [chapter2]
            Chapter2ApplicationTests.kt
.gitignore
mvnw
mvnw.cmd
pom.xml
```

메이븐 파일

프로젝트에는 mvnw, mvnw.cmd 파일외에도, JAR와 프로퍼티가 있는 .mvn이란 폴더가 있는데 바로 메이븐 랩퍼^{Maven Wrapper}다(https://github.com/takari/maven-wrapper).

스프링은 프로젝트와 함께 특정 메이븐 버전의 래퍼 번들을 사용해 애플리케이션을 빌드할 때마다 동일한 메이븐 버전을 사용하며 시스템에서 사용 가능한 다른 메이븐 버전의 영향을 받지 않도록 한다. .cmd 파일은 래퍼를 호출하는 윈도우 배치 파일이며, 확장명이 없는 파일은 같은 용도의 리눅스/맥 OS X 셸 스크립트다. 메이븐 프로젝트 정의를 사용해 pom.xml을 생성했으며 프로젝트 구조, 의존성, 프로젝트의 스테이지별 빌드 방법을 포함하는 XML 파일을 생성했음을 알 수 있다. 이 파일은 다음 절에서 자세히 검토한다.

소스 파일

스프링 이니셜라이저에서 몇 개의 소스 파일을 생성한 것을 알 수 있는데, 하나는 메인 애플리케이션용이고, 다른 하나는 기본 테스트용이다. src/main/kotlin과 src/test/kotlin 폴더에 각각 위치한다.

리소스 파일

애플리케이션 속성 또는 정적 웹 리소스 파일을 배치하는 데 사용할 폴더가 있다. 기본 application.properties는 비어 있으며, 정적 콘텐츠가 없기 때문에 내부에 파일이 없다. 스프링이 Thymeleaf를 사용해 서버측 HTML 페이지를 생성할 수 있기 때문에 템플릿 폴더를 볼 수 있지만 마이크로서비스에는 필요하지 않으므로 삭제할 수 있다.

기티그노어

스프링 이니셜라이저는 가장 많이 사용되는 IDE에서 효과적으로 작동하도록 구성된 기티그노어 파일(.gitignore 파일)을 기본으로 포함한다.

고급 사용법

스프링 이니셜라이저는 페이지 하단의 Switch to the full version을 클릭해서 고급 기능을 이용할 수 있다. 이 버전에서는 더 많은 옵션을 사용할 수 있는데 프로젝트 설명, 기본 패키지 이름, JAR 또는 WAR의 애플리케이션 패키징 방법 및 사용할 자바 버전을 8과 11 중에서 사용자가 정의할 수 있다. 맨 아래에 범주별로 분류된 모든 의존성을 볼 수 있다.

 스프링 이니셜라이저는 자체 인프라에서 호스팅도 가능하고, 자신만의 프로젝트 템플릿을 포함하도록 사용자 정의할 수 있으며, HTTP 요청을 통해 프로젝트를 생성할 수 있는 API를 제공한다. 자세한 내용은 https://github.com/spring-io/initializr을 참고하자.

메이븐 사용

메이븐은 우리가 선택한 빌드 시스템이며, 애플리케이션을 컴파일하거나 패키징할 때마다 사용한다. 인텔리제이 IDEA를 사용하는 경우에도 내부적으로 메이븐을 실행해 애플리케이션을 빌드한다. 따라서 메이븐의 기본 개념부터 알아 두어야 한다.

라이프사이클의 단계

터미널로 앞 절에서 만든 메이븐 프로젝트 폴더에 들어가서 다음 명령어를 실행한다.

```
mvn compile
```

래퍼를 사용하는 경우에는 다음 명령어를 실행한다.

```
mvnw compile
```

처음 이 명령어를 실행하면 애플리케이션 의존성 파일이 시스템에 없으므로 애플리케이션 의존성 파일을 다운로드하고, 애플리케이션을 컴파일한다. 다음에 같은 명령어를 실행하면 소프트웨어가 변경된 경우 컴파일하고, 그렇지 않으면 변경 사항이 없음을 알려준다.

메이븐을 실행할 때 매개 변수로 전달된 것(여기서는 compile)이 메이븐 라이프사이클 단계이며, 사용 가능한 표준 라이프사이클 단계를 살펴보자.

- clean: 프로젝트 디렉토리에서 빌드 시 생성한 파일을 제거하며, 맨 처음부터 빌드할 때는 이것을 사용해야 한다.
- validate: POM 파일이 유효하고 정확한지 검증하고, 전체 프로젝트를 빌드하거나 컴파일하기 전에 POM의 변경이 유효한지 검증할 때 실행한다.
- compile: 테스트를 제외하고 프로젝트를 컴파일하며, 검증부터 한다. 소스 파일에 변경 사항이 없는 경우 아무 작업도 수행하지 않는다. 모든 단계는 서로 결합해서 호출할 수 있다. 예를 들어 clean 컴파일을 위해 다음과 같이 호출할 수 있다.

```
mvnw clean compile
```

- test: 프로젝트에서 유닛 테스트를 실행한다. 프로젝트를 컴파일하고 변경된 테스트를 컴파일한 다음 테스트를 실행하고 결과를 출력한다. 아무것도 컴파일하지 않고 테스트에 변화가 없다면 이 단계는 아무것도 하지 않는다.
- package: 프로젝트를 패키징해서 배포하거나 설치할 준비를 한다. 패키징전에 테스트를 진행하며 테스트가 통과해야만 패키징할 수 있다.

 보다시피 각 단계는 순차적으로 실행되며, 실행 중인 패키지는 이전 단계를 모두 실행한다.

메이븐의 목표

메이븐은 플러그인 개념을 지원하며, 플러그인은 목표를 사용해 특정 단계에 연결된다. 해당 단계가 실행되면 목표가 실행되고, 목표가 실패하면 그 단계가 실패한다.

예를 들어, 코틀린 프로젝트에서 코틀린 플러그인은 컴파일 단계의 compile이라는 목표를 설정한다. 따라서 컴파일 단계를 실행할 때 코틀린 소스 코드를 컴파일한다.

mvn plugin:goal 형식으로 플러그인에서 직접 목표를 실행할 수 있다. 예를 들어 다음과 같이 할 수 있다.

```
mvnw kotlin:compile
```

이것은 코틀린 코드를 컴파일하지만, compile 단계를 목표에 추가한 플러그인이 있다면 단지 목표이지 단계를 실행한 것이 아니기 때문에 실행되지 않는다.

스프링 부트는 메이븐을 사용해 애플리케이션을 실행하는 플러그인을 제공한다. 이 플러그인은 spring-boot 플러그인 아래에 있으며, 목표 이름으로 실행되므로 다음과 같이 실행할 수 있다.

```
mvnw spring-boot:run
```

애플리케이션이 실행된 이후에 다음 메시지가 보여야 한다.

```
Tomcat started on port(s): 8080 (http)
Started Chapter2ApplicationKt in 1.999 seconds (JVM running for 6.747)
```

http://localhost:8080를 요청하면 마이크로서비스에 아무것도 추가하지 않았기 때문에 오류 페이지만 보이는데, Ctrl + C를 눌러 언제든지 애플리케이션을 중지할 수 있다. 하지만 먼저 pom.xml이 무엇인지 더 이해할 필요가 있다.

POM 파일 이해

메이븐을 실행하면 현재 디렉토리에서 pom.xml이라는 파일을 검색하고, 이 파일이 있으면 라이프사이클 단계를 진행하는 데 사용한다. 이 파일은 일반적으로 프로젝트를 정의한 파일인 POM^{Project Object Model}이라고 한다.

스프링 이니셜라이저로 생성되는 POM에는 프로젝트 라이프사이클의 여러 단계의 프로젝트 구조, 의존성, 목표를 정의하는 여러 태그가 들어 있는데 각각에 대해 알아보겠다.

프로젝트 정의

POM 파일은 그룹 이름, 프로젝트, 아티팩트, 버전, 그리고 패키징 방법(여기서는 JAR를 사용한다), 프로젝트의 이름 및 설명과 같은 기타 설정으로 정의된다.

메이븐 Parent

parent 태그 아래에 상위 메이븐 프로젝트에 대한 참조를 볼 수 있다. BOM^{Bill Of Materials} 파일을 통해 다른 프로젝트의 스프린트 컴포넌트와 라이브러리의 참조를 포함시킬 수 있다.

BOM 파일은 특정 프로젝트에 인증됐지만 포함되지 않은 버전을 나타낸다. 이것은 이 프로젝트가 동작하기 위해 필요한 버전을 알리는 방법이다. POM 프로젝트의 일부로 필요한 의존성을 포함시킬 것이며, 기본적으로 BOM이 제공하는 버전을 사용할 것이기 때문에 선택할 버전을 생략할 수 있다. 그러나 원하는 경우 다른 버전을 지정할 수 있다.

 TIP 만들고자 하는 다양한 프로젝트와 필요로 하는 의존성 버전을 더 잘 알고 있다면 필요로 하는 것을 정확히 갖춘 각자의 부모 프로젝트를 만드는 것이 좋다.

프로젝트 프로퍼티

properties 태그 아래에 코틀린 컴파일러 버전을 1.2.71로 정의하고 증분 빌드를 수행하도록 구성한다. 자바 8을 사용하고 파일 인코딩은 UTF-8로 설정한다.

의존성

스프링 이니셜라이저에서 선택한 의존성Dependencies은 dependencies 태그에 나열되지만, Web만 선택했으므로 하나의 스프링 의존성만 표시된다. 이미 parent에서 로드된 BOM 기본 버전을 포함하도록 설정했으므로 버전을 지정하지 않는다.

그런 다음 메이븐 속성에 지정된 버전을 참조해 프로젝트에 필요한 코틀린 라이브러리가 포함돼 있는지 확인할 수 있다.

마지막으로 스프링 부트 테스트Spring Boot Test는 test 라이프사이클 단계에 포함되며 해당 단계에서만 사용할 수 있다.

빌드

빌드 정의는 build 태그 아래의 여러 요소로 구성된다. 예를 들어, 프로젝트의 소스와 테스트 폴더가 있어서 컴파일러가 그것들을 찾을 수 있다.

다양한 메이븐 플러그인은 plugins 태그 내에 구성된다.

주로 두 개의 플러그인이 포함된 것을 볼 수 있는데, spring-boot 메이븐 플러그인과 코틀린 코드를 개발하기 위한 코틀린 메이븐 플러그인이다. 컴파일할 때 스프링에서 요구하는 all-open이라는 compiler 플러그인에 대한 의존성이 있음을 알 수 있다(버전을 지정하지 않은 경우 BOM의 기본 버전을 사용한다).

 코틀린에서 모든 클래스와 멤버는 기본적으로 final이다. 이 플러그인을 사용하면 특정 애노테이션을 사용했을 때 해당 멤버가 open으로 수정할 수 있는데, @Autowired 애노테이션에서 필요하다. 이 애노테이션은 이번 장에서 자세히 설명한다.

저장소

스프링 이니셜라이저의 POM 마지막 섹션에는 여러 의존성을 가지고 있는 저장소 Repositories를 정의한다. 스프링 저장소는 메이븐 중앙 저장소의 미러 역할을 할 뿐만 아니라 스프링 컴포넌트의 스냅샷 및 중요 버전을 포함한다.

> 메이븐 프로젝트에서는 Maven Central이라고 하는 메이븐 중앙 저장소에서 의존을 자동으로 조회한다. 다른 저장소를 사용하고 싶다면 명시적으로 지정해야 한다. 거의 모든 주요 소프트웨어 패키지는 Maven Central(https://search.maven.org/)에서 사용할 수 있다. 그러나 JCenter(https://bintray.com/bintray/jcenter)를 선호하는 개발자도 있다.

이제 POM 파일과 메이븐을 더욱 잘 이해하게 됐지만, 대부분의 작업에 IDE를 사용하는 것을 선호한다. 이제 인텔리제이 IDEA를 사용하는 방법을 알아보겠다.

인텔리제이 IDEA 사용

자바 애플리케이션을 개발하는 IDE가 많이 있지만, 현재 업계의 대표 주자는 이클립스 Eclipse와 인텔리제이 IDEA이다. 넷빈즈NetBeans 같은 IDE를 사용하는 사용자도 있지만, Baeldung의 자바 2017 설문 조사에 따르면 사용자 중 45.8%가 인텔리제이를 사용한다. 안드로이드 스튜디오Android Studio가 인텔리제이 IDEA를 기반으로 하고 있으며 젯브레인스는 인텔리제이 IDEA와 코틀린 언어의 개발사이며, 코틀린은 마이크로서비스를 만들기 위한 쉬운 시작점이라고 생각한다.

> 자바 2017 설문 조사에 대한 더 흥미로운 사실을 확인하려면 Baeldung 웹 사이트 (http://www.baeldung.com/java-in 2017)를 확인하자.

앞 절에서 만든 프로젝트에 추가 기능을 더해보자. 인텔리제이의 설치 및 설정을 하지 않았거나 이 도구를 좀 더 알고 싶다면 앞 절로 돌아가자.

메이븐 프로젝트 열기

다음과 같이 방금 만든 프로젝트를 연다.

1. 인텔리제이 IDEA를 연다.

2. **Welcome** 창에서 **Open** 버튼을 선택한다.

3. 스프링 이니셜라이저로 생성된 파일이 들어있는 디렉토리를 선택한다. POM이 있는 폴더를 선택해야 한다.

4. **OK** 버튼을 선택한다.

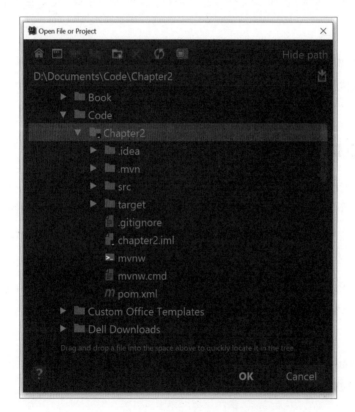

창열기

프로젝트를 오류없이 가져왔다면 화면 왼쪽에 프로젝트 파일들이 보일 것이다.

때때로 인텔리제이 화면의 오른쪽 하단에 있는 팝업 창에 팁과 제안 사항을 제공하며, 대개 도움이 되니 확인하자.

2장 처음의 설치 단계를 따랐다면 인텔리제이는 프로젝트의 JDK를 자동으로 설정한다. 그렇지 않다면 메뉴의 File > Project Structure를 선택하고, 화면 왼쪽에서 Project를 선택하면 Project SDK 섹션 오른쪽의 JDK를 확인하거나 변경할 수 있다.

Welcome 창은 Open 대신 Project Import 기능Option을 제공하지만, 인텔리제이는 메이븐 프로젝트를 Import하지 않고 직접 열 수 있기 때문에 사용할 필요가 없다.

라이프사이클 단계 및 목표 실행

인텔리제이는 메이븐 프로젝트 창을 제공한다. 표시되지 않으면 메뉴의 View > Tool Windows > Maven Projects[2]에서 선택해 열 수 있다.

메이븐 프로젝트 창

---

2 인텔리제이 2018.3.3 버전에서는 Maven Projects 이 Maven으로 변경되었다. - 옮긴이

이 창에서 메이븐 명령어를 호출할 수 있다. 예를 들어, 메이븐 프로젝트 창에서 해당 옵션을 두 번 클릭해 compile 라이프사이클 단계를 실행할 수 있다. 이는 명령줄에 다음을 입력하는 것과 같다.

```
mvnw compile
```

명령어를 호출하면 화면 하단 중앙에 Run 창이 열리고, 여기에서 해당 단계의 결과를 볼 수 있다. 새 창에는 더 많은 옵션이 있는 세로 막대 버튼이 있는데, 왼쪽 상단의 녹색 **재실행**rerun 버튼은 마지막 명령을 다시 실행한다. Ctrl + F5(맥에서는 command + r)를 눌러 단축키를 통해 실행할 수도 있다.

Maven Projects 창 상단에는 추가 옵션이 있는 가로 막대가 표시된다. 첫 번째 옵션이 메이븐 프로젝트 새로 고침으로, 예를 들어 새 의존성을 추가하려고 POM을 수정하면 새로 고침을 해야 한다.

옵션이 여러 개 있지만, 먼저 메이븐 목표를 실행하는 데 사용되는 문서처럼 생긴 아이콘에 파란색 m이 있는 상단 버튼을 클릭하면 메이븐 목표 또는 라이프사이클 단계를 입력할 수 있는 새 창이 열린다.

이 창에는 자동 완성 기능이 있어서 메이븐 목표와 단계를 빨리 입력할 수 있다. 예를 들어 클린 컴파일Clean compilation을 하기 위해 clean compile을 입력하면 이는 명령줄에 다음과 같이 입력하는 것과 같다.

```
mvnw clean compile
```

이 창을 사용해 POM에 정의된 메이븐 플러그인에서 목표를 직접 호출할 수도 있다. 예를 들어, Maven Project 창에서 Plugins 섹션을 확장한 다음 spring-boot를 확장하고 spring-boot:run를 더블클릭하면 마이크로서비스가 실행된다. 이는 명령줄에 다음을 입력하는 것과 같다.

```
mvnw spring-boot:run
```

이전과 마찬가지로 Run 창에 결과가 표시된다. 이 명령은 바로 끝나지 않기 때문에 Run 창에는 프로세스를 중지할 수 있는 버튼이 표시된다. 이 버튼을 사용하면 마이크로서비스를 효과적으로 중지할 수 있으며, Rerun 버튼을 사용해 이전과 마찬가지로 다시 실행할 수 있다.

명령이 실행되는 동안 메이븐 창에서 다른 명령을 실행하면 새 탭에 Run 창이 나타난다. 탭 이름을 눌러 전환할 수 있으며 각 탭에는 서로 다른 로그가 표시되며, 버튼을 사용해 해당 명령을 중지하거나 재시작할 수 있다.

마이크로서비스 수정

이제 코드를 편집해 변경 사항을 추가해보자.

1. 화면의 왼쪽 상단의 Project 창에서 소스 파일을 보기 위해 src › main › Kotlin을 확장한다.
2. 그런 다음 패키지를 확장해 Chapter2Application.kt 애플리케이션 파일을 연다.

```
package com.microservices.chapter2

import org.springframework.boot.autoconfigure.SpringBootApplication
import org.springframework.boot.runApplication

@SpringBootApplication
class Chapter2Application

fun main(args: Array<String>) {
    runApplication<Chapter2Application>(*args)
}
```

이 코드는 스프링 부트 애플리케이션을 생성하고 실행하며 8080 포트를 사용하는 마이크로서비스를 시작한다.

Edit 창의 gutter 영역[3]에서 main function이 있는 줄에 코틀린 기호[4]가 있는 것을 볼 수 있는데, 이 버튼을 클릭하면 main 함수를 실행하고 마이크로서비스가 시작된다. 그리고 로그를 보고, 프로세스를 중지 또는 재시작할 수 있는 Run 창이 나타난다.

이제, 예제 코드를 수정해보자.

```kotlin
package com.microservices.chapter2

import org.springframework.boot.autoconfigure.SpringBootApplication
import org.springframework.boot.runApplication
import org.springframework.stereotype.Controller
import org.springframework.web.bind.annotation.RequestMapping
import org.springframework.web.bind.annotation.RequestMethod
import org.springframework.web.bind.annotation.ResponseBody

@SpringBootApplication
class Chapter2Application

@Controller
class FirstController {
    @RequestMapping(value = "/user", method = arrayOf(RequestMethod.GET))
    @ResponseBody
    fun hello() = "hello world"
}

fun main(args: Array<String>) {
    runApplication<Chapter2Application>(*args)
}
```

---

3 편집 창 왼쪽 세로 영역으로 줄번호나 실행 아이콘 또는 디버깅 시 중단점 등을 표시한다. - 옮긴이

4 인텔리제이 IDEA의 버전 2017.x에서는 코틀린 기호가 있었지만 2018.1 버전부터는 녹색 화살표가 표시된다. - 옮긴이

애플리케이션을 실행하고 브라우저에서 `http://localhost:8080/user`를 요청하면 다음과 같이 표시된다.

`hello world`

마이크로서비스의 요청을 처리하는 `Controller` 클래스를 추가하고, 특정 경로 (이 예제에서는 /user)에 매핑하는 것으로, 모든 요청에 **hello world**를 출력한다.

이제 프로젝트 창의 패키지에서 마우스 오른쪽 클릭한 다음 New > Kotlin File / Class를 선택해 새로운 클래스를 만든다.

프로젝트 윈도우에서 파일 생성하기

이름을 묻는 새 창이 보이면 ExampleService라고 입력하고, Kind 드롭다운에서 Class를 선택한다.

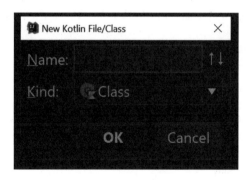

새로운 파일의 이름 지정

그런 다음 아래 코드를 추가하자.

```kotlin
package com.microservices.chapter2

import org.springframework.stereotype.Service

@Service
class ExampleService {
  fun getHello(name : String) = "hello $name"
}
```

마지막으로 새로 만든 서비스를 사용하도록 컨트롤러를 수정하자.

```kotlin
package com.microservices.chapter2

import org.springframework.boot.autoconfigure.SpringBootApplication
import org.springframework.boot.runApplication
import org.springframework.stereotype.Controller
import org.springframework.web.bind.annotation.PathVariable
import org.springframework.web.bind.annotation.RequestMapping
import org.springframework.web.bind.annotation.RequestMethod
import org.springframework.web.bind.annotation.ResponseBody

@SpringBootApplication
class Chapter2Application

@Controller
class FirstController(val exampleService: ExampleService) {
  @RequestMapping(value = "/user/{name}", method =
arrayOf(RequestMethod.GET))
    @ResponseBody
    fun hello(@PathVariable name: String) =
exampleService.getHello(name)
}

fun main(args: Array<String>) {
```

```
    runApplication<Chapter2Application>(*args)
}
```

exampleService 인스턴스를 컨트롤러의 속성으로 설정한다. 그런 다음 출력을 하기 위해 경로 변수로 사용자의 이름을 얻고 서비스를 호출해 결과를 얻는다.

서비스를 실행하고 http://localhost:8080/user/Kotlin를 요청하면 다음과 같이 출력된다.

```
hello Kotlin
```

 3장, 'RESTFul 서비스 만들기'에서 좀 더 자세히 살펴본다.

디버깅

인텔리제이 IDEA는 매우 강력하지만 간단한 디버거를 사용해 마이크로서비스를 개발할 수 있다. ExampleService 클래스의 getHello 메소드와 동일한 줄에 있는 Gutter를 클릭하면 중단점Break point을 만들 수 있다. 이 경우 중단점에 빨간색 점이 표시되고, 윈도우에서는 Ctrl + F8 키 조합과 맥에서 command + F8 키를 사용할 수 있다.

이제 애플리케이션 클래스로 돌아가서 Kotlin 아이콘을 클릭하고 **실행**run 대신 **디버깅**debug을 선택할 수 있다. http://localhost:8080/user/Kotlin을 다시 요청하면 애플리케이션이 중지되고 디버거의 중단점이 표시된다.

애플리케이션이 중지되면 화면의 중앙 하단에 **디버거**^{Debugger} 창을 볼 수 있다.

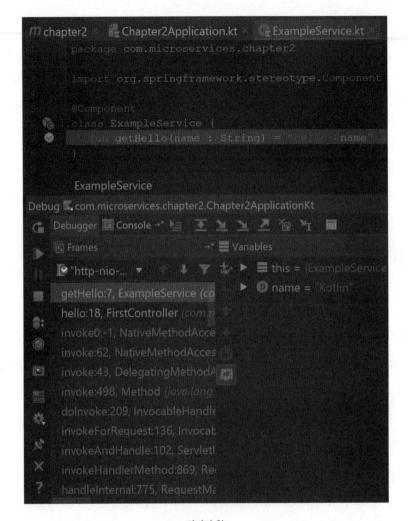

디버거 창

이 창의 왼쪽에 스택 추적을 통해 중지된 지점까지 탐색할 수 있는 **Frames**라는 섹션을 볼 수 있다.

오른쪽에서 디버거의 현재 범위의 변수와 그 값을 볼 수 있다. 이것을 마우스 오른쪽 버튼으로 클릭하면 표현식을 사용해 값을 모니터하는 와쳐^{Watches}를 정의하거나 객체를 검사해 기존 값의 모든 속성 및 메소드를 볼 수 있다. 탭 옆의 위쪽에는 디버거 실행을 탐색하는 단추가 있는 세로막대가 있다. 예를 들면 함수 호출을 시작(Step in) 또는 종료(Step Out)하거나 현재 커서(cursor)로 계속 실행한다.

메이븐 목표 및 단계에서도 디버거를 호출할 수 있다. Maven Project 창에서 단계 또는 목표에 마우스 오른쪽 버튼을 클릭한 다음 Debug를 선택하면 된다.

팁과 트릭

인텔리제이를 사용해 애플리케이션을 개선하는 데 사용할 수 있는 몇 가지 단축키와 도구를 알아보자.

 인텔리제이는 대부분의 작업에 대해 단축키를 제공한다. 다음 링크를 살펴보기 바란다. https://resources.jetbrains.com/storage/products/intellij-idea/docs/IntelliJIDEA_ReferenceCard.pdf

액션 실행: 윈도우에서는 Shift + Ctrl + A, 맥 OS에서는 Shift + command + a를 사용한다. 이렇게 하면 Run, 메이븐 프로젝트 창 View, 파일 Save 등 모든 도구의 작업을 실행할 수 있다.

어디서나 검색: Shift 버튼 두 번 클릭. 파일 이름에서부터 작업에 이르기까지 모든 것을 검색할 수 있는 창이 있다. 검색은 매우 강력하며, 예를 들어 ExampleService 클래스를 열려고 할 때 ES를 대문자로 입력하면 된다.

클립보드에서 붙여넣기: 윈도우에서는 Shift + Ctrl + V를, 맥 OS에서는 shift + command + v를 누르면 클립보드에 있는 기록이 창에 표시된다.

반복^{Iterations} **및 빠른 수정**: Alt + Enter. 아마도 인텔리제이의 가장 강력한 도구일 것이다. 편집기에서 이 단축키를 사용하면 사용하지 않는 imports를 제거하거나, 코드의 줄을 단순화하는 것까지 다양한 옵션의 전구 모양을 볼 수 있다. 직접 경험해보기 바란다.

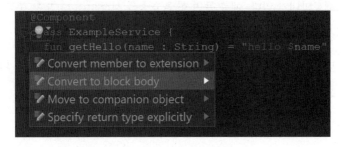

Quick-fix 옵션

이름 바꾸기: Shift + F6. 이렇게 하면 클래스 이름에서부터 파일명, 심지어 패키지명까지 이름이 변경되며 해당 이름을 사용하는 코드에서도 변경된다. 예를 들어 함수의 이름을 변경하면 해당 함수에 대한 모든 호출의 이름도 바뀐다.

리팩토링: 윈도우에서는 Shift + Ctrl + Alt + T, 맥 OS에서는 Ctrl + T. 메소드를 추출해 클래스로 이동하고 매개 변수와 함수를 변경하는 등 모든 코드에서 사용할 수 있는 좋은 기능이다.

 다음 비디오에서 더 많은 방법을 알 수 있다. 길지만 그 만큼 가치가 있다.

https://youtu.be/eq3KiAH4IBI

▎ 스프링 부트 애플리케이션의 구조

웹 서비스(JSON 또는 XML)로 노출되는 마이크로서비스는 HTTP 서버 기능이 있어야 한다. 데이터베이스의 자원 및 연결을 관리해야 할 뿐만 아니라 다른 서비스를 사용하거나 메시지 큐를 통해 데이터를 게시할 수도 있어야 한다.

이런 종류의 애플리케이션을 작업해본 적이 있다면 아마도 수십 개의 XML 파일과 속성, 그리고 이런 시스템을 초기화하는 많은 보일러플레이트 코드^{boilerplate code}를 구성하고 설정하는 것이 얼마나 복잡한지 기억할 것이다.

스프링은 스프링 부트를 통해 보일러플레이트 코드를 대폭 줄이고, 사용할 시스템의 대부분을 자동 구성할 수 있는 프레임워크를 제공한다.

마이크로서비스를 만드는 데 사용할 다양한 구성 요소를 살펴보겠다.

애플리케이션 오브젝트 생성

@SpringBootApplication 애노테이션은 main( ) 메소드에서 시작할 수 있는 스프링 애플리케이션을 부트 스트랩하는 편리한 방법을 제공한다. 많은 경우 정적 메소드인 runApplication에 위임한다.

```
@SpringBootApplication
class Chapter2Application

fun main(args: Array<String>) {
    runApplication<Chapter2Application>(*args)
}
```

@SpringBootApplication 애노테이션을 사용해 애플리케이션 컨텍스트로 사용할 클래스를 표시했다는 것을 알 수 있는데, 스프링 애플리케이션 컨텍스트는 곧 배운다.

스프링 부트 애플리케이션이 시작되면 필요한 모든 시스템을 자동으로 구성한다.

데이터베이스나 큐의 연결 풀$^{connection\ pool}$ 같은 애플리케이션에서 필요한 시스템도 자동 구성하고 실행한다.

스프링 애플리케이션 컨텍스트 정의

스프링 애플리케이션은 모든 컴포넌트가 등록된 컨텍스트가 필요하다. 애플리케이션에서 생성된 객체 인스턴스의 중앙 디렉토리라고 생각할 수 있다. 스프링 프레임워크를 사용해 연결 풀 같은 무언가를 만들면 컨텍스트에 등록되거나 자체 컴포넌트를 만들 때 등록된다. 따라서 애플리케이션의 다른 부분에 해당 컴포넌트가 필요한 경우, 다시 컴포넌트를 만들지 않고 액세스할 수 있으며, 고급 기능도 제공한다. 예를 들어, HTTP 요청을 처리하는 컨트롤러를 등록하려는 경우 이 예제와 같이 클래스의 어느 위치에서나 가능하다. 나중에 애플리케이션은 컴포넌트 스캔을 사용해 어떤 컨트롤러가 있는지 찾아서 별도의 설정 없이 웹 인터페이스에 연결할 수 있다. 다음 절에서 컴포넌트 스캔에 대해 알아보자.

컴포넌트 스캔 이해

앞에서 만든 예제로 돌아가보자.

```
package com.microservices.chapter2

import org.springframework.beans.factory.annotation.Autowired
import org.springframework.boot.autoconfigure.SpringBootApplication
import org.springframework.boot.runApplication
```

```
import org.springframework.stereotype.Controller
import org.springframework.web.bind.annotation.PathVariable
import org.springframework.web.bind.annotation.RequestMapping
import org.springframework.web.bind.annotation.RequestMethod
import org.springframework.web.bind.annotation.ResponseBody

@SpringBootApplication
class Chapter2Application

@Controller
class FirstController(val exampleService: ExampleService) {
  @RequestMapping(value = "/user/{name}", method =
arrayOf(RequestMethod.GET))
  @ResponseBody
  fun hello(@PathVariable name: String) = exampleService.getHello(name)
}

fun main(args: Array<String>) {
  runApplication<Chapter2Application>(*args)
}
```

컨트롤러 클래스를 추가하면 애플리케이션이 시작될 때 로그에서 확인할 수 있다.

```
RequestMappingHandlerMapping : Mapped "{[/user/{name}],methods=[GET]}" onto
public java.lang.String com.microservices.chapter2.FirstController.hello(java.
lang.String)
```

애플리케이션이 어떻게 컨트롤러를 찾고 요청을 매핑하는 것일까?

스프링 부트 애플리케이션이 시작될 때, 애플리케이션 컨텍스트 클래스 아래의 모든 클래스와 패키지를 반복적으로 스캔하고, 어떤 클래스라고 하더라도 컴포넌트 애노테이션을 추가하면 클래스의 인스턴스를 생성하고 스프링 부트 애플리케이션 컨텍스트에 추가한다. 이 기능의 이름이 바로 컴포넌트 스캔Component Scan이다.

스프링 컴포넌트 인스턴스를 빈(bean)이라 부른다. 따라서 기본적으로 컨텍스트를 빈 콜렉션이라고 할 수 있다.

나중에 스프링 부트 애플리케이션이 시작될 때 웹 애플리케이션이라면 컨텍스트에 있는 @Controller 애노테이션이 달린 모든 클래스를 가져와서 해당 클래스의 마이크로서비스 요청을 매핑한다.

컴포넌트 사용

컴포넌트 스캔은 모든 패키지를 스캔하는 동안 어떤 클래스를 스프링 컨텍스트에 빈^{Bean}으로 추가해야 하는지 알아야 한다. 어떤 클래스를 추가해야 하는지 알려면 클래스에 @Component 애노테이션이 있는지 확인한다.

 인텔리제이에서는 Ctrl을 누른 상태에서 클래스 이름을 클릭하면 해당 클래스로 바로 갈 수 있다. 예를 들어, 예제에서 Ctrl을 누르고 @Controller를 클릭하면 된다.

이를 시각화하기 위해 @Controller 애노테이션의 소스 코드를 보자.

```
@Target({ElementType.TYPE})
@Retention(RetentionPolicy.RUNTIME)
@Documented
@Component
public @interface Controller {
  String value() default "";
}
```

@Controller 애노테이션은 @Component 애노테이션을 사용하며, 컴포넌트 스캔은 컨텍스트에서 @Controller로 애노테이션한 모든 클래스를 스프링 프레임워크에서 사용할 수 있는 빈으로 만든다.

이전에 사용한 @Service와 같이 다른 많은 스프링 클래스도 컴포넌트다.

의존 관계 자동 설정

애플리케이션의 일부에서 애플리케이션의 다른 부분을 사용할 수 있다. 예를 들어 어떤 컴포넌트는 다른 컴포넌트를 사용한다. 예제를 살펴보면 ExampleService라는 서비스를 만들고 컨트롤러가 그것을 생성자의 일부로 사용한다는 것을 알 수 있다. @Controller 애노테이션을 달았기 때문에 컴포넌트 스캔에서 컨트롤러를 찾으면 클래스에 매개 변수를 받는 생성자가 있다는 것을 알 수 있다.

생성자의 매개 변수는 @Service 애노테이션으로 처리돼, 이미 스프링 컨텍스트에 있는 클래스이므로 컴포넌트 스캔은 컨텍스트에서 빈을 가져와서 컨트롤러 생성자의 매개 변수로 보낸다. 하지만 때로는 생성자의 매개 변수가 아닌 클래스 변수로 사용할 수도 있으므로, 그때는 @Autowired 애노테이션을 사용할 수 있다.

```
package com.microservices.chapter2

import org.springframework.beans.factory.annotation.Autowired
import org.springframework.boot.autoconfigure.SpringBootApplication
import org.springframework.boot.runApplication
import org.springframework.stereotype.Controller
import org.springframework.web.bind.annotation.PathVariable
import org.springframework.web.bind.annotation.RequestMapping
import org.springframework.web.bind.annotation.RequestMethod
import org.springframework.web.bind.annotation.ResponseBody

@Controller
class FirstController {
```

```kotlin
@Autowired
lateinit var service: ExampleService

@RequestMapping(value = "/user/{name}", method = arrayOf(RequestMethod.GET))
@ResponseBody
fun hello(@PathVariable name: String) = service.getHello(name)
}
```

 코틀린에서 lateinit으로 선언하면 이 프로퍼티는 생성자 다음에 초기화한다는 것을 나타낸다. @Autowired는 이 예제에서 확인해보자.

이는 생성자에서 서비스를 선언하는 것과 동일한 결과를 가져온다. 특히 컴포넌트가 많고 모든 컴포넌트를 클래스 생성자의 매개 변수로 전달하고 싶지 않을 때 이 옵션을 선택할 수 있다.

이를 의존성 삽입dependency injection이라고 하며, 더 많은 고급 사용자가 사용할 수 있도록 하는 스프링 **제어의 역전**IoC, Inversion of Control의 일부로, 예를 들어 다음과 같이 서비스를 위해서 인터페이스를 만들 수 있다.

```kotlin
package com.microservices.chapter2

interface ServiceInterface {
  fun getHello(name : String) : String
}
```

그런 다음 해당 인터페이스를 사용하도록 서비스를 수정할 수 있다.

```kotlin
package com.microservices.chapter2

import org.springframework.stereotype.Service
```

```
@Service
class ExampleService : ServiceInterface {
  override fun getHello(name : String) = "hello $name"
}
```

마지막으로, 컨트롤러를 ExampleService 클래스가 아닌 ServiceInterface 인터페이스로 자동 변경되도록 할 수 있다.

```
@Controller
class FirstController {
  @Autowired
  lateinit var service: ServiceInterface

  @RequestMapping(value = "/user/{name}", method = arrayOf(RequestMethod.GET))
  @ResponseBody
  fun hello(@PathVariable name: String) = service.getHello(name)
}
```

이렇게 하는 이유가 무엇일까?

- 세부 구현정보 숨기기: 서비스 작동 방식을 직접 보여주지 않음
- 디커플링: 기존 서비스 구현에 영향을 주지 않고, 서비스 변경이나 새로운 구현의 사용이 가능
- 쉬운 변경 사항 처리: 스프링 설정을 통해 코드 변경없이 사용하는 서비스 변경 가능

이 장의 마지막 절에서 좀 더 자세한 내용을 살펴보겠다.

▌ 스프링 부트 애플리케이션 패키징 및 실행

스프링 부트로 마이크로서비스를 만드는 방법을 알게 됐으니 이제 서비스를 패키징하고 실행해야 한다. 여기에서는 스프링 부트 애플리케이션의 패키징 방법을 알아본다.

그런 다음 JAR 또는 WAR를 사용하는 패키징의 차이점을 알아본다.

마지막으로 패키지 애플리케이션을 실행하는 방법과 자체 실행 JAR 파일을 작성하는 방법을 배운다.

패키징

인텔리제이의 메이븐 프로젝트 창을 사용하거나 명령줄에서 메이븐 라이프사이클 단계인 **Package**를 사용해 애플리케이션을 패키징할 수 있다.

>
> **TIP**
> View > Tool Windows > Terminal 메뉴를 선택하거나 단축키 Alt + F12를 눌러 인텔리제이의 프로젝트 폴더에 위치한 터미널 창에 명령줄을 열 수 있다.

`mvnw package`

예제 프로젝트에서 이것을 실행하면 대상 폴더 아래에 `chapter2-0.0.1SNAPSHOT.jar`라는 파일이 만들어진다.

이 명령어는 패키징하려는 애플리케이션에 필요한 모든 의존성을 포함하는 JAR 파일을 생성한다. 마이크로서비스가 사용하는 모든 스프링 컴포넌트와 서드파티 라이브러리를 포함해 일반적으로 Fatjar라고 부르며, 마이크로서비스를 단일 바이너리로 배포하거나 보관할 수 있게 한다.

WAR가 아닌 JAR로 패키징하기

스프링 이니셜라이저는 기본적으로 JAR로 만들지만, 예를 들어 외부 톰캣 서버 같은 애플리케이션 서버에 애플리케이션을 배포할 때 JAR 대신 WAR를 만들도록 변경할 수 있다. 하지만 권장하지 않는다.

느슨하게 결합된 마이크로서비스를 제공해야 하는 마이크로서비스의 원칙을 기억할 것이다. 따라서 애플리케이션 서버에 애플리케이션을 배포하는 경우 애플리케이션 서버와 애플리케이션 간의 결합coupling이 생기는 것으로, 서버가 바뀌면 바로 영향을 받는다.

스프링 부트는 시작 몇 초 만에 완벽하게 동작하는 톰캣 서버를 제공하며, 필요에 맞게 구성할 수 있다. 따라서 애플리케이션에 필요한 모든 것이 애플리케이션 제어하에 있게 된다.

 여기서 사용하는 스프링 부트 버전을 계속 업데이트해야 한다는 것을 기억해야 한다. 스프링 팀은 톰캣 버전을 최신 상태로 유지해 끊임없이 릴리스를 한다.

이렇게 만들어진 마이크로서비스는 다른 소프트웨어나 시스템 없이 자바 JRE만 있으면 어떤 환경에서도 실행할 수 있으므로 인프라 측면에서도 이점이 되며, 어떤 서버나 컨테이너에서도 빠르게 실행돼야 하는 클라우드 네이티브 마이크로서비스Cloud-Native Microservices를 위한 완벽한 방법을 제공한다.

스프링 부트 애플리케이션 실행

마이크로서비스가 패키지화 됐으면 명령줄에서 실행해야 한다. 예제를 실행하려면 다음과 같이 입력한다.

```
java -jar target/chapter2-0.0.1-SNAPSHOT.jar
```

그러면 애플리케이션이 시작되고 마지막으로 다음과 같은 내용이 표시된다.

```
Tomcat started on port(s): 8080 (http)
Started Chapter2ApplicationKt in 2.274 seconds (JVM running for 2.619)
```

언제든지 Ctrl + C를 눌러 중지할 수 있다.

스프링 부트 메이븐 플러그인에서 실행되는 목표를 실행할 때와 완전히 동일하지만, JAR를 실행하려면 JDK가 아니라 JRE^Java Runtime Environment만 있으면 되고, 메이븐은 필요하지 않다.

실행 가능한 JAR 만들기

유닉스 시스템에서 JAR를 프로세스(init.d 또는 systemd)로 실행할 때 JAR 자체만을 실행할 수 없어, 자바 명령어를 호출해 애플리케이션을 시작하는 셸 스크립트를 작성할 수도 있다. 그렇게 하면 스프링은 JAR 파일의 시작 부분에 실행 파일로 사용할 수 있는 특수 스크립트를 만든다.

build/plugins 태그 아래에 이 기능을 추가하려면 POM을 수정해야 한다.

```
<build>
....
  <plugins>
    <plugin>
      <groupId>org.springframework.boot</groupId>
      <artifactId>spring-boot-maven-plugin</artifactId>
      <configuration>
        <executable>true</executable>
      </configuration>
    </plugin>
....
</build>
```

이제 JAR를 스크립트(예: 명령줄)에서 직접 호출할 수 있다.

```
./target/chapter2-0.0.1-SNAPSHOT.jar
```

그러면 JAR를 직접 실행할 것이다. 이렇게 하면 모든 유닉스 시스템에서 해당 스크립트를 실행해서 JAR를 호출할 수 있다. 이것은 유닉스 시스템에서 마이크로서비스를 시작하는 방법을 단순화하기 위해 활용할 수 있는 기능이다.

▌ 애플리케이션 설정

스프링 부트 애플리케이션을 만들 때 설정 값은 애플리케이션 코드 외부에 두거나 메인 코드main code에 영향을 미치지 않고도 변경 가능해야 한다.

먼저 서비스의 일부를 변경하고 애플리케이션을 설정하는 여러 가지 방법을 검토해보자. 그러면 스프링 표현 언어SpEL, Spring Expression Language가 무엇인지, 그리고 애플리케이션 프로파일의 사용 방법을 이해하게 될 것이다. 마지막으로 설정 방법을 활용해 조건부 빈을 생성한다.

설정 값 설정하기

모든 애플리케이션에는 메인 코드 외부에서 쉽게 변경할 수 있는 설정 가능한 값이 필요할 수도 있다. 서비스 클래스를 수정하는 예제를 통해 이해해보자.

```
package com.microservices.chapter2

import org.springframework.beans.factory.annotation.Value
import org.springframework.stereotype.Service

@Service
```

```
class ExampleService : ServiceInterface {
  @Value(value = "\${service.message.text}")
  private lateinit var text: String

  override fun getHello(name : String) = "$text $name"
}
```

여기에서는 @Value 애노테이션을 사용해 설정 가능한 값을 가진 새 변수를 추가했다. 이 값은 ${service.message}라는 표현식을 통해 제공되는 설정 값으로 채워진다. 이 값이 스프링 표현 언어 쿼리이며, 이 절 뒷부분에서 개념을 자세히 설명한다.

 \$를 사용해 $ 문자를 이스케이프 처리한 것을 알 수 있는데, 이는 코틀린 컴파일러가 문자열의 $를 인라인 문자열로 인식하기 때문이다. 여기서는 스프링이 사용하는 리터럴 문자열의 일부다.

지금 마이크로서비스를 실행하면 서비스가 시작되지 않고 오류가 표시된다.

```
Could not resolve placeholder 'service.message.text' in value
"${service.message.text}"
```

이는 설정 값을 정의했지만, 애플리케이션 실행 시 설정을 제공하지 않았기 때문이다. 스프링 애플리케이션을 설정하는 방법은 여러 가지가 있지만, 마이크로서비스를 개발하는 데 사용할 세 가지를 살펴보겠다.

- 프로퍼티Properties
- Yaml
- 명령줄 인수

프로퍼티 사용하기

프로퍼티 파일을 사용해 설정 값을 정의할 수 있다. 스프링 이니셜라이저에서 프로젝트의 리소스 폴더에 application.properties를 만들었으므로, 이를 편집해 다음을 추가할 수 있다.

```
SERVICE.MESSAGE.TEXT="hello"
```

 이 프로퍼티 파일의 레이블은 대문자이지만 코드에서 설정을 질의할 때 대/소문자를 무시하기 때문에 코드에서는 소문자로 참조해서 설정 값을 가져온다. 프로퍼티 파일에서 레이블은 일반적으로 대문자로 사용한다.

애플리케이션을 실행할 때 예상대로 작동하지만, 프로퍼티 파일이 일반 텍스트 파일이기 때문에 다중 레벨 구성을 표시하기에는 너무 복잡해 보인다.

Yaml 사용

먼저 application.properties의 이름을 application.yml로 바꾸고 다음과 같이 수정할 수 있다.

```
service:
  message:
    text: "hello"
```

이는 좀 더 복잡한 구성에 적합하며, 이 책의 나머지 부분에서 주로 사용하는 방법이 될 것이다.

명령줄 인수 사용

마지막으로, 스프링을 사용하면 명령줄 인수로 설정 변수를 덮어쓸 수 있다. 예를 들어, 다음과 같이 명령줄에서 실행할 수 있다.

```
java -jar target/chapter2-0.0.1-SNAPSHOT.jar --service.message.text="other hello"
```

 이 기능은 특정 조건에서 매우 유용할 수 있는데, 예를 들어 마이크로서비스를 디버깅하기 위해 --debug=true와 함께 시작하면 스프링 기본 값을 덮어쓰고 디버그 작업을 시작한다.

스프링 표현 언어의 이해

@Value 애노테이션을 처음 사용할 때 ${service.message.default} 표현식을 통해 확인했는데, 이는 **스프링 표현 언어**^{SpEL, Spring Expression Language}의 쿼리다.

@Value 애노테이션을 처음 사용할 때 ${service.message.default} 표현식을 통해 확인했는데, 이는 **스프링 표현 언어**^{SpEL, Spring Expression Language}의 쿼리다.

스프링에서는 사용할 수 있는 다양한 표현이 있다.

- 산술, +, -, *, /, %, ^, div, mod
- 관계형, <, >, ==, !=, <=, >=, lt, gt, eq, ne, le, ge
- 논리, & and, or, not, ||, !
- 조건부, 엘비스 연산자^{Elvis Operator}
- 정규 표현식

```
// 이 값은 7이어야 한다.
@Value(value = "#{4+3}")
private lateinit var result1 : Number

// 이 값은 one.value 나누기 another.value이어야 한다.
@Value(value = "#{ \${one.value} div \${another.value} }")
```

```
    private lateinit var result2 : Number

    // 이 값은 one.value와 another.value가 같아야 한다.
    @Value(value = "#{ \${one.value} eq \${another.value} }")
    private lateinit var result3 : Comparable<Boolean>

    // 이 값은 one.value와 another.value이어야 한다.
    @Value(value = "#{ \${one.value} and \${another.value} }")
    private lateinit var result4 : Comparable<Boolean>

    // 이 값은 변수가 설정에 없으면 값이 hello로 설정된다.
    @Value(value = "\${service.message.simple:hello}")
    private lateinit var result5 : String

    // some.value가 영어 또는 숫자이면 true로 설정한다.
    @Value("#{ '\${some.value}' matches '[a-zA-Z\\s]+' }")
    private lateinit var result6 : Comparable<Boolean>
```

프로파일 사용

애플리케이션을 설정하는 방법을 이해했으므로 애플리케이션 프로파일의 유익한 개념을 사용할 수 있다. 스프링을 사용하면 설정 내에서 프로파일을 생성할 수 있으며 다양한 프로파일의 설정 값을 정의할 수 있다. 나중에 애플리케이션에서 사용하는 프로파일을 변경하고 설정 값을 효과적으로 변경할 수 있다.

프로파일 값 정의

application.yml을 수정해 몇 가지 프로파일을 정의해보자.

```
spring:
  profiles:
    active: "development"
```

```
service:
  message:
    text: "hello"
---
spring:
  profiles: "development"
service:
  message:
    text: "hi"
---
spring:
  profiles: "production"
service:
  message:
    text: "welcome"
```

먼저 spring.profile.active를 사용해 애플리케이션의 현재 프로파일을 development로 정의한다. 그런 다음 기본(default) 값을 정의한다.

첫 번째 --- 이후는 설정의 새 섹션을 나타내며, development 프로파일에서 default 값 중 변경되는 값을 정의한다. service.message.text를 hi로 바꾼다. 그다음 섹션에서는 production 프로파일 값을 정의하고 service.message.text 값을 welcome으로 변경한다.

프로파일을 사용한 실행

다음 명령어를 사용해 평소와 같이 애플리케이션을 실행한다.

```
java -jar target/chapter2-0.0.1-SNAPSHOT.jar
```

http://localhost:8080/user/Kotlin을 요청하면 다음과 같이 표시돼야 한다.

```
hi Kotlin
```

기본 프로파일은 service.message.text 변수를 찾으므로 해당 프로파일의 값인 hi를 가져온다.

애플리케이션을 다른 프로파일로 실행하려면 다음과 같이 실행하면 된다.

```
java -jar target/chapter2-0.0.1-SNAPSHOT.jar --spring.profiles.
active="production"
```

http://localhost:8080/user/Kotlin을 요청하면 다음이 표시돼야 한다.

```
welcome Kotlin
```

 프로파일을 사용하면 다양한 요구에 따라 값을 변경할 수 있다. 애플리케이션이 실행되는 환경이 다르기 때문에 필요할 수도 있고, 테스트에서 실제 데이터베이스 대신 더미 데이터베이스를 사용하도록 프로파일마다 연결 세부 사항을 변경할 수 있다.

조건부 빈 만들기

마이크로서비스 예제에서는 서비스를 정의하고 컴포넌트 스캔을 통해 자동으로 서비스를 위한 빈을 생성한다. 나중에 컨트롤러에 빈 인스턴스가 필요하면 @Autowired 메커니즘을 통해 주입된다.

하지만, 때로는 상황이 좀 더 복잡해지고 어떤 빈이 주입되는지 결정하는 설정이 필요할 수도 있으므로 어떻게 할 수 있는지 알아보자.

명시적으로 빈 만들기

다시 서비스로 돌아가서 @Service 애노테이션을 제거하자. 지금 애플리케이션을 실행하면 오류가 발생한다.

Field exampleService in com.microservices.chapter2.FirstController required a bean of type 'com.microservices.chapter2.ServiceInterface' that could not be found.

컨트롤러에는 존재하지 않는 빈을 필요로 하며, 이 클래스는 더 이상 컴포넌트가 아니기 때문에 컴포넌트 스캔은 빈을 생성하지 않는다. 스프링 애플리케이션 컨텍스트를 유지하는 애플리케이션 클래스를 수정해, 새 인스턴스를 반환하는 함수를 정의하는 빈을 만들수 있다.

```
package com.microservices.chapter2

import org.springframework.beans.factory.annotation.Autowired
import org.springframework.boot.autoconfigure.SpringBootApplication
import org.springframework.boot.runApplication
import org.springframework.context.annotation.Bean
import org.springframework.stereotype.Controller
import org.springframework.web.bind.annotation.PathVariable
import org.springframework.web.bind.annotation.RequestMapping
import org.springframework.web.bind.annotation.RequestMethod
import org.springframework.web.bind.annotation.ResponseBody

@SpringBootApplication
class Chapter2Application {
  @Bean
  fun exampleService() : ServiceInterface = ExampleService()
}
```

빈으로 노출되지 않도록 구상 클래스(Concrete class)가 아닌 인터페이스를 반환하는 함수를 정의했다.

지금 애플리케이션을 실행하면 컨트롤러에 필요한 빈을 명시적으로 생성해 @Autowired가 올바른 빈을 주입할 수 있으므로 애플리케이션이 실행된다.

추가 빈 정의

서비스 클래스를 하나 더 만들고 **AdavanceService**라고 이름 붙이자.

```
package com.microservices.chapter2

import org.springframework.beans.factory.annotation.Value

class AdvanceService : ServiceInterface {
  @Value(value = "\${service.message.text}")
  private lateinit var text: String
  private var count = 1

  override fun getHello(name: String) : String {
    count++
    return "$text $name ($count)"
  }
}
```

이전과 같이 애플리케이션 컨텍스트에 추가할 수 있다.

```
@SpringBootApplication
class Chapter2Application {
  @Bean
  fun exampleService() : ServiceInterface = ExampleService()

  @Bean
```

```
    fun advanceService() : ServiceInterface = AdvanceService()
}
```

하지만, 지금 애플리케이션을 실행하면 새로운 오류가 발생한다.

```
field service in com.microservices.chapter2.FirstController required a single
bean, but 2 were found:
  - exampleService: defined by method 'exampleService' in com.microservices.
chapter2.Chapter2Application
  - advanceService: defined by method 'advanceService' in com.microservices.
chapter2.Chapter2Application
```

이것은 스프링이 컨트롤러에 의해 원하는 종류의 빈을 두 개 발견했지만 어느 것을 선택할지를 결정할 수 없기 때문이다.

조건으로 빈 정의

SpEL을 사용해 값으로 빈을 로드하도록 애플리케이션 클래스를 수정할 수 있다.

```
package com.microservices.chapter2

import org.springframework.beans.factory.annotation.Autowired
import org.springframework.boot.autoconfigure.SpringBootApplication
import org.springframework.boot.autoconfigure.condition.ConditionalOnExpression
import org.springframework.boot.runApplication
import org.springframework.context.annotation.Bean
import org.springframework.stereotype.Controller
import org.springframework.web.bind.annotation.PathVariable
import org.springframework.web.bind.annotation.RequestMapping
import org.springframework.web.bind.annotation.RequestMethod
import org.springframework.web.bind.annotation.ResponseBody

@SpringBootApplication
class Chapter2Application {
```

```kotlin
    @Bean
    @ConditionalOnExpression("#{'\${service.message.type}'=='simple'}")
    fun exampleService() : ServiceInterface = ExampleService()


    @Bean
    @ConditionalOnExpression("#{'\${service.message.type}'=='advance'}")
    fun advanceService() : ServiceInterface = AdvanceService()
}
```

그런 다음 구성을 수정해 활성화할 서비스 빈을 정의할 수 있다.

```yaml
spring:
  profiles:
    active: "development"

service:
  message:
    type: "simple"
    text: "hello"
---
spring:
  profiles: "development"
service:
  message:
    text: "hi"
---
spring:
  profiles: "production"
service:
  message:
    type: "advance"
    text: "welcome"
```

그런 다음 애플리케이션을 다시 실행할 수 있으며, 모든 것이 처음과 같이 제대로 실행한다.

다른 설정 실행하기

애플리케이션이 구성됐으므로 명령줄을 사용해 여러 종류의 빈 및 해당 구성을 실행할 수 있다.

예를 들어, advanced 서비스는 다음과 같이 실행할 수 있다.

```
java -jar target/chapter2-0.0.1-SNAPSHOT.jar --service.message.type="advance"
```

마이크로서비스 http://localhost:8080/user/Kotlin을 요청하면 요청 숫자가 증가하는 것을 볼 수 있다.

```
hi Kotlin (1)
```

서비스 유형을 지정하지 않고 production 프로파일에서 실행하면 다음과 같다.

```
java -jar target/chapter2-0.0.1-SNAPSHOT.jar --spring.profiles.
active="production"
```

새로운 요청에 따라 숫자가 증가하는 결과를 얻어야 한다.

```
welcome Kotlin (1)
```

이런 사용자 지정을 통해 마이크로서비스가 설정에서 얻는 값뿐만 아니라, 코드를 변경하지 않고도 특정 기능에 사용하는 컴포넌트도 변경할 수 있다.

▌ 정리

이제 우리는 마이크로서비스에 대해 이해하게 됐고, 마이크로서비스를 만들 때 생산성을 향상시킬 수 있는 일련의 도구를 가지게 됐다. 새로운 마이크로서비스를 만들 때 처음부터 시작하는 대신 스프링 이니셜라이저를 사용하는 방법과 필요에 맞게 사용자 정의하는 방법을 배웠다. 컴포넌트 스캔이 무엇이고 컴포넌트를 사용해 마이크로서비스 구현을 분리할 수 있는 방법을 알게 됐으며, 유연한 스프링 설정을 사용해 마이크로서비스를 구성할 준비가 됐다.

이제 고급 마이크로서비스를 만들 차례다. 우선, 다음 장에서 RESTful API를 만드는 방법을 심도 있게 다룬다. 여기서는 요청을 처리하는 방법, 응답을 작성하거나 오류를 처리하는 방법, HTTP 메소드와 상태를 사용해 API 사용자를 위한 유비쿼터스 언어를 만드는 방법을 알아볼 것이다.

03

RESTful 서비스 만들기

RESTful API는 트위터 메시지를 읽거나 페이스북 페이지를 방문하는 것에서부터 이메일을 읽거나 구글 검색에 이르기까지 매일 사용하는 대부분의 최신 애플리케이션에 사용되고 있다. 경량 통신 프로토콜과 리소스, 상태, 행위^{verb}에 중점을 두는 특성으로 인해 HTTP 프로토콜을 통한 정보 교환을 위한 기본이 됐다.

3장에서는 코틀린과 스프링 프레임워크를 사용해 RESTful API를 만드는 방법에 대해 알아본다. 매개 변수를 수신하는 방법과 HTTP 동사와 상태를 통해 API가 유비쿼터스 언어를 정의하는 방법에 대해 알아볼 것이다. 유비쿼터스 언어는 1장, '마이크로서비스 이해'의 '도메인 주도 설계' 절에서 설명했다.

또한, API에서 JSON 요청 및 응답 처리 방법을 배운다. 마지막으로 스프링에서 마이크로서비스의 오류 처리 방법을 다룬다.

3장에서 다루는 내용은 다음과 같다.

- RestController
- Request Mapping
- Path Variable
- RequestParam
- Response Entity and Response Body
- Controller Advice

▌ RestController의 이해

모든 RESTful API는 클라이언트로부터 오는 요청^{request}에 응답^{response}해야 한다. 이런 요청을 스프링에서는 컨트롤러^{Controller} 객체가 처리한다. 이번 절에서는 컨트롤러가 실제로 무엇인지와 RESTful API에서 첫 번째 컴포넌트를 만드는 데 `RestController`가 어떤 도움이 되는지를 알아본다.

컨트롤러란

RESTful API로 오는 각각의 요청은 주로 다음과 같은 무상태^{stateless} 메시지다.

- 리소스 요청
- 리소스 업데이트
- 리소스 생성
- 리소스 삭제

이런 요청은 JSON을 정보 교환 메커니즘으로 사용한다.

JSON(JavaScript Object Notation)은 객체를 전송하기 위한 사람이 읽을 수 있는 형태의 데이터 형식이다. 이것은 언어 독립적인 데이터 형식이지만 자바 스크립트에서 파생됐다. 대부분의 프로그래밍 언어에는 JSON 형식의 데이터를 생성하고 파싱하는 코드가 포함돼 있다.

스프링 웹 애플리케이션의 요청은 컨트롤러가 처리한다. 컨트롤러는 클라이언트의 요청을 처리하고 응답을 보내는 역할을 하는 특수 컴포넌트다. 컨트롤러는 다양한 통신 프로토콜에 사용할 수 있지만 RESTful API를 다룰 것이므로 RestController를 사용한다.

RestController는 컨트롤러가 요청을 처리하고 본문body을 출력하도록 지정한다. 이것은 응답response을 만드는 데 도움이 된다.

RestController 만들기

컨트롤러를 생성하기 위해 스프링 이니셜라이저Spring Initialzr를 사용해 새로운 스프링 부트 Spring Boot 애플리케이션을 생성할 것이다. 웹 사이트 https://start.spring.io를 방문한다.

2장. '스프링 부트 2.0 시작하기'에서 스프링 이니셜라이저의 사용 방법을 배웠다. 자세한 내용은 '스프링 이니셜라이저 사용하기' 절을 참고한다.

새 프로젝트를 만들려면 스프링 이니셜라이저에서 Maven Project를 Kotlin과 Spring boot 2.1.2로 선택한다. Project Metadata의 Group은 com.microservices, Artifact는 chapter3, Dependencies에는 Web을 포함시킨다.

이제 생성된 프로젝트의 압축을 풀고 인텔리제이 IDEA에서 연다. Project 윈도우에서 com.microservices 패키지를 마우스 오른쪽 버튼으로 클릭해서 Kotlin File/Class 드롭다운 메뉴를 선택한다. 새 대화상자에서 CustomerController라는 클래스를 만들고 다음과 같이 코드를 작성한다.

```
package com.microservices.chapter3

import org.springframework.web.bind.annotation.RequestMapping
import org.springframework.web.bind.annotation.RequestMethod
import org.springframework.web.bind.annotation.ResponseBody
import org.springframework.web.bind.annotation.RestController

@RestController
class CustomerController {
  @RequestMapping(value = "/customer", method = arrayOf(RequestMethod.GET))
  fun getCustomer() = "hello from a controller"
}
```

브라우저에 URL http://localhost:8080/customer를 입력하면 "hello from a controller" 라는 메시지를 얻을 수 있다.

RESTful 서비스는 리소스를 반환하기 위한 것이므로 리소스를 나타내는 클래스를 만들자. 예를 들어 고객을 나타내는 Customer라는 이름의 클래스를 만든다.

```
package com.microservices.chapter3

data class Customer(var id: Int = 0, var name: String = "")
```

데이터 클래스(data class)는 코틀린의 편리한 클래스로, 다양한 속성을 가진 클래스를 정의할 수 있으며, var을 이용해 변경 가능한 속성을 정의하며, val을 이용해 변경 불가한 속성을 정의한다.

코틀린은 데이터 클래스에 equals( ), hashCode( ), toString( ), copy( )와 할당 연산자를 자동으로 제공한다.

그리고 컨트롤러를 다음과 같이 수정할 수 있다.

```
@RestController
class CustomerController {
  @RequestMapping(value = "/customer", method = arrayOf(RequestMethod.GET))
  fun getCustomer() = Customer(1, "Kotlin")
}
```

다시 URL http://localhost:8080/customer을 호출하면 JSON 응답을 얻을 수 있다.

```
{"id":1,"name":"Kotlin"}
```

컨트롤러 이해

이 예제에서는 스프링 애노테이션인 @RestController를 사용해 컨트롤러를 만들었다. 2장. '스프링 부트 2.0 시작하기'에서 본 것처럼, 애플리케이션 시작 시 컴포넌트 스캔이 이 컨트롤러를 찾아서 스프링 컨텍스트에 빈bean으로 추가한다.

이 컨트롤러에서는 URL /customer에 대해 @RequestMapping을 사용해 GET 요청을 처리하도록 설정했다. RestController이므로 JSON 객체로 응답한다.

이 매핑은 스프링 부트가 자동으로 설정해 웹 애플리케이션에 연결한다. 마이크로서비스를 시작할 때 애플리케이션 로그를 확인하면 다음과 같은 메시지를 볼 수 있다.

```
s.w.s.m.m.a.RequestMappingHandlerMapping : Mapped
"{[/customer],methods=[GET]}" onto public
com.microservices.chapter3.Customer
com.microservices.chapter3.CustomerController.getCustomer()
```

서버가 실행돼 모든 것이 준비되고 매핑된 URL의 각 요청이 실행되면 메소드가 실행돼 Customer 객체의 인스턴스가 생성되고, 이 객체가 JSON으로 변환돼 요청에 대한 응답으로 반환된다.

 위의 코드를 살펴보면 코드 몇 줄만 추가해도, 완벽히 동작하는 REST 서비스를 가질 수 있다. 이것이 많은 개발자가 스프링과 스프링 부트를 사용하는 이유다. 스프링의 이점을 최대한 활용해 생산성을 극대화하자.

▌ 경로와 요청 매개 변수

이제 컨트롤러에서 데이터를 반환하는 방법을 알게 됐으므로, 특정 리소스를 요청해 정보를 필터링하고 응답을 반환하는 방법을 배워야 한다. RESTful API에서는 애플리케이션이 반환하려는 정보를 가진 특정 리소스를 요청할 때는 URL 경로(URL Path)를 통해서 조회한다.

예를 들어, 애플리케이션이 URL /customer/를 사용해 API를 호출하는 경우, 이 예제에서는 특정 고객 1의 리소스를 조회한 것임을 나타낸다.

그리고 RESTful API는 매개 변수를 통해 추가 정보를 제공하도록 요청을 확장할 수 있다.

애플리케이션이 URL /customers를 사용해 고객 목록을 반환하는 API를 호출할 수 있다. 그리고 이 URL은 필터를 지정하는 매개 변수를 추가할 수 있다. 예를 들어 URL customers?nameFilter="lin"을 이용하면 이름으로 고객을 검색할 수 있다.

요청 매개 변수를 통해 요청된 리소스를 필터링해서는 안 된다. RESTful API에서는 항상 경로 변수를 통해 수행돼야 한다.

customers 맵 생성

경로 요청^{Path Request}에 어떻게 응답할 수 있는지 보기 전에, 사용할 고객 목록이 있어야 하며 새로운 요청에서 그것을 필터링한다.

먼저 고객을 나타내는 빈을 생성하기 위해 애플리케이션을 수정해보겠다.

```
package com.microservices.chapter3

import org.springframework.boot.autoconfigure.SpringBootApplication
import org.springframework.boot.runApplication
import org.springframework.context.annotation.Bean
import java.util.concurrent.ConcurrentHashMap

@SpringBootApplication
class Chapter3Application {
  companion object {
    val initialCustomers = arrayOf(Customer(1, "Kotlin"),
        Customer(2, "Spring"),
        Customer(3, "Microservice"))
  }

  @Bean
  fun customers() = ConcurrentHashMap<Int,
Customer>(initialCustomers.associateBy(Customer::id))
}
```

이 코드는 해시 맵을 생성하고 이를 스프링 컨텍스트에 빈으로 추가한다. 이는 서로 다른 요청이 맵의 동일한 요소에 액세스할 때와 같이 동기화 문제가 발생할 수 있으므로 이 맵을 수정하지 않기 위해 CocurrentHashMap을 사용했다. 이제 빈이 준비됐고, 그것을 컨트롤러에 주입^{autowire}할 수 있다.

```
package com.microservices.chapter3

import org.springframework.beans.factory.annotation.Autowired
import org.springframework.web.bind.annotation.RequestMapping
import org.springframework.web.bind.annotation.RequestMethod
import org.springframework.web.bind.annotation.RestController
import java.util.concurrent.ConcurrentHashMap

@RestController
class CustomerController {
  @Autowired
  lateinit var customers : ConcurrentHashMap<Int, Customer>

  @RequestMapping(value = "/customer/", method = arrayOf(RequestMethod.GET))
  fun getCustomer() = customers[2]
}
```

컨트롤러에서 @Autowired 애노테이션을 이용해서 빈을 얻고, 이를 이용해 요청에 응답한다. 이 예에서는 ID가 2인 고객을 반환한다.

 빈, 스프링 컨텍스트, @Autowired 애노테이션은 2장, '스프링 부트 2.0 시작하기'에서 다뤘다.

다시 URL http://localhost:8080/customer/를 호출하면 다음과 같은 JSON 응답이 얻을 수 있다.

```
{"id":2,"name":"Spring"}
```

경로 변수 얻기

스프링에서는 @PathVariable 애노테이션을 사용해 URL로 들어오는 값을 얻을 수 있다.

설명을 위해 컨트롤러를 수정해보자.

```kotlin
package com.microservices.chapter3

import org.springframework.beans.factory.annotation.Autowired
import org.springframework.web.bind.annotation.PathVariable
import org.springframework.web.bind.annotation.RequestMapping
import org.springframework.web.bind.annotation.RequestMethod
import org.springframework.web.bind.annotation.RestController
import java.util.concurrent.ConcurrentHashMap

@RestController
class CustomerController {
  @Autowired
  lateinit var customers : ConcurrentHashMap<Int, Customer>

  @RequestMapping(value = "/customer/{id}", method = arrayOf(RequestMethod.GET))
  fun getCustomer(@PathVariable id : Int) = customers[id]
}
```

다시 URL http://localhost:8080/customer/2를 호출하면 다음과 같은 JSON 응답을 얻을 것이다.

```
{"id":2,"name":"Spring"}
```

경로 변수 이해

스프링이 매개 변수를 받도록 새로운 URL을 매핑했다. 이 예에서는 URL /customer/{id}에 중괄호를 사용하고 이름을 id로 지정했다.

그런 다음 getCustomer 메소드에 id라는 이름의 인수에 @PathVariable 애노테이션을 붙이고 해당 타입을 Int로 지정했다.

스프링이 컨트롤러를 자동 설정할 때 이 애노테이션을 인식해서 URL로 전달되는 값을 메소드에 필요한 값으로 매핑하고 지정된 데이터 타입으로 변환한다. 이것은 추가 설정 없이도 경로 변수를 메소드 안으로 쉽게 매핑할 수 있는 매우 강력한 기능이다.

요청 매개 변수 정의

이제 요청을 좀 더 잘 처리하도록 요청 변수request variables를 추가해 매핑을 개선할 수 있지만, 먼저 컨트롤러에서 고객 목록을 반환하는 새 메소드를 만든다.

```
@RequestMapping(value = "/customers", method = arrayOf(RequestMethod.GET))
fun getCustomers() = customers.map(Map.Entry<Int,
Customer>::value).toList()
```

새 URL http://localhost:8080/customers를 호출하면 다음과 같은 결과를 얻을 수 있다.

```
[{"id":1,"name":"Kotlin"},{"id":2,"name":"Spring"},{"id":3,"name":"Microser
vice"}]
```

새로운 메소드에서는 customers 맵을 리스트로 변환해서 출력했다. 고객 목록의 일부를 필터링해야 할 경우(예: 고객 이름 일부) 새 메소드를 다음과 같이 수정할 수 있다.

```
@RequestMapping(value = "/customers", method = arrayOf(RequestMethod.GET))
fun getCustomers(@RequestParam(required = false, defaultValue = "")
nameFilter: String) =
    customers.filter {
      it.value.name.contains(nameFilter, true)
    }.map(Map.Entry<Int, Customer>::value).toList()
```

새 URL http://localhost:8080/customers?nameFilter=in을 호출하면 다음과 같은 결과를 얻을 수 있다.

[{"id":1,"name":"Kotlin"},{"id":2,"name":"Spring"}]

그러나 매개 변수없이 URL을 요청하면 이전과 동일한 출력을 얻을 것이다.

 String.contains는 매우 강력한 함수다. 고객 이름에 특정 문자가 포함돼 있는지 필터링하는 데 사용할 수 있고, String.contains 함수의 두 번째 매개 변수로 대문자/소문자를 무시하도록 설정할 수 있다.

요청 매개 변수 이해

RequestMapping에서는 경로 변수$^{Path\ Variables}$ 때와는 다르게 URL을 이용해 매개 변수를 정의하지 않았다. 함수 내에서 매개 변수로 선언하고 @RequestParam 애노테이션을 추가했다. 애노테이션에서 매개 변수가 필수인지 여부와 기본 값을 설정할 수 있으므로 매개 변수가 없으면 기본 값으로 설정된다.

기본 값은 항상 문자열이어야 하며, 스프링이 이를 다시 다른 타입으로 자동 변환한다. 원하는 만큼 많은 매개 변수를 정의할 수 있으며, 매개 변수는 URL과 서로 구분된다. 이런 매개 변수 처리를 통해 함수의 기능을 변경할 수 있는 좀 더 유연한 API를 만들 수 있다.

 사용하는 매개 변수의 수와 용도에 주의를 기울여야 한다. 매개 변수 때문에 API가 실제로 다르게 동작하면 다른 API가 필요할 수 있다는 신호가 될 수 있다.

▌ HTTP 동사와 상태

RESTful API에서는 특정 리소스에서 처리해야 할 작업을 표준 HTTP 동사로 표시한다. 이 동사들은 클라이언트가 원하는 일을 정의하고, 마이크로서비스에서는 요청을 처리하고 상태 정보로 응답한다.

예를 들어, 클라이언트가 HTTP 동사 GET으로 URL http://localhost:8080/customer/1 를 사용해 특정 고객을 요청하는 경우 **200 OK** 또는 **404 NOT FOUND**(고객을 찾지 못한 경우)의 상태 코드로 응답할 수 있다.

이런 양방향 통신은 클라이언트와 API 간의 일종의 대화가 되며, 유비쿼터스 언어를 형성하게 될 것이다.

표준 HTTP 동사와 상태

RESTful API에서는 HTTP 동사와 상태를 매우 유연하게 적용할 수 있으며, 애플리케이션에서 이를 사용하는 방법을 결정할 수도 있지만, 표준 패턴과 이것들을 결합한 잘 알려진 패턴이 있다.

단일 리소스

예를 들어, URL /customer를 통해 리소스를 제공하는 API를 사용한다고 하면 다음을 사용할 수 있다.

URL	동사	상태	의미
/customer/1	GET	200 OK	특정 고객을 요청했고 결과가 리턴된다.
/customer/1	GET	404 NOT FOUND	특정 고객을 요청했지만 찾을 수 없다.
/customer	POST	201 CREATED	새로운 고객 정보 생성을 요청했고 생성됐다.
/customer	POST	400 BAD REQUEST	새로운 고객 정보 생성을 요청했으나 데이터가 올바르지 않다.
/customer/1	PUT	202 ACCEPTED	고객 정보 업데이트를 요청했고 올바르게 업데이트됐다.
/customer/1	PUT	404 NOT FOUND	고객 정보 업데이트를 요청했으나 고객 정보를 찾을 수 없다.
/customer/1	DELETE	200 OK	고객 정보 삭제를 요청했고 올바로 삭제됐다.
/customer/1	DELETE	404 NOT FOUND	고객 정보 삭제를 요청했으나 고객 정보를 찾을 수 없다.

컬렉션

예를 들어, URL /customers로 고객 목록과 같은 리소스 컬렉션을 제공하는 API의 경우 다음을 사용할 수 있다.

URL	동사	상태	의미
/customers/	GET	200 OK	고객 목록을 요청했고 결과를 리턴한다.
/customers/	GET	204 NO CONTENT	고객 목록을 요청했으나 존재하지 않는다.
/customers/?name=son	GET	200 OK	결과를 필터링하는 고객 목록을 요청했고 결과를 리턴한다.
/customers/?name=son	GET	204 NO CONTENT	필터링된 고객 정보가 없다.
/customers/?name=#	GET	400 BAD REQUEST	고객 필터링이 잘못됐다.

일반적 오류

경우에 따라, API에 사용하는 동사에 관계없이 일반적인 오류만 반환할 수 있다. 좀 더 일반적인 오류는 다음과 같다.

상태	의미
400 BAD REQUEST	요청이 잘못되어 요청에 응답할 수 없다.
401 UNAUTHORIZED	해당 작업에 대한 자격 증명이 없다.
403 FORBIDDEN	자격 증명이 있을 수 있지만 해당 작업을 수행할 수 없다.
422 UNPROCESSABLE ENTITY	요청을 처리할 수 없음. 올바른 요청일 수 있으나, 해당 작업에는 유효하지 않다.
500 INTERNAL SERVER ERROR	요청을 처리할 수 없다.

 500 오류는 애플리케이션에 정말 심각한 문제가 있다는 것을 나타내며, 데이터베이스나 다른 시스템과의 연결이 끊기는 것과 같은 문제를 복구할 수 없다는 것을 의미하기도 한다. 기능적인 의미로 5xx 범위의 오류를 사용해서는 안 되며, 대신 4xx 범위를 사용해야 한다.

HTTP 동사 처리

스프링은 컨트롤러 메소드가 처리할 HTTP 동사를 정의할 수 있다. @RequestMapping의 매개 변수 메소드를 사용해 이 작업을 수행한다.

예를 들어, 컨트롤러에서

```
@RequestMapping(value = "/customer/{id}", method =
arrayOf(RequestMethod.GET))
fun getCustomer(@PathVariable id: Int) = customers[id]
```

이 매개 변수는 실제로 배열이며 필요하면 둘 이상의 메소드를 허용하게 변경할 수 있다. 예를 들면 다음과 같다.

```
@RequestMapping(value = "/customer/{id}", method =
arrayOf(RequestMethod.GET, RequestMethod.POST))
fun getCustomer(@PathVariable id: Int) = customers[id]
```

이렇게 변경할 경우 이 메소드에서 HTTP GET 또는 HTTP POST를 허용하도록 설정했지만, 컨트롤러의 기능별로 하나의 메소드를 유지하는 것이 좋다. 권고 사항에 따라 GET은 리소스를 얻고 POST는 리소스를 생성하는 두 개의 메소드를 만든다.

 TIP 메소드를 설계할 때 항상 단일 책임 원칙을 기억해야 한다. 메소드를 변경할 이유가 오직 하나만 있어야 한다.

이전 예제에서는 HTTP GET을 처리하는 방법을 정의했다. 다른 HTTP 동사를 어떻게 처리할 수 있는지 살펴보자.

HTTP POST 처리

리소스를 생성할 때 HTTP POST를 사용하므로 신규 고객을 추가하려면 고객 URL /customer/에 새 리소스를 게시한다. 다음 코드를 사용해 이 작업을 간단하게 수행할 수 있다.

```
package com.microservices.chapter3

import org.springframework.beans.factory.annotation.Autowired
import org.springframework.web.bind.annotation.*
import java.util.concurrent.ConcurrentHashMap

@RestController
class CustomerController {
  @Autowired
  lateinit var customers : ConcurrentHashMap<Int, Customer>

  @RequestMapping(value = "/customers", method = arrayOf(RequestMethod.GET))
  fun getCustomers() = customers.map(Map.Entry<Int, Customer>::value).toList()

  @RequestMapping(value = "/customer/{id}", method = arrayOf(RequestMethod.GET))
  fun getCustomer(@PathVariable id : Int) = customers[id]

  @RequestMapping(value = "/customer/", method = arrayOf(RequestMethod.POST))
```

```kotlin
fun createCustomer(@RequestBody customer: Customer) {
  customers[customer.id] = customer
  }
}
```

여기에서는 @RequestBody 애노테이션을 사용해 객체를 보내도록 지정했다. @RESTController 내에 있기 때문에 예상되는 객체는 JSON 형식이어야 한다. 이 예제에서는 다음을 사용할 수 있다.

```json
{
  "id": 4,
  "name": "New Customer"
}
```

cURL을 이용해서 쉽게 테스트할 수 있다.

```bash
curl -X POST \
  http://localhost:8080/customer/ \
  -H 'content-type: application/json' \
  -d '{
  "id": 4,
  "name": "New Customer"
}'[1]
```

---

1 윈도우에서는 curl을 사용할 때는 작은따옴표(') 대신 큰따옴표(")를 사용해야 한다.
```
ex) curl -X POST
    http://localhost:8080/customer/
    -H "content-type: application/json"
    -d "{\
    "id\": 5, \"name\": \"New Customer\"
    }"
```

이 명령에서 고려해야 할 중요한 사항 중 하나는 content-type 헤더를 application/json 으로 설정했다는 것이다. 이는 전송하는 데이터가 JSON 본문(body)임을 스프링이 이해하도록 하기 위해서다. 명령을 실행한 후 URL http://localhost:8080/customers에서 고객 목록을 요청하면 다음과 같은 결과를 얻을 수 있다.

```
[{"id":1,"name":"Kotlin"},{"id":2,"name":"Spring"},{"id":3,"name":"Microser
vice"},{"id":4,"name":"New Customer"}]
```

이 예제에서 기억해야 할 것은 고객 id가 객체내에서 전송돼 URL에 존재하지 않는다는 것이며, 이는 이 절의 앞부분에 URL과 동사의 권고 사항을 따른 것이다.

HTTP DELETE 처리

HTTP DELETE를 사용해 지정된 리소스를 삭제하도록 요청하며 /customer/id 형식을 사용한다. 이것은 모든 리소스중에서 삭제해야 할 리소스를 지정한다.

```
@RequestMapping(value = "/customer/{id}", method =
arrayOf(RequestMethod.DELETE))
fun deleteCustomer(@PathVariable id: Int) = customers.remove(id)
```

이 작업을 위해 메소드에 해당 HTTP 동사를 설정했고, 경로 변수로 삭제할 리소스의 id를 설정했다. 그런 다음 고객 맵에서 삭제하면 된다. id를 사용하면 리소스를 제거할 수 있기 때문에 본문(body) 매개 변수로 고객 정보를 가질 필요가 없다.

cURL을 사용해 테스트할 수 있다.

```
curl -X DELETE http://localhost:8080/customer/4
```

명령을 실행한 후 URL http://localhost:8080/customers에서 고객 목록을 요청하면 아래와 같은 출력을 얻을 수 있다.

```
[{"id":1,"name":"Kotlin"},{"id":2,"name":"Spring"},{"id":3,"name":"Microser
vice"}]
```

HTTP PUT 처리

HTTP PUT를 사용해 지정된 리소스를 업데이트하도록 요청하며, /customer/id 형식을 사용한다. 이것은 모든 리소스 중에서 어떤 리소스를 갱신해야 하는지를 지정한다. 그리고 고객 정보를 JSON 분문으로 보내기 때문에 업데이트할 내용을 정확히 반영할 수 있다. RESTful API에서 리소스는 클라이언트에 보관되고 필요할 때 서버로 다시 업데이트된다는 개념이다. 그런 다음 이 객체는 쿼리된 객체의 상태를 나타낸다.

그러나 구현하기 전에 한 가지 고려할 사항이 있다. 업데이트를 요청한 리소스가 id를 변경하면 어떻게 될까? 올바른 시나리오인가? 이것은 API의 작동 방법을 어떻게 정의하느냐에 따라 달라지며, 실제로 원하는 작업이 될 수도 있다. 이 시나리오에 따라 구현해보자.

```
@RequestMapping(value = "/customer/{id}", method =
arrayOf(RequestMethod.PUT))
fun updateCustomer(@PathVariable id: Int, @RequestBody customer: Customer)
{
  customers.remove(id)
  customers[customer.id] = customer
}
```

이 메소드를 구현할 때 삭제와 생성을 수행하도록 했다. cURL 요청을 실행하는 경우

```
curl -X PUT \
  http://localhost:8080/customer/2 \
  -H 'cache-control: no-cache' \
```

```
-H 'content-type: application/json' \
-d '{
"id": 4,
"name": "Update Customer"
}'
```

명령을 실행한 후 URL http://localhost:8080/customers에서 고객 목록을 요청하면 다음과 같은 결과를 얻을 수 있다.

```
[{"id":1,"name":"Kotlin"},{"id":3,"name":"Microservice"},{"id":4,"name":"Update
Customer"}]
```

동사와 매핑 애노테이션 사용

예제에서는 @RequestMapping 애노테이션을 사용해 메소드에 매개 변수를 전달했다. 괜찮은 방법이지만, 간단한 일에 비해 코드가 너무 많다. 스프링은 이 선언문을 줄일 수 있는 헬퍼helper를 제공한다.

```
@GetMapping(value = "/customer/{id}")
fun getCustomer(@PathVariable id : Int) = customers[id]
```

GET 요청의 경우 @GetMapping을 사용할 수 있으며 메소드를 지정할 필요가 없다. 마찬가지로 POST, PUT, DELETE에 대해 @PostMapping, @PutMapping, @DeleteMapping 애노테이션이 있다.

이제 이 마지막 변경으로 동사의 코드를 완성했다. 그러나 PUT 동사에 어느 정도의 바람직스럽지 않은 중복이 있는 것을 볼 수 있다. 그래서 이것을 어떻게 더 잘 구현할 수 있는지 고민할 필요가 있다.

서비스 레이어 구현

위의 예제를 구현하는 과정에서 여러 HTTP 동사를 처리했고, 나름 괜찮았지만 제거할 필요가 있는 중복 코드를 만들었다. 예를 들어 고객 업데이트는 삭제와 생성을 결합한 것이다.

그러나 한 가지 놓친 것이 있는데, 이렇게 함으로써 API 처리와 컨트롤러에 결합(coupling)을 만들었다는 것이다. 고객 빈을 컨트롤러의 일부로 만들어서 모델을 저장함으로써 결과적으로 결합을 만들게 된다.

현재 고객 목록은 맵으로 구성되어 있지만, 나중에 데이터베이스에 저장하거나 다른 방식으로 처리하려면 컨트롤러에 영향을 미치게 된다. 이 문제를 처리하기 위해 서비스 패턴을 사용한다.

서비스 인터페이스 생성

먼저 서비스 인터페이스를 생성한다. 인텔리제이에서 패키지에 마우스 오른쪽 버튼을 클릭하고 새로운 Kotlin File > Class를 선택한 다음 드롭다운에서 Interface를 선택한다. CustomerService로 이름을 지정한다.

서비스에 필요한 메소드를 정의할 것이다.

```
package com.microservices.chapter3

interface CustomerService {
  fun getCustomer(id: Int) : Customer?
  fun createCustomer(customer: Customer)
  fun deleteCustomer(id: Int)
  fun updateCustomer(id: Int, customer: Customer)
  fun searchCustomers(nameFilter: String): List<Customer>
}
```

이것은 고객 정보가 어떻게 저장/변경 또는 검색되는지 노출하지 않으며, 단순히 우리가 선호하는 인터페이스일 뿐이며 구현 시 내부의 어떤 것도 노출하지 않는다.

 TIP getCustomer의 타입을 Customer?로 설정했다. 이것은 이 값이 널(null)일 수 있음을 의미한다. 코틀린 널 안정성(null-safety)은 고객을 찾지 못할 때 널 값을 반환할 수 있는 좋은 기능이다. 물론 유사한 결과를 Java Optional Objects를 사용해 얻을 수 있다.

구현 생성

이제 인텔리제이에서 CustomerService 글자에 커서를 놓고 Alt + Enter를 클릭해 동작이 표시되면 Implement interface를 선택한다. 이름을 묻는 새 창이 열리면 이미 Customer ServiceImpl라고 채워져 있으므로 그대로 두고 OK를 클릭한다.

이제 구현하고자 하는 인터페이스의 메소드를 살펴보겠다. 첫 번째 항목을 선택한 다음 Shift 키를 누른 상태에서 마지막 항목을 눌러 모든 항목을 선택한다. 새로운 클래스는 다음 코드와 같다.

```
package com.microservices.chapter3

class CustomerServiceImpl : CustomerService {
  override fun getCustomer(id: Int) : Customer? {
    TODO("not implemented")
  }

  override fun createCustomer(
    customer: Customer) { TODO("not implemented")
  }

  override fun deleteCustomer(id: Int) {
    TODO("not implemented")
  }
```

```kotlin
  override fun updateCustomer(id: Int, customer: Customer) {
    TODO("not implemented")
  }

  override fun searchCustomers(nameFilter: String): List<Customer> {
    TODO("not implemented")
  }
}
```

하지만 메소드를 구현하기 전에 고객을 해당 클래스에 포함시켜야 한다. 전에 빈^{bean}에서 했던 것처럼 맵과 초기화를 추가한다.

```kotlin
package com.microservices.chapter3

import java.util.concurrent.ConcurrentHashMap

class CustomerServiceImpl : CustomerService {
  companion object {
    val initialCustomers = arrayOf(Customer(1, "Kotlin"),
        Customer(2, "Spring"),
        Customer(3, "Microservice"))
  }
  val customers = ConcurrentHashMap<Int,
Customer>(initialCustomers.associateBy(Customer::id))

  override fun getCustomer(id: Int) : Customer? {
    TODO("not implemented")
  }

  override fun createCustomer(customer: Customer) {
    TODO("not implemented")
  }

  override fun deleteCustomer(id: Int) {
    TODO("not implemented")
  }
```

```
  override fun updateCustomer(id: Int, customer: Customer) {
    TODO("not implemented")
  }

  override fun searchCustomers(nameFilter: String): List<Customer> {
    TODO("not implemented")
  }
}
```

그러면 다음과 같은 메소드를 쉽게 구현할 수 있다.

```
class CustomerServiceImpl : CustomerService {
  companion object {
    val initialCustomers = arrayOf(Customer(1, "Kotlin"),
        Customer(2, "Spring"),
        Customer(3, "Microservice"))
  }

  val customers = ConcurrentHashMap<Int,Customer>(initialCustomers.
associateBy(Customer::id))

  override fun getCustomer(id: Int) = customers[id]

  override fun deleteCustomer(id: Int) {
    customers.remove(id)
  }

  override fun createCustomer(customer: Customer) {
    customers[customer.id] = customer
  }

  override fun updateCustomer(id: Int, customer: Customer) {
    deleteCustomer(id)
    createCustomer(customer)
  }

  override fun searchCustomers(nameFilter: String): List<Customer> =
```

```kotlin
    customers.filter {
      it.value.name.contains(nameFilter, true)
    }.map(Map.Entry<Int, Customer>::value).toList()
}
```

적절한 빈 바인딩

이제, 이 서비스의 빈을 생성하도록 스프링 컨텍스트를 변경하고, 기존 customer 빈을 제거한다. 단지 Chapter3Application.kt에서 빈을 제거해서 단순한 클래스로 남겨두면 된다.

```kotlin
package com.microservices.chapter3

import org.springframework.boot.autoconfigure.SpringBootApplication
import org.springframework.boot.runApplication

@SpringBootApplication
class Chapter3Application

fun main(args: Array<String>) {
    runApplication<Chapter3Application>(*args)
}
```

그런 다음 서비스 구현에 @Component 애노테이션을 추가한다.

```kotlin
package com.microservices.chapter3

import org.springframework.stereotype.Component
import java.util.concurrent.ConcurrentHashMap

@Component
class CustomerServiceImpl : CustomerService
........
}
```

그런 다음 컨트롤러에서 사용하는 빈을 서비스로 변경해야 한다.

```
package com.microservices.chapter3

import org.springframework.beans.factory.annotation.Autowired
import org.springframework.web.bind.annotation.*

@RestController
class CustomerController {
  @Autowired
  private lateinit var customerService: CustomerService
........

}
```

이렇게 하면 컴포넌트 스캔이 빈 구현[2]을 해당 인터페이스에 주입한다. 빈 구현에
@Component 애노테이션을 추가했기 때문에 이 빈 구현이 주입된다. 향후에 구현을 변경해
도 컨트롤러는 새로운 구현에 영향을 받지 않는다.

서비스 이용하기

이제 새로운 서비스를 사용하도록 컨트롤러를 수정한다.

```
package com.microservices.chapter3

import org.springframework.beans.factory.annotation.Autowired
import org.springframework.web.bind.annotation.*

@RestController
class CustomerController {
  @Autowired
  private lateinit var customerService: CustomerService
```

---

2 여기서 빈 구현은 CustomerServiceImpl이다. – 옮긴이

```kotlin
@GetMapping(value = "/customer/{id}")
fun getCustomer(@PathVariable id: Int) = customerService.getCustomer(id)

@PostMapping(value = "/customer/")
fun createCustomer(@RequestBody customer: Customer) {
    customerService.createCustomer(customer)
}

@DeleteMapping(value = "/customer/{id}")
fun deleteCustomer(@PathVariable id: Int) {
    customerService.deleteCustomer(id)
}

@PutMapping(value = "/customer/{id}")
fun updateCustomer(@PathVariable id: Int, @RequestBody customer:
Customer) {
    customerService.updateCustomer(id, customer)
}

@GetMapping(value = "/customers")
fun getCustomers(@RequestParam(required = false, defaultValue = "")
nameFilter: String) =
    customerService.searchCustomers(nameFilter)
}
```

기존 cURL 요청을 다시 실행하면 변동 사항 없이 모든 것이 이전처럼 작동하며, 컨트롤
러를 변경해서 고객 서비스 구현과 완전히 분리했기 때문에, 미래를 위한 향상된 유연성
을 제공한다.

 이런 패턴을 사용해 소프트웨어에서 요소들을 분리하는 방법을 생각해보라. 이것은 애플리케
이션을 더욱 쉽게 유지관리하고 개선할 수 있게 한다.

HTTP 상태 처리하기

다양한 종류의 동사를 처리할 때 동사별로 정확하게 처리한 것처럼 API 서비스의 소비자에게 응답할 때도 정확하게 처리해야 한다. 이를 위해 이 절의 시작 부분에서 설명한 것처럼 HTTP 상태를 사용할 수 있다.

ResponseEntity 사용

지금까지는 스프링이 응답 상태를 처리해서 작성한 모든 메소드에서 200 OK로 응답했지만, 이 절의 시작 부분에서 설명한 것처럼 다양한 상태 코드를 제공하도록 응답을 수정할 필요가 있다. 스프링은 이를 위해 ResponseEntity라는 제너릭generic 클래스를 제공하며 컨트롤러에서 응답할 때 상태 코드를 지정하는 데 사용할 수 있다.

더 잘 이해할 수 있게 위해 메소드 중 하나를 수정한다.

```
package com.microservices.chapter3

import org.springframework.beans.factory.annotation.Autowired
import org.springframework.http.HttpStatus
import org.springframework.http.ResponseEntity
import org.springframework.web.bind.annotation.*

@RestController
class CustomerController {
  @Autowired
  private lateinit var customerService: CustomerService

  @GetMapping(value = "/customer/{id}")
  fun getCustomer(@PathVariable id: Int) =
      ResponseEntity(customerService.getCustomer(id), HttpStatus.OK)
......
}
```

이것은 사실은 @GetMapping이 기본적으로 수행하는 작업이지만, 이제는 원하는 적절한 값으로 상태 코드를 수정할 수 있다.

적절한 응답을 반환하도록 메소드를 수정하자.

GET 요청에 응답

정의에 따르면 처음에 리소스에 대한 GET 요청을 받으면 리소스와 200 OK 또는 리소스를 찾을 수 없으면 404 NOT FOUND를 응답해야 한다.

따라서 메소드를 다음과 같이 수정할 수 있다.

```
@GetMapping(value = "/customer/{id}")
fun getCustomer(@PathVariable id: Int): ResponseEntity<Customer?> {
  val customer = customerService.getCustomer(id)
  val status = if (customer == null) HttpStatus.NOT_FOUND else HttpStatus.OK
  return ResponseEntity(customer, status)
}
```

먼저 고객을 얻고, 고객이 없으면 서비스가 null을 반환하므로 상태를 404 NOT FOUND로 설정하고 null이 아닌 경우는 200 OK로 설정할 수 있다.

POST 요청에 응답

POST 요청에 대한 응답 방법을 정의할 때는 200 OK를 반환하는 대신 간단히 201 CREATED로 반환해야 하며, 객체를 반환하지 않기 때문에 응답을 위한 본문을 지정할 필요가 없다.

메소드를 다음과 같이 수정할 수 있다.

```
@PostMapping(value = "/customer/")
fun createCustomer(@RequestBody customer: Customer): ResponseEntity<Unit> {
  customerService.createCustomer(customer)
  return ResponseEntity(Unit, HttpStatus.CREATED)
}
```

이 시나리오에서는 아무것도 출력하지 않으므로 void 타입과 동격인 코틀린의 Unit을 사용해 ResponseEntity를 설정한다.

DELETE 요청에 응답

초기 정의에 따라, 찾을 수 없는 리소스를 삭제하려면 404 NOT FOUND로 응답해야 하며, 삭제하면 본문을 다시 클라이언트에게 보내야 하는지 여부에 관계없이 200 OK로 답해야 한다.

그래서 메소드는 다음과 같다.

```kotlin
@DeleteMapping(value = "/customer/{id}")
fun deleteCustomer(@PathVariable id: Int): ResponseEntity<Unit> {
  var status = HttpStatus.NOT_FOUND
  if (customerService.getCustomer(id) != null) {
    customerService.deleteCustomer(id)
    status = HttpStatus.OK
  }
  return ResponseEntity(Unit, status)
}
```

먼저 고객을 찾지 못했다고 설정하고, 실제 고객이 있는지 서비스를 확인한다. 고객이 존재하면 고객을 삭제하고 상태를 200 OK로 설정하고, 본문이 필요없기 때문에 Unit과 상태를 반환한다.

이 로직이 CustomerService에 있어야 하는지, 컨트롤러에 있어야 하는지에 대해서는 논란의 여지가 있지만, 고객의 존재 여부에 따라 다르게 응답해야 하는 요건이 컨트롤러에 있으므로, 컨트롤러에 둔다.

UPDATE 요청에 응답

DELETE 요청과 마찬가지로 고객 정보를 업데이트할 때도 리소스가 있는지 확인해야 하며 이 요청에 대해서는 본문을 응답할 필요가 없다. 그리고 리소스를 수정한 경우에는 202 ACCEPTED를 반환해야 한다.

update 메소드를 수정하자.

```kotlin
@PutMapping(value = "/customer/{id}")
fun updateCustomer(@PathVariable id: Int, @RequestBody customer: Customer):
ResponseEntity<Unit> {
  var status = HttpStatus.NOT_FOUND
  if (customerService.getCustomer(id) != null) {
    customerService.updateCustomer(id, customer)
    status = HttpStatus.ACCEPTED
  }
  return ResponseEntity(Unit, status)
}
```

이 메소드를 사용해 상태 응답을 완료해야 한다. 그러나 명확하게 정리해야 할 한 가지가 더 있다.

빈 응답

예제의 모든 메소드에서, JSON 객체를 응답하도록 했는데, 이는 RESTController를 사용하기 때문이다. 하지만 객체를 반환하려 할 때 객체가 널(null)이면 본문이 비어 있을 것이고, 응답에 내용은 없고 상태만 있는 것은 흥미로운 일이다. 이는 존재하지 않는 ID로 get 서비스를 호출할 때 일어나며 빈 응답이 반환된다.

전에 선언한 메소드에서 Unit을 반환하면 빈 JSON 객체가 대신 반환된다. 이 메소드를 호출하면 { }[3]을 얻을 것이다. 즉, 존재하지 않는 ID를 가지고 delete나 update 메소드를

---

3 빈 JSON 객체를 의미한다. – 옮긴이

호출하면 빈 객체가 반환된다.

그러나 Unit 메소드에서도 반환하는 내용이 없도록 코드를 변경할 수 있다. 필요한 경우 다음과 같이 수정한다.

```
@PostMapping(value = "/customer/")
fun createCustomer(@RequestBody customer: Customer): ResponseEntity<Unit?>
{
  customerService.createCustomer(customer)
  return ResponseEntity<Unit?>(null, HttpStatus.CREATED)
}
```

무엇을 리턴해야 할까? 빈 객체 또는 빈 응답? API에 어떤 것이 더 좋을지의 선택은 우리 몫이지만, API 사용자 입장에서는 빈 객체보다는 단순히 내용이 없는 것이 혼란을 덜 줄 수 있기 때문에, 빈 객체보다는 빈 응답을 선호한다.

 Rest API 메소드에서는 항상 값을 반환하는 것이 좋다. 이전에 설명한 것과 같은 작업에서는, 모든 것이 정상이라는 간단한 JSON(예: {"result": "ok"})을 반환할 수 있다. 이를 통해 소비자가 응답을 오해하는 것을 방지할 수 있다. 소비자는 응답 본문에 관계없이 항상 HttpStatus를 신뢰해야 한다.

▌ JSON으로 작업하기

지금까지 API는 JSON을 이용해서 작업해 왔다. JSON 객체를 결과로 반환하거나, 요청 본문의 JSON 객체를 받아서 처리했다. 이제 JSON의 동작 방법과 더 복잡한 JSON 객체를 생성하고 사용하는 방법을 알아야 한다. 이번 절에서는 스프링이 JSON 요청 및 응답을 처리하기 위해 제공하는 다양한 메커니즘을 살펴본다.

직렬화 이해

앞의 예제에서 Customer 클래스를 생성하고, 컨트롤러에서 직접 또는 응답 엔터티^{Response Entity}를 통해서 그 클래스의 객체를 반환했고, 이 객체는 JSON으로 변환된다. 이 메커니즘을 직렬화^{Serialization}라고 하며, 객체를 표현^{representation}(이 경우는 JSON)으로 변환한다.

스프링은 자바에서 JSON 객체를 처리하는 데 널리 사용되는 라이브러리인 Jackson을 사용한다. 해당 라이브러리에 대한 자세한 내용은 웹 사이트 https://github.com/FasterXML/jackson을 참고한다.

자바 객체를 출력할 때 스프링은 내부적으로 Jackson이 제공하는 ObjectMapper를 사용해 JSON 표현을 생성한다. 이 객체 매퍼^{object mapper}는 Java Reflection API를 사용해 제공된 객체의 public 속성을 검색하고 표현을 만든다.

간단한 객체 이용

예를 들어, 아래 구조와 같은 SimpleObject라는 이름의 간단한 클래스를 만들자.

```
package com.microservices.chapter3

class SimpleObject {
  public val name = "hello"
  private val place = "world"
}
```

이것을 테스트하기 위한 새로운 컨트롤러를 만들어서 JsonExamplesController라고 하자. GetMapping 하나가 있는 RestController가 될 것이다.

```
package com.microservices.chapter3

import org.springframework.web.bind.annotation.GetMapping
import org.springframework.web.bind.annotation.RestController
```

```
@RestController
class JsonExamplesController {
  @GetMapping(value = "/json")
  fun getJson() = SimpleObject()
}
```

그런 다음 마이크로서비스를 실행하고 URL http://localhost:8080/json에 요청을 보내면 다음과 같은 결과를 얻는다.

```
{"name":"hello"}
```

JSON에 place의 값이 생성되지 않았음을 알 수 있다. 클래스를 다음과 같이 수정한다.

```
package com.microservices.chapter3

class SimpleObject {
  public val name = "hello"
  private val place = "world"
  public fun getPlace() = place
}
```

그리고 URL http://localhost:8080/json을 다시 요청하면 다음과 같은 결과를 얻는다.

```
{"name":"hello","place":"world"}
```

위에서 내부적으로는 ObjectMapper가 public 메소드인 getPlace를 찾아 직렬화하는데, get과 대문자로 이루어진 이름을 갖는 public 메소드는 get을 제외한 이름의 속성으로 JSON 객체에 직렬화된다. 따라서 getPlace는 해당 함수의 값을 place라는 이름의 속성으로 직렬화한다.

사실, 다음과 같이 수정하면 ObjectMapper가 속성이 아니라 메소드를 직렬화하기 때문에 정확히 동일한 결과를 얻을 수 있다.

```
class SimpleObject {
  public val name = "hello"
  private val zone = "world"
  public fun getPlace() = zone
}
```

그러나 코틀린 데이터 클래스(data class)를 사용해 더 간단하게 동일한 결과를 얻을 수 있다.

```
data class SimpleObject(var name: String = "hello", var place: String = "world")
```

코틀린이 JVM 클래스로 컴파일하는 데이터 클래스는 ObjectMapper가 사용하는 것보다 더 나은 메소드를 생성하므로 데이터 클래스를 사용해 직렬화할 것이다. 그리고 컨트롤러를 수정하면 객체의 생성자를 제공하는 등의 유용한 기능이 몇 가지 추가된다.

```
package com.microservices.chapter3

import org.springframework.web.bind.annotation.GetMapping
import org.springframework.web.bind.annotation.RestController

@RestController
class JsonExamplesController {
  @GetMapping(value = "/json")
  fun getJson() = SimpleObject("hi", "kotlin")
}
```

URL http://localhost:8080/json을 다시 요청하면 다음을 얻는다.

```
{"name":"hi","place":"kotlin"}
```

복잡한 객체 작업

직렬화는 복잡한 객체에도 적용된다. 예를 들어 ComplexObject라는 새 클래스를 만든다.

```
package com.microservices.chapter3

data class ComplexObject(var object1 : SimpleObject? = null)
```

그리고 컨트롤러에서 이 클래스를 사용하도록 변경한다.

```
package com.microservices.chapter3

import org.springframework.web.bind.annotation.GetMapping
import org.springframework.web.bind.annotation.RestController

@RestController
class JsonExamplesController {
  @GetMapping(value = "/json")
  fun getJson() = ComplexObject(object1 = SimpleObject("more", "complex"))
}
```

URL http://localhost:8080/json을 다시 요청하면 다음을 얻는다.

```
{"object1":{"name":"more","place":"complex"}}
```

ComplexObject는 데이터 클래스이기 때문에 getObject 메소드를 갖는다. 역직렬화^{deserialize}할 때 ObjectMapper는 값 또는 객체를 object1이라는 속성으로 역직렬화 한다.

필요한 만큼의 중첩 레벨을 가진 복잡한 객체를 생성할 수 있고, 필요하다면 중첩된 클래스^{nested class}를 사용할 수 있다.

고객 클래스에 전화번호 추가

이제 직렬화에 대해 조금 더 이해했으므로 고객 클래스를 수정해 내부 클래스^{inner class}를 만들 수 있다.

이런 개념을 더 자세히 설명하기 위해 API 서비스를 사용할 것이므로 이전에 작성한 SimpleObject와 JSonExamplesController는 삭제해도 된다.

```
package com.microservices.chapter3

data class Customer(var id: Int = 0, var name: String = "", var telephone:
Telephone) {
  data class Telephone(var countryCode: String = "", var telephoneNumber:
String = "")
}
```

코드를 실행하면 서비스에서 컴파일 오류가 발생한다. 초기에 만든 고객 중 전화가 없는 고객이 있기 때문이며, 이를 추가해보겠다.

```
package com.microservices.chapter3

import com.microservices.chapter3.Customer.Telephone
import org.springframework.stereotype.Component
import java.util.concurrent.ConcurrentHashMap

@Component
class CustomerServiceImpl : CustomerService {
  companion object {
    val initialCustomers = arrayOf(Customer(1, "Kotlin", Telephone("+44",
"7123456789")),
        Customer(2, "Spring", Telephone("+44", "7123456789")),
        Customer(3, "Microservice", Telephone("+44", "7123456789")))
  }
.............
}
```

> **TIP** 이 변경에서는 Customer 안에 있는 내부 클래스를 참조해야 하므로 생성자를 호출할 때 Customer.Telephone을 사용해야 하지만 클래스 시작 부분에 static import 문을 이용하면 Telephone만 써도 된다.
>
> ```
> import com.microservices.chapter3.Customer.Telephone
> ```

다음 URL http://localhost:8080/customers로 고객 목록을 요청하면 결과는 다음과 같다.

```
[
    {
        "id": 1,
        "name": "Kotlin",
        "telephone": {
            "countryCode": "+44",
            "telephoneNumber": "7123456789"
        }
    },
    {
        "id": 2,
        "name": "Spring",
        "telephone": {
            "countryCode": "+44",
            "telephoneNumber": "7123456789"
        }
    },
{
        "id": 3,
        "name": "Microservice",
        "telephone": {
            "countryCode": "+44",
            "telephoneNumber": "7123456789"
        }
    }
]
```

고객 목록이 올바르게 직렬화되고 각 고객의 전화번호가 표시된다.

널 값 처리

지금까지 복잡한 객체를 처리하는 방법을 배웠는데, 이 복잡한 객체의 일부 필드가 옵셔널[4]일 때는 어떻게 처리해야 할까? 앞의 예제에서 고객 전화를 옵셔널로 설정한다고 가정해보자.

먼저 Customer 클래스를 수정해 전화를 널이 가능하도록 설정한다.

```
package com.microservices.chapter3

data class Customer(var id: Int = 0, var name: String = "", var telephone:
Telephone? = null) {
  data class Telephone(var countryCode: String = "", var telephoneNumber:
String = "")
}
```

전화번호의 기본 값으로 널을 설정했다. 따라서 서비스를 다음과 같이 바꾼다.

```
package com.microservices.chapter3

import com.microservices.chapter3.Customer.Telephone
import org.springframework.stereotype.Component
import java.util.concurrent.ConcurrentHashMap

@Component
class CustomerServiceImpl : CustomerService {
  companion object {
    val initialCustomers = arrayOf(Customer(1, "Kotlin"),
        Customer(2, "Spring"),
        Customer(3, "Microservice", Telephone("+44", "7123456789")))
```

---

4 optional은 객체의 값이 null이 될 수 있음을 명시적으로 나타내며, obj? 형식으로 호출한다. – 옮긴이

```
    }
. . . . . . . . . . . . . .
}
```

이제 다시 URL http://localhost:8080/customers로 요청을 보내면 다음의 결과를 얻는다.

```
[
    {
        "id": 1,
        "name": "Kotlin",
        "telephone": null
    },
    {
        "id": 2,
        "name": "Spring",
        "telephone": null
    },
    {
        "id": 3,
        "name": "Microservice",
        "telephone": {
            "countryCode": "+44",
            "telephoneNumber": "7123456789"
        }
    }
]
```

널 값을 갖는 직렬화된 객체를 얻었지만 원하던 것이 아닐 수도 있다. 옵셔널 필드는 직렬화하지 않았으면 한다.

데이터 클래스에 Jackson 애노테이션을 이용하면 된다.

```
package com.microservices.chapter3
```

```kotlin
import com.fasterxml.jackson.annotation.JsonInclude
import com.fasterxml.jackson.annotation.JsonInclude.Include

@JsonInclude(Include.NON_NULL)
data class Customer(var id: Int = 0, var name: String = "", var telephone:
Telephone? = null) {
  data class Telephone(var countryCode: String = "", var telephoneNumber:
String = "")
}
```

마지막으로 URL http://localhost:8080/customers로 요청을 보내면 다음의 결과를 얻는다.

```json
[
  {
    "id": 1,
    "name": "Kotlin",
  },
  {
    "id": 2,
    "name": "Spring",
  },
  {
    "id": 3,
    "name": "Microservice",
    "telephone": {
        "countryCode": "+44",
        "telephoneNumber": "7123456789"
    }
  }
]
```

@JsonInclude 애노테이션은 클래스에서 널이 아닌 값만 직렬화할 것임을 나타내며, 필요한 모든 데이터 클래스에 추가할 수 있지만 스프링에서 전역적으로 널 객체를 직렬화하지 않도록 스프링 설정에 구성할 수 있다. 따라서 application.yaml를 수정한다.

160

```
spring.jackson.default-property-inclusion: NON_NULL
```

이 값을 사용하면 더 이상 데이터 클래스 객체에 애노테이션을 설정할 필요가 없다.

 스프링 설정은 2장. '스프링 부트 2.0 시작하기'에서 좀 더 자세히 다룬다. 스프링 설정을 변경할 수 있는 다양한 방법을 이해하려면 2장을 참고하라.

역직렬화 이해

API로 요청을 보낼 때 JSON 객체를 보낼 수 있으며, @RequestMapper에 변수가 본문을 갖도록 설정하면 이를 객체로 변환할 수 있다. 이를 역직렬화deserialization라고 한다. 스프링은 Jackson를 사용해 JSON 객체를 JVM 클래스로 역직렬화하며, 직렬화와 마찬가지로 ObjectMapper 클래스를 사용한다.

이것이 어떻게 동작하는지 살펴보자.

요청을 객체로

고객을 만들기 위해 POST 메소드를 정의할 때는 다음과 같은 방식으로 정의한다.

```
@PostMapping(value = "/customer/")
fun createCustomer(@RequestBody customer: Customer): ResponseEntity<Unit?>
{
  customerService.createCustomer(customer)
  return ResponseEntity(null, HttpStatus.CREATED)
}
```

그런 다음 요청을 전송하면(예: cURL을 이용한 요청) 스프링은 요청의 본문을 가져오고 ObjectMapper를 사용해 지정된 클래스의 JVM 객체를 생성한다.

```
curl -X POST \
  http://localhost:8080/customer/ \
  -H 'content-type: application/json' \
  -d '{
  "id": 4,
  "name": "New Customer"
  }'
```

리플렉션^{reflection}을 사용하는 objectmapper는 JSON 객체의 각 속성에 대한 모든 public 속성 또는 setter 메소드를 찾고 속성 값을 변경하거나 메소드를 호출한다.

예를 들어 Customer 클래스의 경우 setId 함수를 찾아 객체의 속성 id 값을 전달한다. 이는 데이터 클래스가 각 속성의 setter를 생성하기 때문이다.

복잡한 객체 역직렬화

이것은 복잡한 객체가 전송될 때 작동하는 방식이다. 예를 들어 다음과 같이 요청하면 ObjectMapper가 JSON에서 자바 객체로 역직렬화하도록 요청한 클래스를 탐색할 때 사용되는 다른 클래스도 탐색한다.

```
curl -X POST \
  http://localhost:8080/customer/ \
  -H 'content-type: application/json' \
  -d ' {
      "id": 4,
      "name": "New Customer",
      "telephone": {
          "countryCode": "+44",
          "telephoneNumber": "7123456789"
      }
  }'
```

Customer 클래스를 분석해서 전화 속성를 찾으면 Telephone 클래스를 가져와서 이 클래스의 getter와 setter를 탐색한다.

그래서 JSON을 읽고 전화 속성을 찾으면 Telephone 클래스를 사용해 필요한 객체를 만든 다음 Customer 클래스에서 제공하는 setter를 사용해 값을 할당한다.

어떻게 보면 JSON을 읽는 과정을 아래의 의사 코드와 같이 정의할 수 있다.

```
Reading class Customer
Create a Customer Object
Attribute "id" found in JSON
searching for a setter for id
calling Customer::setId with the value 4
Attribute "name" found in JSON
searching for a setter for name
calling Customer::setName with the value "New Customer"
Attribute "telephone" found in JSON
searching for a setter for telephone
Reading class Telephone
Creating a Telephone Object
Attribute "countryCode" found in JSON
searching for a setter for countryCode
calling Telephone::setCountryCode with the value "+44"
Attribute "telephoneNumber" found in JSON
searching for a setter for telephoneNumber
calling Telephone::telephoneNumber with the value "7123456789"
calling Customer::setTelephone with the object telephone created end
```

이 의사 코드는 완전히 정확하지 않을 수 있고, Jackson의 구현도 다를 수 있지만 개념적으로 유사하다.

객체의 유효성 검사

JSON 객체를 보내면 오직 설정할 수 있는 속성 값만 처리된다. JSON 객체에 추가 데이터가 있으면 무시된다. 요청에 실제로 필요한 값을 누락하고 보내더라도 객체는 어떻게든 역직렬화될 것이다.

예를 들어 아래의 요청을 API로 보내보자.

```
curl -X POST \
  http://localhost:8080/customer/ \
  -H 'content-type: application/json' \
  -d '{
  "id": 4,
  "customerName": "New Customer"
  }'
```

이제 다음과 같이 요청해보자.

```
curl -X POST \
  http://localhost:8080/customer/ \
  -H 'content-type: application/json' \
  -d '{
  "id": 4,
  "name": "New Customer",
  }'
```

API에서 400 BAD REQUEST 오류가 발생한다. 처리할 수 없고 객체를 만들지 못하는 JSON 을 보내도 동일한 에러가 발생한다. 예를 들어, 다음과 같이 괄호가 없는 요청을 보내보자.

```
curl -X POST \
  http://localhost:8080/customer/ \
  -H 'content-type: application/json' \
  -d '{
  "id": 4,
  "name": "New Customer"
  }'
```

그러면 스프링은 자동으로 400 BAD REQUEST 응답을 생성한다.

두 경우 모두 다음과 같은 JSON 응답을 받게 된다.

```
{
    "timestamp": 1505233267030,
    "status": 400,
    "error": "Bad Request",
    "message": "JSON parse error: Unexpected end-of-input within/between
Object entries; nested exception is
com.fasterxml.jackson.core.JsonParseException: Unexpected end-of-input
within/between Object entries\n at [Source: (PushbackInputStream); line: 8,
column: 169]",
    "path": "/customer/"
}
```

이 장의 마지막 절에서 이런 오류를 처리하고 메시지를 사용자 정의하는 방법을 배운다.

오류 처리

모든 소프트웨어는 오류를 처리해야 한다. 그것이 정의된 비즈니스 규칙에 의해 트리거
되는 것이든, 발생할 수 있는 특수한 상황을 처리하기 위한 것이든 간에 오류를 처리해야
한다. RESTful API에서는 오류가 발생했을 때 소비자에게 알려주기 위해 상태 코드를 사
용하며, 소스 코드 내에서 이런 시나리오를 처리하고 오류가 정상적으로 처리되도록 해야
한다. 이번 절에서는 이런 상황을 처리하는 데 사용할 수 있는 몇 가지 기술을 살펴본다.

컨트롤러 어드바이스 사용

마지막 예제에서 JSON이 올바르게 포맷되지 않았을 때 예외가 발생했다. 이 예외는
JsonParseException이었으며, 코드의 어느 부분에서도 처리되지 않아 스프링이 자동으
로 해당 예외를 처리하고 오류 메시지를 반환했다.

그러나 오류를 사용자 지정하고 메시지 본문을 반환할 수 있도록 예외를 직접 처리할 수도 있다. 그렇게 하기 위해 스프링은 ControllerAdvice와 ExceptionHandler 애노테이션을 사용해 애플리케이션 코드에서 캐치하지 않은 예외를 처리하는 메커니즘을 제공한다.

먼저 새 코틀린 클래스를 만들고 이름을 ErrorHandler로 지정한다.

```kotlin
package com.microservices.chapter3

import com.fasterxml.jackson.core.JsonParseException
import org.springframework.http.HttpStatus
import org.springframework.http.ResponseEntity
import org.springframework.web.bind.annotation.ControllerAdvice
import org.springframework.web.bind.annotation.ExceptionHandler
import javax.servlet.http.HttpServletRequest

@ControllerAdvice
class ErrorHandler {
  @ExceptionHandler(JsonParseException::class)
  fun JsonParseExceptionHandler(servletRequest: HttpServletRequest,
                                exception: Exception):
ResponseEntity<String> {
    return ResponseEntity("JSON Error", HttpStatus.BAD_REQUEST)
  }
}
```

이 클래스는 @ControllerAdvice 애노테이션을 추가했고 컨텍스트 스캔을 통해 스프링 컨텍스트에 추가된다. 그런 다음 @ExceptionHandler 애노테이션을 추가한 메소드를 선언하고 예외 클래스를 참조해 처리할 예외 유형을 나타낸다. JsonParseException이 발생할 때, 이를 처리하는 catch 절이 없으며, 스프링이 해당 클래스에 사용 가능한 예외 핸들러를 검색해 오류를 전송한다.

잘못된 JSON 요청을 URL http://localhost:8080/customer/로 포스트한다.

```
{
    "id": 8,
    "customerName": "New Customer",
    "telephone": {
        "countryCode": "+44",
        "telephoneNumber": "7123456789"
    }
```

그러면 응답 본문에 에러가 있는 **400 BAD REQUEST**가 리턴된다.

JSON Error

그러나 RESTful API를 만들어야 하므로 JSON을 사용해 응답해야 한다. 오류 응답을 저장할 수 있는 단순한 데이터 클래스를 만들어 보겠다.

```
package com.microservices.chapter3

data class ErrorResponse(val error: String, val message: String)
```

이제 이 새 클래스를 사용하도록 에러 핸들러를 수정한다.

```
package com.microservices.chapter3

import com.fasterxml.jackson.core.JsonParseException
import org.springframework.http.HttpStatus
import org.springframework.http.ResponseEntity
import org.springframework.web.bind.annotation.ControllerAdvice
import org.springframework.web.bind.annotation.ExceptionHandler
import javax.servlet.http.HttpServletRequest

@ControllerAdvice
```

```
class ErrorHandler {
  @ExceptionHandler(JsonParseException::class)
  fun JsonParseExceptionHandler(servletRequest: HttpServletRequest, exception:
Exception): ResponseEntity<ErrorResponse> {
      return ResponseEntity(ErrorResponse("JSON Error", exception.message ?:
"invalid json"),
        HttpStatus.BAD_REQUEST)
  }
}
```

다시 위의 잘못된 요청을 보내면 동일한 **400 BAD REQUEST**를 얻지만 아래와 같은 JSON 결과를 얻는다.

```
{
    "error": "JSON Error",
    "message": "JSON parse error: Unexpected end-of-input: expected close
marker for Object (start marker at [Source: (PushbackInputStream); line: 1,
column: 5]); nested exception is com.fasterxml.jackson.core.io.JsonEOFException:
Unexpected end-of-input: expected close marker for Object (start marker at [Source:
(PushbackInputStream); line: 1, column: 5])\n at [Source: (PushbackInputStream);
line: 8, column: 175]"
}
```

추가로 컨트롤러 어드바이스^{controller advice}에서 예외를 로그로 남겨서 발생 가능한 문제를 추적할 수 있다.

위 예제의 에러 핸들러에서는 단지 JsonParseException을 받았다. 그러나 예를 들면 정말 심각한 에러가 발생한 경우, 구체적인 정보를 표시하는 사용자 지정 메시지가 없다. 이를 위해 컨트롤러 어드바이스에 Throwable 클래스의 제너릭 핸들러(generic handler)를 둬서 적어도 API 정의에 따라 에러 메시지를 제공하는 것이 좋다.

비즈니스 예외 생성

일반적인 예외 처리 방법을 알게 됐으나, 비즈니스 로직에 응답해야 하는 경우 어떻게 처리할 수 있을까?

존재하지 않는 고객을 요청한다고 가정해보자. 지금까지 CustomerService는 존재하지 않는 고객을 요청하면 널 고객을 반환했다. 그런 다음 **404 NOT FOUND** 상태 코드를 출력하기만 하면 되며, 고객이기 때문에 본문을 보내지 않았다. 이제 사용자 정의 비즈니스 예외를 사용해 이를 처리해보자.

먼저 Exception을 상속한 CustomerNotFoundException이라는 새 클래스를 만든다.

```
package com.microservices.chapter3

class CustomerNotFoundException(message: String) : Exception(message)
```

그런 다음 이 예외를 발생시키도록 CustomerController 코드를 수정한다.

```
package com.microservices.chapter3

import org.springframework.beans.factory.annotation.Autowired
import org.springframework.http.HttpStatus
import org.springframework.http.ResponseEntity
import org.springframework.web.bind.annotation.*

@RestController
class CustomerController {
.....
  @GetMapping(value = "/customer/{id}")
  fun getCustomer(@PathVariable id: Int): ResponseEntity<Customer> {
    val customer = customerService.getCustomer(id) ?:
        throw CustomerNotFoundException("customer '$id' not found")
    return ResponseEntity(customer, HttpStatus.OK)
  }
```

```
.....
}
```

그런 다음 이것을 ExceptionHandler 클래스에 추가한다.

```
@ExceptionHandler(CustomerNotFoundException::class)
fun CustomerNotFoundExceptionHandler(servletRequest: HttpServletRequest,
                                     exception: Exception)
: ResponseEntity<ErrorResponse> {
  return ResponseEntity(ErrorResponse("Customer Not Found",
exception.message!! ),
      HttpStatus.NOT_FOUND)
}
```

이제 URL http://localhost:8080/customer/11을 호출하면 404 NOT FOUND 응답을 얻게 된다.

```
{
    "error": "Customer Not Found",
    "message": "customer '11' not found"
}
```

컨트롤러 어드바이스 피하기

컨트롤러 어드바이스는 훌륭한 도구지만 때로는 GO-TO 명령과 동등한 수준으로 사용할 수 있다. 흐름을 통제할 수 없게 되고, 메인 로직 바깥에서 어떤 일이 일어나게 만든다.

컨트롤러 어드바이스는 특별한 상황을 처리해야 하는 경우에만 사용돼야 하며, 오류에 응답해야 할 때 비즈니스 로직을 추가해서 컨트롤러 어드바이스의 사용을 피할 수 있다.

예를 들어 컨트롤러 메소드를 다음과 같이 수정할 수 있다.

```
@GetMapping(value = "/customer/{id}")
fun getCustomer(@PathVariable id: Int): ResponseEntity<Any> {
  val customer = customerService.getCustomer(id)
  return if (customer != null)
    ResponseEntity(customer, HttpStatus.OK)
  else
    ResponseEntity(ErrorResponse("Customer Not Found", "customer '$id' not
found"), HttpStatus.NOT_FOUND)
}
```

이는 정확히 동일한 결과를 출력하지만, 컨트롤러에 로직을 추가해서 컨트롤러 어드바이스와 예외를 만드는 것을 피했다.

 운영 애플리케이션에서 발생하는 장애를 분석할 때 가장 혼란스러운 시간 중 하나는 애플리케이션 로그에서 많은 수의 예외가 발생한다는 것이다. 그러나 실제로는 예외적인 오류가 아니라 단지 비즈니스 로직 오류인 경우가 대부분이다. 불필요한 예외를 만들지 않도록 하면 애플리케이션의 실제 문제를 찾는 데 도움이 된다.

▌ 정리

이제 스프링 프레임워크를 사용해 효과적으로 RESTful API를 작성할 수 있게 됐다. JSON을 사용해 복잡한 객체를 생성하는 방법과 API에서 요청 및 응답을 생성할 때 JSON을 처리하는 방법을 배웠다. HTTP 동사와 상태를 사용해 API 사용자에게 명확한 커뮤니케이션을 제공하기 위해 API의 유비쿼터스 언어를 정의하는 방법을 알게 됐다. 마지막으로 어떻게 오류를 처리하고 RESTful 마이크로서비스 사용자에게 응답하는지를 배웠다.

API를 구축할 때 마이크로서비스 원칙을 기억하라. 도메인 주도 설계는 도메인 매핑에 따라 API 서비스를 분리하는 완벽한 방법이다. 그러나 이런 API는 기존의 블로킹 오퍼레이션을 사용하는 대부분의 마이크로서비스의 표준 접근 방식을 따르고 있다. 다음 장에서는 넌블로킹 기술을 사용한 고성능의 확장 가능한 마이크로서비스를 생성하는 방법에 대해 알아보고, 새로운 스프링 컴포넌트인 웹플럭스^{WebFlux}와 리액터^{Reactor} 프레임워크를 통해 리액티브 마이크로서비스를 쉽게 만들 수 있게 될 것이다.

04

리액티브 마이크로서비스 만들기

리액티브^{Reactive} 마이크로서비스는 마이크로서비스의 한단계 진화한 모습이다. 리액티브 패러다임을 기반으로, 기존의 전통적인 아키텍처를 능가하는 대응력, 복원성, 탄력적인 메시지 기반^{Message-driven} 서비스를 제공하는 것을 목표로 한다.

4장에서는 스프링 프레임워크 5.0을 사용해 얼마나 쉽게 리액티브 마이크로서비스를 만들 수 있는지, 그리고 리액티브 프로그래밍을 사용해 어떻게 만들 수 있는지 알아볼 것이다.

 1장. '마이크로서비스 이해'에서 리액티브 프로그래밍의 장점을 살펴봤다. '리액티브 프로그래밍' 절을 보면 이 장을 좀 더 이해할 수 있을 것이다.

이 장에서 만들 리액티브 마이크로서비스는 앞에서 만든 RESTful API 예제를 기반으로 새 모델을 얼마나 쉽게 적응할 수 있는지 보여줄 것이다.

4장에서 다루는 내용은 다음과 같다.

- 스프링 웹플럭스WebFlux
- 라우터 함수Router functions
- 모노Mono
- 플럭스Flux
- 함수형 프로그래밍Functional Programming
- 리액티브 오류 처리Reactive error handling

스프링 웹플럭스의 이해

스프링 웹플럭스는 네티Netty라는 새 애플리케이션 서버를 사용해 리액티브 마이크로서비스를 만들 수 있는 스프링 프레임워크 5.0에 도입된 새로운 컴포넌트다. 웹플럭스는 리액티브 스트림 패턴Reactive Stream Pattern을 구현하기 위해 리액터 프레임워크Reactor Framework를 광범위하게 사용한다. 이번 절에서는 스프링 웹플럭스 애플리케이션을 만드는 방법과 이 새로운 기술 스택으로 넌리액티브non-reactive 마이크로서비스를 마이그레이션하는 방법에 대해 다룬다.

스프링 웹플럭스 애플리케이션 만들기

이전과 마찬가지로 스프링 이니셜라이저를 사용해 새 스프링 부트 애플리케이션을 만들지만 이번에는 웹플럭스 애플리케이션을 만들 것이다. 먼저 https://start.spring.io/의 스프링 이니셜라이저 사이트로 이동해 Kotlin과 Spring boot 2.1.2을 사용하는 Maven Project를 생성한다. 프로젝트 메타 데이터의 경우 Group을 com.microservices로, Artifact

는 chapter4로 하고 Dependencies로는 Reactive Web을 선택한다.

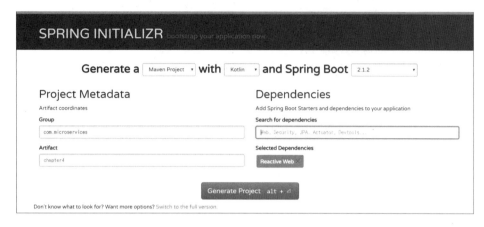

스프링 이니셜라이저를 사용해 웹플럭스 애플리케이션 만들기

그런 다음 Generate Project 버튼을 클릭해 chapter4.zip이라는 압축 파일을 다운로드한다. 압축을 풀고 인텔리제이 IDEA에서 결과 폴더를 연다. 잠시 뒤 프로젝트가 준비될 것이고, 메이븐 창을 열면 다양한 라이프사이클 단계, 메이븐 플러그인 및 목표를 볼 수있다.

 2장, '스프링 부트 2.0 시작하기'에서 스프링 이니셜라이저, 메이븐, 인텔리제이 IDEA를 사용하는 방법을 다뤘다. 이번 절에서 다루지 않는 내용은 2장을 참고한다.

새로 만든 애플리케이션의 Chapter4Application.kt 파일을 열면 표준 스프링 부트 애플리케이션임을 알 수 있다.

```
package com.microservices.chapter4

import org.springframework.boot.autoconfigure.SpringBootApplication
import org.springframework.boot.runApplication
```

```
@SpringBootApplication
class Chapter4Application

fun main(args: Array<String>) {
    runApplication<Chapter4Application>(*args)
}
```

이제 마이크로서비스를 실행하면 앞에서 만든 마이크로서비스와 다른 점을 확인할 수 있다. 메이븐 창을 사용해 spring-boot 플러그인의 run 목표를 더블클릭하거나, 명령줄에서 다음 작업을 수행할 수 있다.

mvnw spring-boot:run

잠시 뒤 다음과 같이 로그가 표시된다.

INFO 12308 --- [main] o.s.b.web.embedded.netty.NettyWebServer
Netty started on port(s): 8080

이제 마이크로서비스는 네티를 이용해 요청을 처리할 준비가 됐다. 이것이 우리가 이해해야 하는 첫 번째 변화이며, 이전 예제에서는 톰캣을 사용했다.

 스프링 이니셜라이저의 의존성에서 Reactive Web을 선택했기 때문에, 메이븐 pom에 spring-boot-starter-webflux가 의존성으로 포함됐다. 스프링 이니셜라이저의 Dependency로 Web을 선택하면 spring-boot-starter-web가 포함된다. 스프링 이니셜라이저에서는 Reactive Web이라는 이름을 붙였지만 이 장에서는 명확한 구별을 위해 웹플럭스라는 컴포넌트 이름으로 지칭하겠다.

네티 사용하기

네티는 원래 넌블로킹 IO 작업을 수행할 수 있게 하는 Client-Server 프레임워크를 만들려는 아이디어를 가진 JBoss에 의해 개발됐다. 이런 기능을 위해 리액터Reactor 패턴의 메시지 기반 구현을 사용한다. 오늘날에는 광범위한 오픈소스 커뮤니티의 지원을 받고 있다.

네티는 HTTP, SSL/TLS 또는 DNS 같은 주요 알고리즘 및 프로토콜을 지원하지만 HTTP/2, 웹소켓WebSocket, 구글 프로토콜 버퍼Google Protocol Buffer 같은 최신 프로토콜도 지원한다. 이것은 네티의 기능 중 일부일 뿐이다.

 네티에 대한 자세한 내용은 https://netty.io/ 웹 사이트에서 찾을 수 있다.

스프링 부트 1.x는 아파치 톰캣을 기본 애플리케이션/웹 서버로 사용하지만 톰캣은 블로킹 작업만 지원한다. 스프링 부트 2.0에서는 넌블로킹 IO 기능의 리액티브 서비스를 위해 네티를 대신 선택했다.

스프링 부트 2.0을 사용할 때 스프링 웹플럭스 컴포넌트를 포함하면 애플리케이션이 시작될 때 새로운 네티 서버가 생성되지만, 표준 스프링 웹을 사용하면 톰캣 서버가 대신 시작된다.

1장. '마이크로서비스 이해'에서 이야기했듯이, 리액티브 시스템의 바람직한 특성 중 하나는 응답성Responsive이다. 네티와 같은 이벤트 기반Event-driven 소프트웨어는 리액티브 선언의 요구 사항을 충족한다.

 1장. '마이크로서비스 이해'의 '리액티브 마이크로서비스' 절에서 리액티브 선언문에 대해 자세히 다뤘다.

이 기술을 사용하면 마이크로서비스는 더 많은 부하를 처리할 수 있으며 그 어느 때보다 효과적이 될 것이다.

 NodeJS, Nginx, Apache Mina, Vert.X 또는 아카 같은 다양한 기술을 위한 다른 넌블로킹 IO 시스템도 있다. 리액티브 시스템은 향후 몇 년 안에 가장 많이 사용되는 기술 중 하나가 될 것이기 때문에 그중 일부는 배워두는 게 좋다.

정적 콘텐츠 제공

다른 스프링 부트 애플리케이션과 마찬가지로, 네티를 사용해 정적 콘텐츠를 제공할 수 있으며, 이 콘텐츠는 넌블로킹 IO를 통해 리액티브하게 제공한다. 먼저 프로젝트의 리소스 폴더 아래에 새 폴더를 만들고 이름을 public으로 하자. 그런 다음 폴더를 마우스 오른쪽 버튼으로 클릭하고 팝업 메뉴에서 New > HTML File을 선택한다.[1]

다음과 같이 파일을 편집한다.

```
<!DOCTYPE html>
<html lang="en">
<head>
    <meta charset="UTF-8">
    <title>Hello World</title>
</head>
<body>
Reactive Static Content
</body>
</html>
```

---

1 파일 이름은 index.html로 한다. - 옮긴이

서버를 재시작하려면 다음을 실행한다.

```
mvnw spring-boot:run
```

`http://localhost:8080/index.html`을 방문하면 간단한 메시지가 출력된다.

Reactive Static Content

이 콘텐츠는 이전과 마찬가지로 제공되었지만 블로킹 작업이 아닌 리액티브하게 처리된다. 어떤 면에서, 이 페이지가 시스템에 있는 파일인 것처럼 이해할 수 있다. 블로킹 IO 방식에서는, 서버의 페이지를 요청하면 모든 페이지 내용을 읽고 이를 요청한 클라이언트로 페이지를 전송하기 시작한다.

파일을 읽는 동안 이 오퍼레이션은 차단된다.

넌블로킹 IO 시스템에서는 서버가 페이지를 읽기 시작하고 데이터를 가져오는 즉시 정보를 보낸다. 그런 다음 파일에서 데이터를 더 읽고 클라이언트로 데이터를 다시 보낸다. 실제로 요청한 페이지의 읽기 또는 보내기를 차단하지 않고 데이터를 요청하는 클라이언트에게 동일한 페이지 또는 다른 페이지의 데이터 전송을 시작할 수 있다.

 이는 훨씬 더 복잡한 아키텍처를 단순화한 것이며, 자세한 내용을 보려면 다음 기사를 읽어보기 바란다.

https://techblog.bozho.net/why-non-blocking/

이제 이전 예제와 같이 몇 개의 API 엔드포인트를 추가해보자.

RestController 추가

스프링 웹플럭스를 사용하면 이전처럼 컨트롤러를 생성할 수 있지만, 프로젝트에 필요한 Customer 클래스부터 추가하자. Customer라는 새 클래스를 만든다.

```
package com.microservices.chapter4

data class Customer(var id: Int = 0, val name: String = "", val telephone:
Telephone? = null) {
  data class Telephone(var countryCode: String = "", var telephoneNumber:
String = "")
}
```

이제 간단한 RestController를 만들 수 있다. 여기서는 이름을 CustomerController라고 한다.

```
package com.microservices.chapter4

import org.springframework.web.bind.annotation.GetMapping
import org.springframework.web.bind.annotation.PathVariable
import org.springframework.web.bind.annotation.RestController

@RestController
class CustomerController {
  @GetMapping(value = "/customer/{id}")
  fun getCustomer(@PathVariable id: Int) = Customer(id, "customer $id")
}
```

서버를 다시 시작한 후 Customer URL인 http://localhost:8080/customer/1을 GET 방식으로 요청하면 다음과 같은 결과가 나타난다.

```
{"id":1,"name":"Customer 1","telephone":null}
```

> **TIP** 이 예제에서는 Customer를 생성할 때 telephone 객체를 제공하지 않았기 때문에, Customer 객체의 속성으로 telephone = null을 얻는다. 그러나 3장, 'RESTFul 서비스 만들기'에서 설명한 것처럼 application.yml에 spring.jackson.default-propertyinclusion: NON_NULL을 추가해서 null 값을 직렬화하지 않도록 설정할 수 있다.[2]

이전과 같이 ResponseEntity를 사용해 HTTP 상태 메시지를 사용자 정의할 수 있으므로 다음과 같이 컨트롤러를 수정해보자.

```
package com.microservices.chapter4

import org.springframework.http.HttpStatus
import org.springframework.http.ResponseEntity
import org.springframework.web.bind.annotation.GetMapping
import org.springframework.web.bind.annotation.PathVariable
import org.springframework.web.bind.annotation.RestController

@RestController
class CustomerController {
  @GetMapping(value = "/customer/{id}")
  fun getCustomer(@PathVariable id: Int): ResponseEntity<Customer> {
    return ResponseEntity(Customer(id, "customer $id"), HttpStatus.OK)
  }
}
```

Customer 서비스 만들기

Customer를 처리하는 서비스를 추가하기 위해 새로운 CustomerService 인터페이스를 만들자.

---

2 이후의 예제에서는 모두 null 값을 직렬화하지 않도록 설정했다는 가정하에 실행한 결과를 보여주고 있다. - 옮긴이

```
package com.microservices.chapter4

interface CustomerService {
  fun getCustomer(id: Int) : Customer?
  fun searchCustomers(nameFilter: String) : List<Customer>
}
```

그런 다음 CustomerServiceImpl 인터페이스를 구현하는 서비스를 만든다.

```
package com.microservices.chapter4

import com.microservices.chapter4.Customer.Telephone
import org.springframework.stereotype.Component
import java.util.concurrent.ConcurrentHashMap

@Component
class CustomerServiceImpl : CustomerService {
  companion object {
    val initialCustomers = arrayOf(Customer(1, "Kotlin"),
        Customer(2, "Spring"),
        Customer(3, "Microservice", Telephone("+44", "7123456789")))
  }
  val customers = ConcurrentHashMap<Int,Customer>(initialCustomers.
associateBy(Customer::id))

  override fun getCustomer(id: Int) = customers[id]

  override fun searchCustomers(nameFilter: String): List<Customer> =
      customers.filter {
        it.value.name.contains(nameFilter, true)
      }.map(Map.Entry<Int, Customer>::value).toList()
}
```

마지막으로 서비스를 사용하도록 컨트롤러를 수정하자.

```kotlin
package com.microservices.chapter4

import org.springframework.beans.factory.annotation.Autowired
import org.springframework.http.HttpStatus
import org.springframework.http.ResponseEntity
import org.springframework.web.bind.annotation.GetMapping
import org.springframework.web.bind.annotation.PathVariable
import org.springframework.web.bind.annotation.RequestParam
import org.springframework.web.bind.annotation.RestController

@RestController
class CustomerController {
  @Autowired
  private lateinit var customerService: CustomerService

  @GetMapping(value = "/customer/{id}")
  fun getCustomer(@PathVariable id: Int): ResponseEntity<Customer?> {
    val customer = customerService.getCustomer(id)
    return ResponseEntity(customer, HttpStatus.OK)
  }

  @GetMapping(value = "/customers")
fun getCustomers(@RequestParam(required = false, defaultValue = "")
nameFilter: String) =
      customerService.searchCustomers(nameFilter)
}
```

그런 다음 Customer URL인 http://localhost:8080/customers에 GET 요청을 하면 200
OK HTTP 상태와 함께 다음이 표시된다.

```json
[
  {
    "id":1,
    "name":"Kotlin"
```

```
  },
  {
    "id":2,
    "name":"Spring"
  },
  {
    "id":3,
    "name":"Microservice",
    "telephone":{
      "countryCode":"+44",
      "telephoneNumber":"7123456789"
    }
  }
]
```

 이는 3장, 'RESTFul 서비스 만들기'에서 만든 서비스와 매우 유사하며, 이미 이 장에서 사용된 대부분의 개념을 설명했다.

블로킹은 리액티브가 아니다

전통적인 넌리액티브Non-reactive 마이크로서비스를 리액티브하게 쉽게 전환할 수 있다는 것을 알 수 있었다. 그렇지만 이 서비스는 아직 완전한 리액티브는 아니다. 우리가 만든 컨트롤러도 그렇지만, 이미 수행한 작업이 블로킹 작업이라면 다른 넌리액티브 시스템과 마찬가지로 앞으로 하는 작업도 블로킹 작업이 될 것이다. 우리가 선언한 대로 클라이언트가 URL을 호출하면 서비스를 호출해 Customer를 얻거나 검색한다. 이 작업이 완료되면 JSON으로 결과를 직렬화하고, 그 이후에나 그 값이 반환되므로 우리의 작업은 블로킹 작업이다. 리액티브 서비스가 되도록 서비스를 바꿀 필요가 있을지도 모른다.

184

▌ 리액티브 서비스 만들기

이전에는 CustomerService가 그렇듯이 넌리액티브 서비스를 만들었지만, 이제는 리액티브 서비스를 만들어야 한다. 이번 절에서는 서비스를 리액티브하게 바꾸는 방법을 알아보자.

구독자와 게시자

먼저, 리액티브 프로그래밍의 핵심 구성 요소인 구독^{subscribe}과 게시^{publish} 메커니즘을 이해해야 한다. 리액티브 프로그래밍은 일련의 이벤트가 감지되면 필요한 사용자에게 전송되는 이벤트 모델^{Event Model} 메커니즘을 기반으로 한다. 이 추상적인 개념은 거의 모든 UI 프레임워크에서 사용자 작업을 처리하는 방법으로 쉽게 이해할 수 있다.

예를 들어, 버튼을 누른 다음 창 닫기와 같은 작업을 수행하는 것과 같은 UI 작업에 반응한다고 가정해보자. 일반적인 UI 프레임워크에서는 버튼 누르기, 메뉴 선택 또는 창 내용 스크롤 같은 사용자 작업을 이벤트라고 한다. 이런 이벤트를 수신하려고 할 때, 정의하는 것이 구독자^{Subscriber}이다. 구독자는 이벤트가 생성될 때 이벤트를 수신해야 하는 책임이 있는 객체다.

반면에 이벤트를 생성해야 할 수도 있다. 예를 들어, 버튼을 마우스로 클릭하면 클릭되는 버튼에 새 이벤트가 발생한다. 이렇게 이벤트를 발생시키는 책임이 있는 객체를 게시자^{publisher}라고 한다. UI 프레임워크는 모든 것을 연결하고 버튼을 클릭하면 게시자가 이벤트를 생성하고 구독자에게 이벤트를 알린다. 그런 다음 원하는 기능인 창 닫기를 수행하도록 할 수 있다.

이벤트는 연결하고 결합할 수 있다. UI 프레임워크에서 이미 마우스 클릭 이벤트를 화면에 보내는 게시자가 있을 수 있으며, 이런 이벤트의 구독자가 있을 수도 있다. 그런 다음 화면을 클릭하면 게시자가 일반 메시지를 내보내고 일반 구독자가 해당 메시지를 가져와 마우스의 위치가 특정 버튼에 있음을 알 수 있다. 이 일반 구독은 클릭 버튼의 새 이벤트를 발생하지만, 원하는 이벤트를 수행하기 위해 해당 이벤트를 처리할 수 있는 이벤트에 가입한다.

이것을 약간의 의사 코드로 시각화해보자.

프레임워크 시작
mouseClick을 **mouse.click** 이벤트의 **구독자**로 등록
mouseHandler를 **mouse.click** 이벤트의 **게시자**로 등록
애플리케이션 시작
button1.click 이벤트에 대한 **구독자**로 **Action1** 등록
button1.click 이벤트의 게시자로 **Button1Trigger** 등록
사용자가 button1을 **클릭**
MouseHandler는 **mouse.click** 이벤트를 게시
MouseClick은 **mouse.click** 이벤트 수신
MouseClick이 **button1**에 있는 것을 확인
MouseClick을 **Button1Triger**에 대리
Button1Trigger는 **button1.click** 이벤트를 게시
Action1은 **button1.click** 이벤트를 가져 와서 창을 닫음

이는 UI이벤트 시스템을 최적으로 구현한 것은 아니지만 개념을 설명하는 데 도움이 될 것이다. 이런 각 구독자 및 게시자 객체는 결과를 기다리는 작업을 블로킹하지 않는다. 이런 객체는 필요할 때 호출되는 수신기^{listener}이다. 한편, UI에서 키를 누르는 동시에 버튼을 누르는 것과 같이 여러 동작과 이벤트가 동시에 발생할 수 있다.

 게시 및 구독 메커니즘은 새로운 개념이 아니며 이벤트 기반 시스템도 마찬가지이다. 하드웨어 관리에서부터 복잡한 메시지 큐 시스템에 이르기까지 오랫동안 사용돼 왔다. 리액티브 프로그래밍 방식을 사용할 때 그 어느 때보다 관련성이 높다.

스프링은 리액터^{Reactor} 프레임워크를 사용해 리액티브 마이크로서비스를 만든다. 컨트롤러는 결과의 게시자가 될 수 있으며, 스프링은 서비스를 사용하는 모든 사용자에게 데이

터를 보내기 위해 이벤트를 구독한다. 이 데이터는 리액티브 스트림 사양에 정의된 대로 리액티브 스트림으로 전송돼 넌블로킹의 배압back-pressure을 제공한다.

 리액티브 스트림과 배압은 1장, '마이크로서비스 이해'의 '리액티브 프로그래밍' 절에서 설명했다. 추가 정보는 다음을 참고하기 바란다.
http://www.reactivestreams.org/

단일 객체 게시하기

리액터는 모노(Mono)라는 클래스를 통해 리액티브 게시자를 정의하는 방법을 제공하지만, 이 게시자는 하나의 결과만 보낼 수 있다.

Mono를 생성하려면 다음 작업을 수행하면 된다.

```
val customerMono : Mono<Customer> = Mono.just(Customer(1, "Mono"))
```

리액터는 코틀린을 위한 고차 함수를 제공한다. 이는 코틀린의 특성을 살릴 수 있다.

```
val customerMono : Mono<Customer> = Customer(1, "Mono").toMono()
```

코틀린 타입 추론을 이용하면 다음과 같이 간단하게 쓸 수 있다.

```
val customerMono = Customer(1, "Mono").toMono()
```

우리가 이해할 것은 모노는 실제로 우리가 만든 Customer 인스턴스가 아니라 앞으로 얻으려고 하는 것에 대한 약속이라는 것이다. Mono<Customer>으로 선언할 때는, 이 게시자가 앞으로 Customer를 게시할 것임을 나타낼 뿐이다. 누군가가 해당 게시자를 등록하면 데이터를 얻게 된다.

서비스에서 모노 사용하기

이제 모노를 사용해 단일 Customer의 게시자를 반환하도록 서비스를 수정할 수 있다. 먼저 CustomerService 인터페이스를 변경하자.

```
package com.microservices.chapter4

import reactor.core.publisher.Mono

interface CustomerService {
  fun getCustomer(id: Int) : Mono<Customer>?
  fun searchCustomers(nameFilter: String): List<Customer>
}
```

그런 다음 CustomerServiceImpl 클래스 구현을 변경한다.

```
package com.microservices.chapter4

import com.microservices.chapter4.Customer.Telephone
import org.springframework.stereotype.Component
import reactor.core.publisher.toMono
import java.util.concurrent.ConcurrentHashMap

@Component
class CustomerServiceImpl : CustomerService {
  companion object {
    val initialCustomers = arrayOf(Customer(1, "Kotlin"),
        Customer(2, "Spring"),
        Customer(3, "Microservice", Telephone("+44", "7123456789")))
  }
  val customers = ConcurrentHashMap<Int, Customer>(initialCustomers.
associateBy(Customer::id))

  override fun getCustomer(id: Int) = customers[id]?.toMono()

  override fun searchCustomers(nameFilter: String): List<Customer> =
```

```
  customers.filter {
    it.value.name.contains(nameFilter, true)
  }.map(Map.Entry<Int, Customer>::value).toList()
}
```

마지막으로 CustomerController를 수정한다.

```
package com.microservices.chapter4

import org.springframework.beans.factory.annotation.Autowired
import org.springframework.http.HttpStatus
import org.springframework.http.ResponseEntity
import org.springframework.web.bind.annotation.GetMapping
import org.springframework.web.bind.annotation.PathVariable
import org.springframework.web.bind.annotation.RequestParam
import org.springframework.web.bind.annotation.RestController
import reactor.core.publisher.Mono

@RestController
class CustomerController {
  @Autowired
  private lateinit var customerService: CustomerService
  @GetMapping(value = "/customer/{id}")
  fun getCustomer(@PathVariable id: Int): ResponseEntity<Mono<Customer>> {
    val customer = customerService.getCustomer(id)
    return ResponseEntity(customer, HttpStatus.OK)
  }

  @GetMapping(value = "/customers")
  fun getCustomers(@RequestParam(required = false, defaultValue = "")
nameFilter: String) =
      customerService.searchCustomers(nameFilter)
}
```

기본적으로 Customer와 HTTP 상태 코드를 포함하는 ResponseEntity를 반환하는 대신 Mono<Customer>를 포함한 ResponseEntity를 반환하도록 컨트롤러 코드를 변경했다. 스프링은 결과를 리액티브하게 반환하기 위해 요청이 들어오면 그 상황을 이해하고 게시자를 구독한다.

서비스를 다시 시작한 후 Customer API인 http://localhost:8080/customer/1에 GET 요청을 하면 200 OK HTTP 상태와 함께 아래 출력을 얻는지 테스트할 수 있다.

```
{
    "id":1,"name":"Kotlin"
}
```

여러 객체 게시하기

리액터는 0에서 무한대의 요소를 가진 게시자를 만들 수 있는 클래스를 제공한다. 클래스의 이름은 플럭스^{Flux}이다.

단순 플럭스를 만들려면 다음 작업을 수행한다.

```
val customerFlux = Flux.fromIterable(listOf(Customer(1,"one"),
Customer(2,"two")))
```

또는 적절한 코틀린 기능으로 만들 수 있다.

```
val customerFlux = listOf(Customer(1,"one"), Customer(2, "two")).toFlux()
```

 모노는 결과를 하나만 반환해야 하는 경우에 사용할 수 있지만 플럭스는 결과를 0-n개 반환하는 경우에 사용할 수 있다. 하지만 하나만 반환하려면 플럭스 대신 모노를 사용하는 것이 더 좋다.

서비스에서 플럭스 사용하기

이제 플럭스를 통해 Customer 목록을 게시자에게 반환하도록 서비스를 수정할 수 있다. 먼저 서비스 인터페이스인 CustomerService를 수정해야 한다.

```kotlin
package com.microservices.chapter4

import reactor.core.publisher.Flux
import reactor.core.publisher.Mono

interface CustomerService {
  fun getCustomer(id: Int) : Mono<Customer>?
  fun searchCustomers(nameFilter: String): Flux<Customer>
}
```

그런 다음 CustomerServiceImpl 클래스를 수정한다.

```kotlin
package com.microservices.chapter4

import com.microservices.chapter4.Customer.Telephone
import org.springframework.stereotype.Component
import reactor.core.publisher.toFlux
import reactor.core.publisher.toMono
import java.util.concurrent.ConcurrentHashMap

@Component
class CustomerServiceImpl : CustomerService {
  companion object {
    val initialCustomers = arrayOf(Customer(1, "Kotlin"),
        Customer(2, "Spring"),
        Customer(3, "Microservice", Telephone("+44", "7123456789")))
  }
  val customers = ConcurrentHashMap<Int, Customer>(initialCustomers.
associateBy(Customer::id))

  override fun getCustomer(id: Int) = customers[id]?.toMono()
```

```
override fun searchCustomers(nameFilter: String) = customers.filter{
  it.value.name.contains(nameFilter, true)
  }.map(Map.Entry<Int, Customer>::value).toFlux()
}
```

getCustomers 함수는 searchCustomers 메소드의 반환 타입을 추론해 List 대신 Flux가 될 것이기 때문에 컨트롤러를 수정할 필요가 없다.

```
@GetMapping(value = "/customers")
fun getCustomers(@RequestParam(required = false, defaultValue = "")
nameFilter: String) =
    customerService.searchCustomers(nameFilter)
```

 이것은 코틀린 타입 추론의 장점 중 하나다. 메소드의 반환 타입을 추론할 수 있기 때문에 컨트롤러를 변경하지 않아도 된다. 자세한 내용을 보려면 코틀린 설명서의 다음 절을 보기 바란다.
https://kotlinlang.org/docs/reference/basic-syntax.html

그런 다음 고객 목록 API인 http://localhost:8080/customers를 요청하며 200 OK HTTP 상태와 함께 다음 출력을 얻을 수 있다.

```
[
  {
    "id":1,
    "name":"Kotlin"
  },
  {
    "id":2,
    "name":"Spring"
  },
  {
```

```
      "id":3,
      "name":"Microservice",
      "telephone":{
         "countryCode":"+44",
         "telephoneNumber":"7123456789"
      }
   }
]
```

또한, 이전의 모노 예제에서와 마찬가지로 플럭스도 구독 시 실행될 수 있다는 약속이다. 이 경우 컨트롤러가 플럭스를 반환하면 스프링은 자동 구성으로 새로운 요청이 들어오면 구독하게 된다.

리액티브하게 객체 수신

이제 객체를 리액티브하게 반환하는 방법을 이해하게 됐다. 그럼 어떻게 하면 객체를 리액티브하게 수신할 수 있을까?

리액티브 마이크로서비스를 만들 때 스프링은 게시자를 구독하면 본문의 객체를 가지는 모노 게시자를 RequestMapping에 보낼 수 있다. 서비스가 반환 값의 약속으로 모노를 받아들일 수 있도록 만들 필요가 있으므로, 먼저 서비스 인터페이스를 수정해보자.

```
package com.microservices.chapter4

import reactor.core.publisher.Flux
import reactor.core.publisher.Mono

interface CustomerService {
  fun getCustomer(id: Int) : Mono<Customer>?
  fun searchCustomers(nameFilter: String): Flux<Customer>
  fun createCustomer(customerMono: Mono<Customer>) : Mono<*>
}
```

왜 함수의 결과를 모노로 했을까? 리액티브 마이크로서비스를 만들 때 데이터를 리액티브하게 가져올 필요가 있을 수도 있는데, 스프링이 구독할 게시자를 생성해야 한다는 것을 스프링이 알 수 있도록 리액티브하게 응답해야 한다. 따라서 스프링은 요청으로 오는 정보를 게시하고, 응답을 구독한다. 우리의 코드가 결과를 응답하면 스프링은 원래 요청을 보낸 쪽에 응답을 보낼 것이다.

실제로 컨트롤러 코드가 어떻게 되는지 보자.

```
package com.microservices.chapter4

import org.springframework.beans.factory.annotation.Autowired
import org.springframework.http.HttpStatus
import org.springframework.http.ResponseEntity
import org.springframework.web.bind.annotation.*
import reactor.core.publisher.Mono

@RestController
class CustomerController {
  @Autowired
  private lateinit var customerService: CustomerService

  @GetMapping(value = "/customer/{id}")
  fun getCustomer(@PathVariable id: Int): ResponseEntity<Mono<Customer>> {
    val customer = customerService.getCustomer(id)
    return ResponseEntity(customer, HttpStatus.OK)
  }

  @GetMapping(value = "/customers")
  fun getCustomers(@RequestParam(required = false, defaultValue = "")
nameFilter: String) = customerService.searchCustomers(nameFilter)

  @PostMapping(value = "/customer/")
  fun createCustomer(@RequestBody customerMono: Mono<Customer>) =
      ResponseEntity(customerService.createCustomer(customerMono),
HttpStatus.CREATED)
}
```

그래서 기본적으로, 응답은 createCustomer가 모노를 반환하기 때문에 서비스에서 생성될 다른 게시자를 통해 Customer를 생성한 결과임을 나타낸다.

서비스 구현을 CustomerServiceImpl 클래스에 해보자.

```kotlin
package com.microservices.chapter4

import com.microservices.chapter4.Customer.Telephone
import org.springframework.stereotype.Component
import reactor.core.publisher.Mono
import reactor.core.publisher.toFlux
import reactor.core.publisher.toMono
import java.util.concurrent.ConcurrentHashMap

@Component
class CustomerServiceImpl : CustomerService {
  companion object {
    val initialCustomers = arrayOf(Customer(1, "Kotlin"),
        Customer(2, "Spring"),
        Customer(3, "Microservice", Telephone("+44", "7123456789")))
  }

  val customers = ConcurrentHashMap<Int,
Customer>(initialCustomers.associateBy(Customer::id))

  override fun getCustomer(id: Int) = customers[id]?.toMono()

  override fun searchCustomers(nameFilter: String) = customers.filter {
    it.value.name.contains(nameFilter, true)
  }.map(Map.Entry<Int, Customer>::value).toFlux()

  override fun createCustomer(customerMono: Mono<Customer>): Mono<*> {
    return customerMono.subscribe {
      customers[it.id] = it
    }.toMono()
  }
}
```

구독한 결과로 새 모노가 반환된다. Customer API 요청 URL인 http://localhost:8080/customer/에 cURL로 POST 요청을 해보자.

```
curl -X POST \
  http://localhost:8080/customer/ \
  -H 'content-type: application/json' \
  -d '{
    "id": 18,
    "name": "New Customer",
    "telephone": {
    "countryCode": "+44",
    "telephoneNumber": "7123456789"
    }
  }
  '
```

다음과 같이 출력될 것이다.

```
{
    "disposed": false
    "scanAvailable": true
}
```

이런 결과는 subscribe 메소드가 Disposable 객체를 반환하고 JSON으로 직렬화되기 때문이다. 하지만 그것은 원하는 바가 아닐 수도 있다. RESTful API의 예로 빈 결과를 원할 수도 있다.

 3장. 'RESTful 서비스 만들기'에서 HTTP 동사와 상태를 처리하고 응답을 직렬화하는 방법을 설명했다. 이것이 이상하거나 새롭게 느껴진다면 3장을 다시 보자.

이를 위해 다음과 같이 서비스를 변경하자.

```
override fun createCustomer(customerMono: Mono<Customer>): Mono<*> =
    customerMono.map {
      customers[it.id] = it
    }
```

위와 동일한 cURL 요청으로 객체를 POST하면 이제 빈 객체, { }을 얻게 된다. 이것은 수신된 모노에서 매퍼^{Mapper}를 사용해 변환하기 때문이다. 추가 객체를 생성하지 않았으므로 빈 객체가 반환된다.

예를 들어, 다음과 같이 서비스를 변경하자.

```
override fun createCustomer(customerMono: Mono<Customer>): Mono<*> =
    customerMono.map {
      customers[it.id] = it
        it
    }
```

cURL 요청을 다시 실행하면 POST한 것과 동일한 객체를 얻게 된다.

```
{
    "id": 18,
    "name": "New Customer",
    "telephone": {
        "countryCode": "+44",
        "telephoneNumber": "7123456789"
    }
}
```

그러나 빈 객체를 명시적으로 반환하도록 서비스를 변경할 수 있다.

```
override fun createCustomer(customerMono: Mono<Customer>): Mono<*> =
    customerMono.map {
        customers[it.id] = it
        Mono.empty<Any>()
    }
```

201 CREATED HTTP 상태와 함께 빈 객체를 결과로 반환된다. 값이 없는 Mono<Any>인 Mono.empty를 사용하기 때문에 JVM에서 변환될 때 <Any> 코틀린 클래스가 JVM의 객체 클래스로 변환되므로 Mono<Object>가 된다. 이제, 마이크로서비스를 어떻게 리액티브하게 만들 수 있는지 알았다. 컨트롤러의 구문을 자세히 살펴보면 이는 넌리액티브 구현처럼 보인다.

서비스 구현을 자세히 살펴보면 리액티브 게시자인 모노 또는 플럭스의 사용이 함수형 프로그래밍과 매우 비슷하게 보인다는 것을 알 수 있다.

다음 절에서 이 개념을 더 자세히 살펴보겠다.

▌ 함수형 웹 프로그래밍 사용하기

지금까지, 넌리액티브 접근 방법과 거의 동일한 애노테이션 기반 구문을 사용해 리액티브 마이크로서비스를 만드는 방법을 배웠다. 그러나 스프링 프레임워크 5는 함수형 프로그래밍을 사용해 마이크로서비스를 개발하는 메커니즘을 제공한다. 이번 절에서는 이를 사용해, 보다 유연하고 현대적인 구문을 사용하는 방법을 알아보겠다.

 이 장의 앞 절에서 만든 예제를 사용하므로, 다음 단계에 따라 시작하기 바란다.

RouterFunction 사용하기

먼저 애노테이션 기반 시스템과 마찬가지로, 마이크로서비스로 들어오는 요청을 어떻게 처리할지 정의하기 위해 컨트롤러를 대신 RouterFunction을 사용한다.

먼저 RouterFunction을 가지는 CustomerRouter라는 새 클래스를 만든다.

```
package com.microservices.chapter4

import org.springframework.context.annotation.Bean
import org.springframework.stereotype.Component
import org.springframework.web.reactive.function.server.RouterFunction
import org.springframework.web.reactive.function.server.router

@Component
class CustomerRouter {
  @Bean
  fun customerRoutes(): RouterFunction<*> = router {
    "/functional".nest {
    }
  }
}
```

새 컴포넌트로 생성했기 때문에 빈이 노출되면 컴포넌트 스캔에 통해 새로운 방식의 RouterFunction을 만들고 웹 애플리케이션의 경로를 정의할 수 있다. 이 경우 라우터가 /functional 경로의 모든 요청을 처리한다.

 이 라우터 기능을 만들기 위해 스프링이 웹플럭스를 생성하는 코틀린 DSL(Domain Specific Language)을 사용한다. DSL에 대한 자세한 내용은 코틀린 설명서의 다음 문서를 검토한다.

https://kotlinlang.org/docs/reference/typesafe-builders.html

이제 실제로 해당 경로를 처리하기 위해 RouterFunction에 다음과 같은 항목을 추가한다.

```
package com.microservices.chapter4

import org.springframework.context.annotation.Bean
import org.springframework.stereotype.Component
import org.springframework.web.reactive.function.server.RouterFunction
import org.springframework.web.reactive.function.server.ServerResponse
import org.springframework.web.reactive.function.server.router
import reactor.core.publisher.toMono

@Component
class CustomerRouter {
  @Bean
  fun customerRoutes(): RouterFunction<*> = router {
    "/functional".nest {
      "/customer".nest {
        GET("/") {
          ServerResponse.ok().body("hello world".toMono(),
String::class.java)
        }
      }
    }
  }
}
```

/functional 경로에 중첩된 GET 요청으로 /customer 경로를 요청하면 200 OK HTTP 상
태와 본문으로 간단한 문자열인 "hello world"를 응답한다.

http://localhost:8080/functional/customer를 요청하면 다음과 같은 간단한 메시지
를 받아야 한다.

```
hello world
```

한 가지 흥미로운 사실은 ServerResponse.ok는 응답을 만드는 메소드인 ServerRespon se.Builder이며, 결국 Mono<ServerResponse>를 만든다. 그 응답에는 Mono<String> 객체가 포함된 또 다른 모노가 들어있다. 따라서 게시자가 서버 응답을 위한 약속한 반환 값, 즉 이 예제의 문자열을 가지게 된다.

따라서 Mono<ServerResponse> 객체에는 "hello world"라는 값의 문자열이 포함된 Mono<String>이 있다.

 모노는 반환 값이 아니라는 것을 기억하자. 구독을 하게 되며, 준비됐을 때 그 값을 얻을 것이라는 약속이다.

코틀린 타입 추론으로 불필요한 타입과 몇 가지 정적 임포트를 제거해 이 예제를 단순화할 수 있다.

```
package com.microservices.chapter4

import org.springframework.context.annotation.Bean
import org.springframework.stereotype.Component
import org.springframework.web.reactive.function.server.ServerResponse.ok
import org.springframework.web.reactive.function.server.router
import reactor.core.publisher.toMono

@Component
class CustomerRouter {
  @Bean
  fun customerRoutes() = router {
    "/functional".nest {
      "/customer".nest {
        GET("/") {
          ok().body("hello world".toMono(), String::class.java)
        }
      }
    }
```

```
    }
}
```

마지막으로, Customer 클래스를 사용해 값을 반환하자.

```
package com.microservices.chapter4

import org.springframework.context.annotation.Bean
import org.springframework.stereotype.Component
import org.springframework.web.reactive.function.server.ServerResponse.ok
import org.springframework.web.reactive.function.server.router
import reactor.core.publisher.toMono

@Component
class CustomerRouter {
  @Bean
  fun customerRoutes() = router {
    "/functional".nest {
      "/customer".nest {
        GET("/") {
          ok().body(Customer(1, "functional web").toMono(), Customer::class.java)
        }
      }
    }
  }
}
```

Body 메소드의 마지막 매개 변수는 응답으로 보내는 모노 안에 있을 JVM 클래스를 나타 낸다. 이를 위해 코틀린 JVM 메소드인 ::class.java를 사용한다.

이제 http://localhost:8080/functional/customer을 요청하면 다음과 같은 Customer 정보를 얻게 된다.

```
{
    "id":1,
```

```
    "name":"functional web"
}
```

여기서 사용한 **body** 함수는 다양한 구현 방식을 가지고 있으며, 이 장의 뒷부분에서 좀 더 자세히 살펴본다.

핸들러 만들기

라우터에서는 응답을 출력할 람다^{lamda}를 생성해 HTTP **GET** 요청에 대한 응답 방법을 정의했다. 그 코드를 핸들러라고 부른다. 좀 더 잘 이해하기 위해 람다를 자세히 들여다보자.

```
package com.microservices.chapter4

import org.springframework.context.annotation.Bean
import org.springframework.stereotype.Component
import org.springframework.web.reactive.function.server.ServerRequest
import org.springframework.web.reactive.function.server.ServerResponse.ok
import org.springframework.web.reactive.function.server.router
import reactor.core.publisher.toMono

@Component
class CustomerRouter {
  @Bean
  fun customerRoutes() = router {
    "/functional".nest {
      "/customer".nest {
        GET("/") { it: ServerRequest ->
          ok().body(Customer(1, "functional web").toMono(),
          Customer::class.java)
        }
      }
    }
  }
}
```

람다에는 ServerRequest 클래스의 객체인 매개 변수 하나가 있다. 이 객체에는 매개 변수 또는 요청 심지어 요청 본문을 포함한 핸들러로 보낼 모든 세부 정보가 포함된다. 예제에서는 요청에서 아무것도 처리할 필요가 없었기 때문에 생략했다. 람다로 핸들러를 사용하는 것은 괜찮은 방법이지만, 좀 더 이해하기 쉬운 코드를 위해 새 클래스로 만들어 보자.

CustomerHandler라는 새 클래스를 만들어 보자.

```
package com.microservices.chapter4

import org.springframework.stereotype.Component
import org.springframework.web.reactive.function.server.ServerRequest
import org.springframework.web.reactive.function.server.ServerResponse
import org.springframework.web.reactive.function.server.ServerResponse.ok
import reactor.core.publisher.Mono
import reactor.core.publisher.toMono

@Component
class CustomerHandler {
  fun get(serverRequest: ServerRequest): Mono<ServerResponse> {
    return ok().body(Customer(1, "functional web").toMono(),
    Customer::class.java)
  }
}
```

코틀린의 타입 추론을 사용해 표현식 본문을 함수로 변환하자.

```
package com.microservices.chapter4

import org.springframework.stereotype.Component
import org.springframework.web.reactive.function.server.ServerRequest
import org.springframework.web.reactive.function.server.ServerResponse.ok
import reactor.core.publisher.toMono

@Component
class CustomerHandler {
```

```
fun get(severRequest: ServerRequest) =
    ok().body(Customer(1, "functional web").toMono(), Customer::class.java)
}
```

이제, 이 클래스를 라우터에 연결해 람다에서 사용할 수 있다.

```
package com.microservices.chapter4

import org.springframework.beans.factory.annotation.Autowired
import org.springframework.context.annotation.Bean
import org.springframework.stereotype.Component
import org.springframework.web.reactive.function.server.ServerRequest
import org.springframework.web.reactive.function.server.router

@Component
class CustomerRouter {
  @Autowired
  lateinit var customerHandler: CustomerHandler

  @Bean
  fun customerRoutes() = router {
    "/functional".nest {
      "/customer".nest {
        GET("/") { it: ServerRequest -> customerHandler.get(it) }
      }
    }
  }
}
```

람다가 새 핸들러 함수에 매개 변수를 보내기 때문에, 대신 메소드 참조^{method reference}를 사용할 수 있다.

```
package com.microservices.chapter4

import org.springframework.beans.factory.annotation.Autowired
```

```
import org.springframework.context.annotation.Bean
import org.springframework.stereotype.Component
import org.springframework.web.reactive.function.server.router

@Component
class CustomerRouter {
  @Autowired
  lateinit var customerHandler: CustomerHandler

  @Bean
  fun customerRoutes() = router {
    "/functional".nest {
      "/customer".nest {
        GET("/", customerHandler::get)
      }
    }
  }
}
```

마지막으로 @Autowired 애노테이션 대신 CustomerRouter 생성자의 일부로 핸들러를 삽입하기만 하면 된다.

```
package com.microservices.chapter4

import org.springframework.context.annotation.Bean
import org.springframework.stereotype.Component
import org.springframework.web.reactive.function.server.router

@Component
class CustomerRouter(private val customerHandler: CustomerHandler) {
  @Bean
  fun customerRoutes() = router {
    "/functional".nest {
      "/customer".nest {
        GET("/", customerHandler::get)
      }
```

```
      }
    }
}
```

 @Component 애노테이션이 추가된 모든 클래스는 생성자에 필요한 빈을 생성자 매개 변
수로 선언할 수 있다. 컴포넌트 스캔에서 클래스를 찾으면 생성자가 다른 빈을 삽입했는지 감
지한다. 이렇게 하면 @Autowired를 사용하지 않아도 된다. Autowired가 필요한 이런 빈을
가변 var 대신 val을 사용해 불변의 값으로 선언할 수 있다.

리액티브 서비스 사용하기

이제 핸들러가 있으므로 앞에서 만든 리액티브 서비스에 연결할 수 있다. 먼저 생성자를
통해 핸들러를 연결하고 사용하자.

```
@Component
class CustomerHandler(val customerService: CustomerService) {
  fun get(serverRequest: ServerRequest) =
      ok().body(customerService.getCustomer(1), Customer::class.java)
}
```

이 예제를 실행하면 컴파일 오류가 발생한다. 다음과 같이 서비스 메소드가 정의됐기 때
문이다.

```
fun getCustomer(id: Int): Mono<Customer>?
```

Customer는 nullable이므로 Customer::class.java에 바인딩할 수 없기 때문에 서비스
인터페이스를 수정하자.

```
package com.microservices.chapter4

import reactor.core.publisher.Flux
import reactor.core.publisher.Mono

interface CustomerService {
  fun getCustomer(id: Int) : Mono<Customer>
  fun searchCustomers(nameFilter: String): Flux<Customer>
  fun createCustomer(customerMono: Mono<Customer>) : Mono<*>
}
```

이제 null 값을 반환하지 않도록 구현을 수정해야 한다.

```
package com.microservices.chapter4

import com.microservices.chapter4.Customer.Telephone
import org.springframework.stereotype.Component
import reactor.core.publisher.Mono
import reactor.core.publisher.toFlux
import reactor.core.publisher.toMono
import java.util.concurrent.ConcurrentHashMap

@Component
class CustomerServiceImpl : CustomerService {
  companion object {
    val initialCustomers = arrayOf(Customer(1, "Kotlin"),
        Customer(2, "Spring"),
        Customer(3, "Microservice", Telephone("+44", "7123456789")))
  }

  val customers = ConcurrentHashMap<Int,Customer>(initialCustomers.
associateBy(Customer::id))

  override fun getCustomer(id: Int) = customers[id]?.toMono() ?: Mono.empty()

  override fun searchCustomers(nameFilter: String) = customers.filter {
    it.value.name.contains(nameFilter, true)
```

```
    }.map(Map.Entry<Int, Customer>::value).toFlux()

    override fun createCustomer(customerMono: Mono<Customer>): Mono<*> =
        customerMono.map {
            customers[it.id] = it
            Mono.empty<Any>()
        }
}
```

Customer 객체가 없으면 빈 Mono를 반환하도록 구현을 수정한다. nullable 객체를 반환하지 않으므로 body 함수에서 클래스를 지정할 필요가 없기 때문에, 핸들러를 변경할 수 있다.

```
package com.microservices.chapter4

import org.springframework.stereotype.Component
import org.springframework.web.reactive.function.server.ServerRequest
import org.springframework.web.reactive.function.server.ServerResponse.ok
import org.springframework.web.reactive.function.server.body

@Component
class CustomerHandler(val customerService: CustomerService) {
    fun get(serverRequest: ServerRequest) =
        ok().body(customerService.getCustomer(1))
}
```

GET 요청에 대한 매개 변수를 얻으려면 하나의 단계를 더 거쳐야 한다. /customer/1과 같은 URL에서 RESTful API 예제처럼, 매개 변수를 경로의 일부로 전달한다.

 RESTful API를 만드는 방법에 대한 자세한 내용은 3장. 'RESTful 서비스 만들기'를 참고하자.

라우터를 수정해 매개 변수가 필요함을 선언하자.

```
package com.microservices.chapter4

import org.springframework.context.annotation.Bean
import org.springframework.stereotype.Component
import org.springframework.web.reactive.function.server.router

@Component
class CustomerRouter(private val customerHandler: CustomerHandler) {
  @Bean
  fun customerRoutes() = router {
    "/functional".nest {
      "/customer".nest {
        GET("/{id}", customerHandler::get)
      }
    }
  }
}
```

이는 RESTful API예제에서 RequestMapping 경로를 선언하는 것과 유사하지만 핸들러에서 매개 변수를 가져와야 하므로 다음과 같이 수정하자.

```
package com.microservices.chapter4

import org.springframework.stereotype.Component
import org.springframework.web.reactive.function.server.ServerRequest
import org.springframework.web.reactive.function.server.ServerResponse.ok
import org.springframework.web.reactive.function.server.body

@Component
class CustomerHandler(val customerService: CustomerService) {
  fun get(serverRequest: ServerRequest) =
ok().body(customerService.getCustomer(serverRequest.pathVariable("id").toInt()))
}
```

이제 Customer URL인 http://localhost:8080/functional/customer/2를 요청하면 200 OK HTTP 상태와 다음과 같은 응답이 표시된다.

```
{
    "id":2,
    "name":"Spring"
}
```

그러나 존재하지 않는 고객을 요청하면 어떻게 될까? 예를 들어 http://localhost:8080/functional/customer/9를 요청하면 비어 있는 본문을 가져오지만 200 OK HTTP 상태 응답을 받는다. RESTful API 예제에서 했던 것처럼 404 NOT FOUND를 반환하도록 코드를 수정해야 하지만, 먼저 Mono를 통해 응답 생성을 처리하는 방법으로 변경해 보겠다.

```
package com.microservices.chapter4

import org.springframework.stereotype.Component
import org.springframework.web.reactive.function.BodyInserters.fromObject
import org.springframework.web.reactive.function.server.ServerRequest
import org.springframework.web.reactive.function.server.ServerResponse.ok

@Component
class CustomerHandler(val customerService: CustomerService) {
  fun get(serverRequest: ServerRequest) =
      customerService.getCustomer(serverRequest.pathVariable("id").toInt())
          .flatMap { ok().body(fromObject(it)) }
}
```

이제 리액티브 게시자로부터 flatMap 메소드를 통해 응답으로 변환할 Mono를 얻기 위해 서비스를 호출한다. 이 메소드는 Mono를 구독하고, 값이 있으면 ok().body() 메소드로 Mono<ServerResponse>를 생성한다. 그러나 ok().body() 함수는 Mono가 필요하기 때문에, 여기서는 fromObject 메소드로 Mono<Customer>를 생성한다.

그러면 다음과 같이 된다.

- 메소드는 Mono<Customer>를 구독하고 flatMap을 사용하는 getCustomer 메소드에 의해 반환된다.
- Mono<Customer>에 값이 있으면 it 매개 변수 안에 있는 Customer 객체를 받는다.
- 그런 다음 fromObject 메소드를 사용해 새 Mono<Customer>의 값을 변환한다.
- 마지막으로, 방금 생성한 Mono<Customer>로 Mono<ServerResponse>를 만든다.

따라서, 메소드는 최종 Mono<ServerResponse>를 반환할 것이고, 누군가 그것을 구독하면 Customer 객체를 받는다.

이제 빈 Mono를 처리하기 위한 코드를 추가해보자.

```
package com.microservices.chapter4

import org.springframework.stereotype.Component
import org.springframework.web.reactive.function.BodyInserters.fromObject
import org.springframework.web.reactive.function.server.ServerRequest
import org.springframework.web.reactive.function.server.ServerResponse.notFound
import org.springframework.web.reactive.function.server.ServerResponse.ok

@Component
class CustomerHandler(val customerService: CustomerService) {
  fun get(serverRequest: ServerRequest) =
      customerService.getCustomer(serverRequest.pathVariable("id").toInt())
        .flatMap { ok().body(fromObject(it)) }
        .switchIfEmpty(notFound().build())
}
```

이 단계에서는 값이 비어 있는 경우 구독하기 위해 원래 Mono를 사용한다. 그런 다음 notFound 함수를 사용해 404 NOT FOUND HTTP 상태로 응답한다. 이 응답의 본문이 없으므로 응답을 완료하기 위해 build 메소드를 사용한다.

웹플럭스는 ok(), notFound(), badRequest(), deleted() 또는 created() 같은 HTTP 상태를 지정하는 여러 ServerResponse 헬퍼 함수를 제공하지만, 이것들 대신 status() 함수를 사용할 수 있다.

```
package com.microservices.chapter4

import org.springframework.http.HttpStatus
import org.springframework.stereotype.Component
import org.springframework.web.reactive.function.BodyInserters.fromObject
import org.springframework.web.reactive.function.server.ServerRequest
import org.springframework.web.reactive.function.server.ServerResponse.ok
import org.springframework.web.reactive.function.server.ServerResponse.status

@Component
class CustomerHandler(val customerService: CustomerService) {
  fun get(serverRequest: ServerRequest) =
      customerService.getCustomer(serverRequest.pathVariable("id").toInt())
          .flatMap{ ok().body(fromObject(it)) }
          .switchIfEmpty(status(HttpStatus.NOT_FOUND).build())
}
```

그럼에도 불구하고 NOT_FOUND와 같이 좀 더 편리한 헬퍼 함수를 사용해 코드를 더 읽기 쉽게 만들어야 한다고 생각한다.

다중 경로 처리하기

라우터에서 다중 경로를 만들어 여러 요청을 처리하도록 만들 수 있다. 예를 들어 고객 목록을 조회하는 새 경로를 만들어 보자.

```
package com.microservices.chapter4

import org.springframework.context.annotation.Bean
import org.springframework.stereotype.Component
```

```
import org.springframework.web.reactive.function.server.router

@Component
class CustomerRouter(private val customerHandler: CustomerHandler) {
  @Bean
  fun customerRoutes() = router {
    "/functional".nest {
      "/customer".nest {
        GET("/{id}", customerHandler::get) }
      "/customers".nest {
        GET("/", customerHandler::get)
      }
    }
  }
}
```

이제 고객 목록을 얻기 위한 새 라우터를 만들었고, 이것을 처리할 여러 HTTP 동사를 정의하는 것도 가능하다.

```
package com.microservices.chapter4

import org.springframework.context.annotation.Bean
import org.springframework.stereotype.Component
import org.springframework.web.reactive.function.server.router

@Component
class CustomerRouter(private val customerHandler: CustomerHandler) {
  @Bean
  fun customerRoutes() = router {
    "/functional".nest {
      "/customer".nest {
        GET("/{id}", customerHandler::get)
        POST("/", customerHandler::get)
      }
      "/customers".nest {
        GET("/", customerHandler::get)
      }
```

```
      }
    }
}
```

기존 핸들러를 호출했지만, 새 핸들러를 만들어야만 한다. 그 전에 우리 애플리케이션에 있는 레이어^{Layer}를 이야기해보자. 새로운 것을 만들기 전에 레이어를 알아 두어야 한다.

- **라우터**^{Router} : 리액티브 서비스가 응답하는 경로와 메소드를 처리
- **핸들러**^{Handler} : 구체적인 요청을 응답으로 변환하는 로직을 수행
- **서비스**^{Service} : 도메인의 비즈니스 로직을 캡슐화

이런 별도의 레이어가 있으면 새 기능을 추가할 필요가 있는 곳을 변경할 때 도움이 된다. 라우터는 다른 기능을 위해 동일한 핸들러를 호출할 수 있으며, 핸들러는 여러 서비스를 결합할 수 있다. 한 레이어를 변경해도 다른 레이어에 영향을 주지 않을 것이다. 예를 들어, 서비스에서 도메인 로직을 변경하더라도 라우터 또는 핸들러를 변경할 필요가 없다.

 마이크로서비스 아키텍처에서 커플링(coupling)을 방지해야 하는것과 마찬가지로 레이어를 만들 때도 커플링을 피해야 한다. 마이크로서비스를 만들 때 이런 레이어와의 상호 작용 방식을 생각하자. 단일 책임 원칙(Single Responsibility Principle)을 적용하는 것을 잊지 마라. 하나의 레이어의 변화에는 오직 한 가지 이유만 있어야 한다.

쿼리 매개 변수 사용하기

/customers 경로를 변경해, RESTful API 예제에서 했던 방식과 동일하게 고객을 검색하도록 바꿀 것이다.

먼저 검색을 위해 CustomerHandler 클래스에 새 핸들러를 만들어야 한다.

```
package com.microservices.chapter4

import org.springframework.http.HttpStatus
import org.springframework.stereotype.Component
import org.springframework.web.reactive.function.BodyInserters.fromObject
import org.springframework.web.reactive.function.server.ServerRequest
import org.springframework.web.reactive.function.server.ServerResponse.ok
import org.springframework.web.reactive.function.server.ServerResponse.status

@Component
class CustomerHandler(val customerService: CustomerService) {
  fun get(serverRequest: ServerRequest) =
      customerService.getCustomer(serverRequest.pathVariable("id").toInt())
          .flatMap { ok().body(fromObject(it)) }
          .switchIfEmpty(status(HttpStatus.NOT_FOUND).build())

  fun search(serverRequest: ServerRequest) =
      ok().body(customerService.searchCustomers(""), Customer::class.java)
}
```

서비스를 호출하면 Customer 객체의 플럭스가 반환되므로, body에 추가할 이 약속된 값을 게시자는 200 OK HTTP 상태와 Mono<ServerResponse>를 생성해 body에 추가한다.

이제, 새 핸들러를 호출하기 위해 CustomerRouter를 변경해보자.

```
package com.microservices.chapter4

import org.springframework.context.annotation.Bean
import org.springframework.stereotype.Component
import org.springframework.web.reactive.function.server.router

@Component
class CustomerRouter(private val customerHandler: CustomerHandler) {
  @Bean
```

```kotlin
fun customerRoutes() = router {
  "/functional".nest {
    "/customer".nest {
      GET("/{id}", customerHandler::get)
      POST("/", customerHandler::get)
    }
    "/customers".nest {
      GET("/", customerHandler::search)
    }
  }
}
```

이제 http://localhost:8080/functional/customers를 호출하면 고객 목록이 표시돼야
한다.

```json
[
    {
        "id": 1,
        "name": "Kotlin"
    },
    {
        "id": 2,
        "name": "Spring"
    },
    {
        "id": 3,
        "name": "Microservice",
        "telephone": {
            "countryCode": "+44",
            "telephoneNumber": "7123456789"
        }
    }
]
```

라우터는 서비스를 호출할 핸들러에게 요청을 보낼 것이다. 이 서비스는 이전과 마찬가지로 응답의 body에 들어갈 고객의 플럭스를 반환할 것이다.

이제 쿼리 매개 변수만 처리하면 된다. 쿼리 매개 변수는 ServerRequest 객체의 queryParam 메소드를 통해 사용할 수 있지만, 이 메소드는 매개 변수가 있든 없든 간에 요청에 대한 검색을 하기 때문에 옵셔널(Optional) 객체를 반환한다.

 옵셔널(Optional) 클래스는 자바 8에서 소개됐다. 이 클래스를 사용하면 객체를 캡슐화할 수 있으며, Mono.empty와 매우 유사한 absent 객체로 명명된 유효한 객체가 없다는 개념을 처리한다. 이 객체의 장점 중 하나는 null 객체를 처리할 필요가 없다는 것이다. 코틀린 널 안정성(null-safety)과 같은 해법을 위한 다른 접근 방법이다.

마지막으로, 옵셔널 값을 사용하도록 검색 함수를 수정해보자.

```
package com.microservices.chapter4

import org.springframework.http.HttpStatus
import org.springframework.stereotype.Component
import org.springframework.web.reactive.function.BodyInserters.fromObject
import org.springframework.web.reactive.function.server.ServerRequest
import org.springframework.web.reactive.function.server.ServerResponse.ok
import org.springframework.web.reactive.function.server.ServerResponse.status

@Component
class CustomerHandler(val customerService: CustomerService) {
  fun get(serverRequest: ServerRequest) =
      customerService.getCustomer(serverRequest.pathVariable("id").toInt())
          .flatMap{ ok().body(fromObject(it)) }
          .switchIfEmpty(status(HttpStatus.NOT_FOUND).build())

  fun search(serverRequest: ServerRequest) =
      ok().body(customerService.searchCustomers(serverRequest.
queryParam("nameFilter")
```

```
        .orElse("")), Customer::class.java)
}
```

이제 요청에서 nameFilter 쿼리 매개 변수를 가져온다. 없는 경우 서버에 빈 문자열을 보
낸다. 서비스는 receive 매개 변수에 의해 필터링되므로, 빈 문자열을 보내면 모든 고객
이 반환된다. 고객 URL인 http://localhost:8080/functional/customers?nameFilter
=in을 요청하면 다음과 같은 출력을 얻어야 한다.

```
[
    {
        "id": 1,
        "name": "Kotlin"
    },
    {
        "id": 2,
        "name": "Spring"
    }
]
```

JSON 본문 처리하기

다른 메소드를 구현해야 할 경우 요청 본문의 JSON을 처리할 수 있어야 한다. 이를 명확
하게 보여주는 예가 고객을 만드는 것이다. RESTful API의 예제와 같이 /customer 경로
에서 POST HTTP 요청을 받으면 이 작업이 수행된다.

먼저, CustomerHandler 클래스를 수정해 새 create 메소드를 만든다.

```
package com.microservices.chapter4

import org.springframework.http.HttpStatus
import org.springframework.stereotype.Component
```

```
import org.springframework.web.reactive.function.BodyInserters.fromObject
import org.springframework.web.reactive.function.server.ServerRequest
import org.springframework.web.reactive.function.server.ServerResponse.ok
import org.springframework.web.reactive.function.server.ServerResponse.status
import org.springframework.web.reactive.function.server.bodyToMono

@Component
class CustomerHandler(val customerService: CustomerService) {
  fun get(serverRequest: ServerRequest) =
      customerService.getCustomer(serverRequest.pathVariable("id").toInt())
          .flatMap { ok().body(fromObject(it)) }
          .switchIfEmpty(status(HttpStatus.NOT_FOUND).build())

  fun search(serverRequest: ServerRequest) =
ok().body(customerService.searchCustomers(serverRequest.queryParam("nameFilter")
          .orElse("")), Customer::class.java)

  fun create(serverRequest: ServerRequest) =
      customerService.createCustomer(serverRequest.bodyToMono()).flatMap {
        status(HttpStatus.CREATED).body(fromObject(it))
      }
}
```

이 새 메소드는 요청 본문에서 Mono를 만들 수 있도록 코틀린 수정^{kotlin-rectified} 함수로 제공하는 ServerRequest 클래스의 bodyToMono 함수를 사용해 Mono<customer>를 만든다. 앞에서 했던 것처럼 새로운 ServerResponse를 만들 때 사용할 수 있다.

이제 새 메소드를 사용하려면 CustomerRouter 클래스를 수정해야 한다.

```
package com.microservices.chapter4

import org.springframework.context.annotation.Bean
import org.springframework.stereotype.Component
import org.springframework.web.reactive.function.server.router

@Component
```

```
class CustomerRouter(private val customerHandler: CustomerHandler) {
  @Bean
  fun customerRoutes() = router {
    "/functional".nest {
      "/customer".nest {
        GET("/{id}", customerHandler::get)
        POST("/", customerHandler::create)
      }
      "/customers".nest {
        GET("/", customerHandler::search)
      }
    }
  }
}
```

cURL 요청을 사용해 새 경로를 테스트할 수 있다.

```
curl -X POST \
  http://localhost:8080/functional/customer/ \
  -H 'content-type: application/json' \
  -d '{
    "id": 18,
    "name": "New Customer",
    "telephone": {
      "countryCode": "+44",
      "telephoneNumber": "7123456789"
    }
  }'
```

마지막으로 http://localhost:8080/functional/customers를 요청하면 201 CREATED HTTP 상태와 새롭게 생성된 고객이 보여야 한다.

```
[
    {
        "id": 1,
        "name": "Kotlin"
    },
    {
        "id": 2,
        "name": "Spring"
    },
    {
        "id": 18,
        "name": "New Customer",
        "telephone": {
            "countryCode": "+44",
            "telephoneNumber": "7123456789"
        }
    },
    {
        "id": 3,
        "name": "Microservice",
        "telephone": {
            "countryCode": "+44",
            "telephoneNumber": "7123456789"
        }
    }
]
```

하지만 ServerResponse의 created( ) 메소드 대신 status( ) 메소드를 사용하는 이유는
무엇일까?

created( )는 201 CREATED HTTP 상태를 사용하려면 방금 만든 리소스의 URL을 필요
로 하기 때문이다.

이렇게 변경하려면 새로 생성되는 고객을 반환하도록 CustomerService.createCustomer
메소드를 수정할 필요가 있다.

먼저 CustomerService 인터페이스 createCustomer 메소드의 시그니처^{Signature3}를 변경하자.

```
package com.microservices.chapter4

import reactor.core.publisher.Flux
import reactor.core.publisher.Mono

interface CustomerService {
  fun getCustomer(id: Int) : Mono<Customer>
  fun searchCustomers(nameFilter: String): Flux<Customer>
  fun createCustomer(customerMono: Mono<Customer>) : Mono<Customer>
}
```

그런 다음 구현을 수정해 생성된 객체를 반환한다.

```
package com.microservices.chapter4

import com.microservices.chapter4.Customer.Telephone
import org.springframework.stereotype.Component
import reactor.core.publisher.Mono
import reactor.core.publisher.toFlux
import reactor.core.publisher.toMono
import java.util.concurrent.ConcurrentHashMap

@Component
class CustomerServiceImpl : CustomerService {
  companion object {
    val initialCustomers = arrayOf(Customer(1, "Kotlin"),
        Customer(2, "Spring"),
        Customer(3, "Microservice", Telephone("+44", "7123456789")))
  }

  val customers = ConcurrentHashMap<Int,
```

---

3 메소드 시그니처란 함수 또는 메소드의 입출력을 정의한다. – 옮긴이

```
Customer>(initialCustomers.associateBy(Customer::id))

  override fun getCustomer(id: Int) = customers[id]?.toMono() ?: Mono.empty()

  override fun searchCustomers(nameFilter: String) = customers.filter {
    it.value.name.contains(nameFilter, true)
  }.map(Map.Entry<Int, Customer>::value).toFlux()

  override fun createCustomer(customerMono: Mono<Customer>) =
    customerMono.map {
    customers[it.id] = it
    it
  }
}
```

마지막으로 생성된 리소스의 위치를 반환하도록 핸들러를 수정할 수 있다.

```
package com.microservices.chapter4

import org.springframework.http.HttpStatus
import org.springframework.stereotype.Component
import org.springframework.web.reactive.function.BodyInserters.fromObject
import org.springframework.web.reactive.function.server.ServerRequest
import org.springframework.web.reactive.function.server.ServerResponse.*
import org.springframework.web.reactive.function.server.bodyToMono
import java.net.URI

@Component
class CustomerHandler(val customerService: CustomerService) {
  fun get(serverRequest: ServerRequest) =
    customerService.getCustomer(serverRequest.pathVariable("id").toInt())
      .flatMap { ok().body(fromObject(it)) }
      .switchIfEmpty(status(HttpStatus.NOT_FOUND).build())

  fun search(serverRequest: ServerRequest) =
ok().body(customerService.searchCustomers(serverRequest.queryParam ("nameFilter")
      .orElse("")), Customer::class.java)
```

```
fun create(serverRequest: ServerRequest) =
    customerService.createCustomer(serverRequest.bodyToMono()).flatMap {
        created(URI.create("/functional/customer/${it.id}")).build()
    }
}
```

이전과 같이 호출하면 201 CREATED HTTP 응답과 빈 본문 결과를 함께 받겠지만, 생성된 리소스의 위치인 /functional/customer/18을 헤더로 받는다.[4]

▍리액티브 오류 처리하기

앞서 살펴본 것처럼 모든 마이크로서비스는 실패를 감안해 구축돼야 한다. 그래서 리액티브 마이크로서비스를 만들 때 어떤 오류도 정상적으로 처리할 수 한다. 리액터 프레임워크는 이런 오류를 처리하기 위한 메커니즘을 제공한다. 이번 절에서는 리액티브 마이크로서비스가 오류를 처리하는 데 있어 넌리액티브 마이크로서비스만큼 훌륭하게 처리하는 방법을 배운다.

핸들러에서 오류 캡처하기

핸들러를 만들 때 오류가 발생할 수 있으며 이런 오류는 리액티브 게시자 onErrorResume에서 특별한 방법으로 처리할 수 있다. CustomerHandler 클래스의 create 메소드를 수정해 동작 방식을 알아보자.

---

4 cURL 요청 시 −v 옵션을 사용하면 request / response header 정보를 같이 볼 수 있다. – 옮긴이

```
package com.microservices.chapter4

import org.springframework.http.HttpStatus
import org.springframework.stereotype.Component
import org.springframework.web.reactive.function.BodyInserters.fromObject
import org.springframework.web.reactive.function.server.ServerRequest
import org.springframework.web.reactive.function.server.ServerResponse.*
import org.springframework.web.reactive.function.server.bodyToMono
import reactor.core.publisher.onErrorResume
import java.net.URI

@Component
class CustomerHandler(val customerService: CustomerService) {
  fun get(serverRequest: ServerRequest) =
      customerService.getCustomer(serverRequest.pathVariable("id").toInt())
          .flatMap { ok().body(fromObject(it)) }
          .switchIfEmpty(status(HttpStatus.NOT_FOUND).build())

  fun search(serverRequest: ServerRequest) =
ok().body(customerService.searchCustomers(serverRequest.queryParam("nameFilter")
          .orElse("")), Customer::class.java)

  fun create(serverRequest: ServerRequest) =
      customerService.createCustomer(serverRequest.bodyToMono()).flatMap {
        created(URI.create("/functional/customer/${it.id}")).build()
      }.onErrorResume(Exception::class) {
        badRequest().body(fromObject("error"))
      }
}
```

onErrorResume을 사용해 오류가 발생하면 해당 오류를 처리할 수 있다는 것을 모든 리액
티브 게시자에게 알릴 수 있다. 400 BAD REQUEST Http 상태와 간단한 응답을 주는 람다
를 만들었다.

이를 테스트하려면 cURL을 사용해 다음 JSON 요청을 수행할 수 있다.

```
curl -X POST \
  http://localhost:8080/functional/customer/ \
  -H 'content-type: application/json' \
  -d '{
  "id": 18,
  "name": "New Customer",
  "telephone": {
    "countryCode": "+44",
    "telephoneNumber": "7123456789"
  }
}
bad json'
```

이 요청은 **400 BAD REQUEST** HTTP 상태와 다음과 같은 텍스트를 생성한다.

```
error
```

RESTful API 예제와 같이 간단한 JSON 응답을 만드는 새 **ErrorResponse** 클래스를 만들 수 있다.[5]

```
package com.microservices.chapter4

data class ErrorResponse(val error: String, val message: String)
```

---

5 새 코틀린 클래스 파일인 ErrorResponse.kt를 만든다. – 옮긴이

04장 리액티브 마이크로서비스 만들기 | 227

이제 오류 시 응답을 적용할 수 있다.

```
package com.microservices.chapter4

import org.springframework.http.HttpStatus
import org.springframework.stereotype.Component
import org.springframework.web.reactive.function.BodyInserters.fromObject
import org.springframework.web.reactive.function.server.ServerRequest
import org.springframework.web.reactive.function.server.ServerResponse.*
import org.springframework.web.reactive.function.server.bodyToMono
import reactor.core.publisher.onErrorResume
import java.net.URI

@Component
class CustomerHandler(val customerService: CustomerService) {
  fun get(serverRequest: ServerRequest) =
      customerService.getCustomer(serverRequest.pathVariable("id").toInt())
          .flatMap { ok().body(fromObject(it)) }
          .switchIfEmpty(status(HttpStatus.NOT_FOUND).build())

  fun search(serverRequest: ServerRequest) =
ok().body(customerService.searchCustomers(serverRequest.queryParam("nameFilter")
          .orElse("")), Customer::class.java)

  fun create(serverRequest: ServerRequest) =
      customerService.createCustomer(serverRequest.bodyToMono()).flatMap {
        created(URI.create("/functional/customer/${it.id}")).build()
    }.onErrorResume(Exception::class) {
      badRequest().body(fromObject(ErrorResponse("error creating customer",
        it.message ?: "error")))
    }
}
```

다시 cURL 요청을 하면 다음과 같이 표시돼야 한다.

```json
{
    "error": "error creating customer",
    "message": "JSON decoding error: Unexpected character ('b' (code 98)):
expected a valid value (number, String, array, object, 'true', 'false' or
'null'); nested exception is com.fasterxml.jackson.core.JsonParseException:
Unexpected character ('b' (code 98)): expected a valid value (number, String,
array, object, 'true', 'false' or 'null')\n at [Source: UNKNOWN;line: 9,
column: 2]"
}
```

 onErroEresume 메소드는 리액티브 게시자에서 사용할 수 있으므로 CustomerService 및 애플리케이션의 다른 레이어에서도 사용할 수 있다. 핸들러가 오류를 일으키지 않도록 한다.

오류 게시

오류를 어떻게 처리하는지 알게 됐지만, 가끔씩 오류를 만들어야 할 때도 있다. 예를 들어 이미 생성된 고객을 또다시 만들려고 하면 오류를 만들어야 한다.

이를 위해 간단한 Exception 클래스인 CustomerExistException을 만든다.[6]

```kotlin
package com.microservices.chapter4

class CustomerExistException(override val message: String) : Exception(message)
```

이제 CustomerServiceImpl 클래스에서 새 예외를 사용하도록 create 메소드를 수정할 수 있다.

---

6 새 코틀린 클래스 파일인 CustomerExistException.kt를 만든다. – 옮긴이

```kotlin
package com.microservices.chapter4

import com.microservices.chapter4.Customer.Telephone
import org.springframework.stereotype.Component
import reactor.core.publisher.Mono
import reactor.core.publisher.toFlux
import reactor.core.publisher.toMono
import java.util.concurrent.ConcurrentHashMap

@Component
class CustomerServiceImpl : CustomerService {
  companion object {
    val initialCustomers = arrayOf(Customer(1, "Kotlin"),
        Customer(2, "Spring"),
        Customer(3, "Microservice", Telephone("+44", "7123456789")))
  }

  val customers = ConcurrentHashMap<Int,
Customer>(initialCustomers.associateBy(Customer::id))

  override fun getCustomer(id: Int) = customers[id]?.toMono() ?: Mono.empty()

  override fun searchCustomers(nameFilter: String) = customers.filter {
    it.value.name.contains(nameFilter, true)
  }.map(Map.Entry<Int, Customer>::value).toFlux()

  override fun createCustomer(customerMono: Mono<Customer>) =
      customerMono.flatMap {
        if (customers[it.id] == null) {
          customers[it.id] = it
          it.toMono()
        } else {
          Mono.error(CustomerExistException("Customer ${it.id} already exist"))
        }
      }
}
```

이런 경우, 먼저 고객이 존재하는지 확인해야 하고, 존재하지 않을 경우 저장하고 Mono로 반환할 것이다. 그렇지 않은 경우 Mono.error를 만든다. Mono.empty가 값이 없는 Mono를 생성하는 것과 같은 방식으로, Mono.error는 오류를 포함하는 Mono를 생성한다.

이제 다음과 같은 cURL 요청을 두 번 보내보자.

```
curl -X POST \
  http://localhost:8080/functional/customer/ \
  -H 'content-type: application/json' \
  -d '{
  "id": 18,
  "name": "New Customer",
  "telephone": {
  "countryCode": "+44",
  "telephoneNumber": "7123456789"
  }
}
'
```

두 번째 요청 시 **400 BAD REQUEST** 응답과 함께 다음의 결과가 표시돼야 한다.

```
{
    "error": "error creating customer",
    "message": "Customer 18 already exist"
}
```

이제 리액티브 서비스에서 오류를 효과적으로 처리할 준비가 됐다.

▎ 정리

이 장에서는 높은 품질의 넌블로킹 IO 마이크로서비스를 만들기 위해 리액티브 마이크로 서비스를 만드는 방법을 살펴봤다. 리액티브 프로그래밍 모델과 게시자 및 구독 패턴에 대한 더 많은 개념을 배웠다. 이제, 리액티브 마이크로서비스를 만들 때 전통적인 애노테 이션 기반 모델과 새로운 함수 스타일 모델의 두 가지 프로그래밍 모델을 가지게 됐다. 마 지막으로 오류를 처리해 오류를 해결하는 방법을 배웠다.

모든 리액티브 시스템은 사용하는 백엔드만큼 반응적이다. 마이크로서비스가, 예를 들어 데이터베이스에서 데이터를 조회할 때, 리액티브 마이크로서비스의 모든 기능을 계속 유 지하면서 이를 반응적으로 처리할 수 있다.

5장에서는 리액티브 마이크로서비스를 생성할 때 몽고DB를 어떻게 리액티브하게 사용할 수 있는지 배운다. 스프링 데이터Spring Data를 사용해 데이터베이스에 리액티브 작업을 수 행하는 방법과 몽고DB를 애플리케이션에서 얼마나 쉽게 사용하고 구성할 수 있는지 배우 게 될 것이다. 그러고 나서 CRUD 리포지토리가 있는 RESTful API를 만들어 NoSQL 데 이터베이스와 완벽하게 통합되고 신속한 넌블로킹 리액티브 마이크로서비스를 생성한다.

05

리액티브 스프링 데이터

4장에서 넌블로킹 리액티브 마이크로서비스를 생성하는 방법을 배웠다. 그러나 마이크로서비스가 블로킹 오퍼레이션을 사용해 데이터를 쿼리해야 하는 경우 리액티브 프로그래밍의 이점을 잃게 된다. 스프링 프레임워크 5와 스프링 데이터는 대부분의 최신 데이터베이스를 위한 리액티브 기능을 제공한다.

 1장. '마이크로서비스의 이해'의 '리액티브 마이크로서비스' 절에서 리액티브 프로그램의 주요 개념을 살펴봤다. 이 절을 살펴보면 새로운 리액티브 프로그래밍 모델의 더 자세한 정보를 얻을 수 있다.

이 장에서는 스프링 데이터를 사용해 데이터베이스에 리액티브 작업을 수행하는 방법을 배운다. 먼저, NoSQL 데이터베이스인 몽고DB를 애플리케이션에서 사용하고 구성하는 방법을 배운다. 그런 다음 이전에 작성한 예제를 사용해 RESTful API에 CRUD 저장소를 쉽게 연결할 수 있는 방법을 살펴본다. 이런 과정들을 통해 NoSQL 데이터베이스와 완벽하게 통합된 신속한 넌블로킹 리액티브 마이크로서비스를 제공할 준비를 한다.

5장에서 다루는 내용은 다음과 같다.

- NoSQL
- 몽고DB
- 스프링 데이터
- ReactiveCrudRepository
- ReactiveMongoOperations
- ReactiveMongoTemplate

▌ NoSQL 데이터베이스

SQL 데이터베이스는 수많은 애플리케이션에서 사용되는 가장 일반적인 데이터베이스 모델이므로 익숙할 것이다. NoSQL 데이터베이스는 그 역량으로 인해 업계에서 널리 사용되고 있으며 마이크로서비스에 쉽게 통합될 수 있다. 이번 절에서는 몽고DB를 마이크로서비스에서 요구하는 데이터의 저장소로 사용할 수 있는 방법을 배운다.

SQL 데이터베이스란

NoSQL 데이터베이스가 무엇인지 이해하려면 먼저 SQL 데이터베이스가 무엇인지 이해해야 한다. SQL 데이터베이스에서 데이터는 테이블 형식으로 구성된다. 데이터베이스의 컬렉션을 표현하는 테이블을 여러 개 가지고 있으며, 각각의 테이블에는 이들을 정의하는 칼럼 세트가 있다. 칼럼은 저장할 수 있는 데이터의 종류와 같은 속성을 가질 수 있다.

각 테이블에는 각 컬렉션의 항목을 나타내는 행이 있다. 테이블에는 인덱스 또는 키와 같은 속성이 있어서 테이블에서 특정 요소를 검색하거나 가리킬 수 있다. 마지막으로, 테이블은 다른 테이블의 요소들을 연결하는 관계relationship를 가질 수 있다.

모든 테이블, 칼럼, 관계는 데이터 모델의 견고하고 엄격한 정의인 데이터베이스 스키마를 나타낸다. 다음은 고객과 전화 번호를 나타내는 전통적인 테이블의 몇 가지 예다. 다음은 Customer 테이블이다.

ID	NAME
1	spring
2	reactive
3	data

다음은 Customer_Telephone 테이블이다.

CUSTOMER_ID	TELEPHONE
2	+447123987654
3	+447123456789

SQL 데이터베이스의 주요 문제점 중 하나는 확장성이며, 이는 이런 관계나 스키마를 쉽게 분리할 수 없기 때문이다. 예를 들어 앞의 테이블에서 Customer 테이블을 분할해야 하는 경우 Customer_Telephone 테이블도 연관성에 따라 분할해야 할 수도 있다.

예를 들어 고객 2와 3은 전화번호를 가지고 있지만 고객 1은 전화번호가 없다. 각 고객의 데이터를 다른 데이터베이스로 이동해야 하는 경우 고객 2, 3과 전화번호를 함께 이동해야 하므로 두 테이블 모두 같은 데이터베이스로 이동해야 한다. 데이터베이스에 더 많은 테이블, 관계, 종속성이 있는 경우 기하급수적으로 복잡해진다.

NoSQL 데이터베이스란

NoSQL 데이터베이스에서는 정보를 테이블 형태로 표현하는 대신 다른 방식으로 배열한다. 전체적인 컨셉은 데이터가 자유롭게 변경될 수 있는 느슨한 스키마를 갖는 것이다.

NoSQL 데이터베이스에서 데이터를 정렬하는 다양한 방법이 있지만 문서 기반^{document-based}이 가장 일반적인 방법이다. 이를 이해하기 위해 몽고DB 같은 문서 지향 데이터베이스에서 고객 컬렉션의 예를 살펴보겠다.

```
{
    "_id" : 1,
    "name" : "spring"
},
{
    "_id" : 2,
    "name" : "data"
},
{
    "_id" : 3,
    "name" : "reactive",
    "telephone" : "+447123456789"
}
```

컬렉션의 각 요소는 값을 갖는 여러 객체를 포함하는 자유로운 형태의 데이터 집합이며 각 객체는 필요에 따라 복잡한 구조를 가질 수 있다. 예를 들어, 다음과 같은 컬렉션을 가질 수 있다.

```
{
    "_id" : 3,
    "name" : "reactive", "telephone" :
    "+447123456789", "address" : [
      { "home" : "123 super street" } ,
      { "work" : "347 normal street" }
```

```
    ]
}
```

이 경우 데이터 분할은 더 이상 복잡한 문제가 아니지만 데이터 검색의 효율성을 높일 필
요가 있다. 하지만 서로 다른 데이터 집합 간에 관계를 유지하는 것과 같은 메커니즘을 구
현하는 것은 쉬운 일이 아니다.

 TIP NoSQL 데이터베이스는 훌륭하지만, 그렇다고 해서 모든 문제에 최상의 솔루션이라고 할 수
는 없다. 어떤 경우에는 전통적인 데이터베이스가 작업에 더 맞을 수 있다. 무언가를 선택하
기 전에 각각의 특성이 무엇이고 필요한 것이 무엇인지 이해하도록 노력하자. 그리고 다음을
항상 기억하라. 한 가지 솔루션이 모든 상황에 맞지는 않는다.

몽고DB 설치

나머지 예제에서 몽고DB 커뮤니티 서버가 필요하므로 설치를 시작한다. 먼저 https://
www.mongodb.com/download-center/community를 방문해 운영체제에 맞는 버전
을 다운로드해야 한다. 윈도우, 리눅스, MacOS에서 사용할 수 있다. bin 폴더 아래에 있
는 두 개의 프로그램을 원하는 위치에 설치할 수 있다.

- mongod: 데이터베이스 서버
- mongo: 클라이언트

데이터베이스 서버 시작

먼저, 데이터를 저장하는 데 사용할 디렉토리를 생성한다. 몽고의 bin 디렉토리 아래에서
다음 명령을 실행한다.

```
mkdir data
```

이제 다음 명령으로 데이터베이스를 시작할 수 있다.

```
mongod -dbpath data
```

이렇게 하면 몇 줄의 로그가 출력될 것이고 결국에는 다음과 같이 보일 것이다.

```
I NETWORK  [thread1] waiting for connections on port 27017
```

이 서버는 Ctrl + C를 누를 때까지 실행되며, 지금은 그대로 둔다.

Mongo 클라이언트와 연결

다른 터미널 창을 열고 동일한 몽고의 bin 디렉토리에서 다음을 실행한다.

```
mongo
```

몇 초 후에 다음과 같이 나타난다.

```
I CONTROL [initandlisten]
>
```

이는 명령줄 인터페이스CLI이다. 이제 명령어와 Enter를 입력하면 된다. 예를 들어 db.version() 명령을 실행하면 다음과 같이 나타날 것이다.

```
> db.version()
3.4.9
```

exit 명령을 사용해 데이터베이스의 연결을 끊고 클라이언트를 종료할 수 있다.

```
> exit
bye
```

 다른 명령을 참고하려면 help 명령을 사용하거나 더 자세한 사항은 몽고DB 문서(https://docs.mongodb.com/manual/)를 참고한다. 몽고DB는 https://university.mongodb.com에서 무료 코스 및 자격증 코스를 제공한다.

데이터베이스 생성

이제 여러 데이터베이스를 처리할 수 있는 몽고DB 서버를 설치했으니, 예제를 위한 데이터베이스가 생성된다.

먼저 show dbs 명령을 사용해 어떤 데이터베이스가 있는지 알아보겠다.

```
> show dbs
admin 0.000GB
local 0.000GB
```

기본적으로 서버에는 admin 데이터베이스와 local 데이터베이스라는 두 개의 데이터베이스가 있다. 다음은 Mongo가 작동하는 데 필요한 시스템 데이터베이스다.

- admin database: 다양한 보안과 관리 정보를 저장한다.
- local database: 몽고DB 서버의 해당 인스턴스에 필요한 데이터를 저장한다.

위 두 개의 데이터베이스는 삭제할 수 없으며, 우리가 사용할 데이터베이스를 만들어야 한다. 먼저 use 명령을 사용해 다른 데이터베이스를 사용할 것임을 클라이언트에 알린다.

```
> use microservices
switched to db microservices
```

지금 클라이언트를 닫으면 데이터베이스가 생성되지 않는다. 몽고DB는 데이터베이스에 데이터를 삽입하기 전까지 데이터베이스를 생성하지 않는다. show dbs 명령을 사용해 아직 생성되지 않았음을 확인할 수 있다.

이제 이 데이터베이스에 db.createCollection 명령을 사용해 컬렉션을 생성할 수 있다.

```
> db.createCollection("Customers")
{ "ok" : 1 }
```

이렇게 하면 문서를 추가하는 데 사용할 수 있는 컬렉션이 만들어진다.

 이제 데이터베이스가 존재하기 때문에 show dbs 명령을 사용해 데이터베이스를 볼 수 있지만 데이터를 추가하기 전까지는 db.createCollection 명령으로도 실제 컬렉션을 만들지는 않는다. show collections 명령을 사용하면 아직 결과가 표시되지 않는 것을 확인할 수 있다.

insert 명령을 사용해 고객 컬렉션에 고객 한 명을 추가한다.

```
> db.Customers.insertOne( { "name" : "spring" } )
WriteResult({ "nInserted" : 1 })
```

하나의 명령에 두 명의 고객을 추가할 수도 있다.

```
> db.Customers.insertMany( [ { "name" : "reactive" }, { "name" :
"microservices" } ] )
BulkWriteResult({
        "writeErrors" : [ ],
        "writeConcernErrors" : [ ],
        "nInserted" : 2,
```

```
            "nUpserted" : 0,
            "nMatched" : 0,
            "nModified" : 0,
            "nRemoved" : 0,
            "upserted" : [ ]
})
```

이제 데이터베이스에 데이터가 포함된 컬렉션이 있으므로, 사용할 수 있는 다른 명령을
살펴보자.

명령 사용

find 명령을 사용해 데이터를 확인할 수 있다.

```
> db.Customers.find()
{ "_id" : ObjectId("59d6adc1ad712390e783617e"), "name" : "spring" }
{ "_id" : ObjectId("59d6adcead712390e783617f"), "name" : "reactive" }
{ "_id" : ObjectId("59d6adcead712390e7836180"), "name" : "microservices" }
```

 생성된 모든 문서에는 _id 속성이 포함돼 있다. 이는 우리가 컬렉션에 데이터를 삽입할 때
id를 제공하지 않았기 때문에 몽고DB가 자동 생성했다.

이제 update 명령을 사용해 컬렉션에 문서 하나를 업데이트할 수 있다.

```
> db.Customers.update({ "_id" : ObjectId("59d6adc1ad712390e783617e")} ,
{"name" : "super spring"})
WriteResult({ "nMatched" : 1, "nUpserted" : 0, "nModified" : 1 })
```

또는 remove 명령을 사용해 문서 하나를 삭제할 수 있다.

```
> db.Customers.remove({ "_id" : ObjectId("59d6adcead712390e783617f")})
WriteResult({ "nRemoved" : 1 })
```

이제 find 명령을 다시 실행해 결과를 확인할 수 있다.

```
> db.Customers.find()
{ "_id" : ObjectId("59d6adc1ad712390e783617e"), "name" : "super spring" }
{ "_id" : ObjectId("59d6adcead712390e7836180"), "name" : "microservices"
```

update, remove, find에서 첫 번째 매개 변수를 사용해 다음과 같이 하나 이상의 결과를 필터링하거나 찾을 수 있다.

```
> db.Customers.find( { "name" : "super spring"} )
{ "_id" : ObjectId("59d6adc1ad712390e783617e"), "name" : "super spring" }
```

 몽고DB의 컬렉션 이름은 대소문자를 구별한다. db.Customers.find ( )와 db.customers.find ( )는 각각 다른 컬렉션인 Customers와 customers에 작동한다. 여기에 설명된 명령이 작동하지 않으면 컬렉션의 대소문자를 확인하자.

몽고DB를 사용하면 다음과 같은 정규식을 사용해 문서를 찾을 수 있다.

```
> db.Customers.find({"name" : /.*spring.*/i})
{ "_id" : ObjectId("59d6adc1ad712390e783617e"), "name" : "super spring" }
```

대소문자를 무시하고 이름에 spring이 포함된 고객을 나열한다.

TIP 컬렉션에 사용할 수 있는 명령은 수십 개가 있다. 클라이언트에서 db.Customers.help( )를 입력해 목록을 표시하거나 https://docs.mongodb.com/getting-started/shell/에 있는 몽고DB 매뉴얼을 볼 수 있다.

이제 데이터를 저장하는 데 사용할 수 있는 데이터베이스가 생겼으므로 스프링 데이터를 사용해 스프링 마이크로서비스에서 어떻게 활용할 수 있는지 살펴보겠다.

스프링 데이터 사용

스프링 데이터는 데이터 액세스를 위한 친숙하고 일관된 스프링 기반 프로그래밍 모델을 제공한다. NoSQL과 SQL 데이터베이스를 비롯한 데이터 액세스 기술을 쉽게 사용할 수 있다. 스프링 프레임워크 5부터, 스프링 데이터는 리액터 프레임워크를 기반으로 리액티브 기능을 제공한다.

4장. '리액티브 마이크로서비스 만들기'에서 리액터 프레임워크를 사용하는 방법을 배웠다. 이 장을 제대로 이해하기 위해 다시 복습할 것을 권한다.

현재 스프링 데이터의 리액티브 구현은 NoSQL 데이터베이스만 지원하며 몽고DB, 카산드라Cassandra, 레디스Redis 중에서 선택할 수 있다. 이번 절에서는 스프링 데이터를 사용해 몽고DB 서버에 연결하는 프로젝트의 설정 방법을 배운다.[1]

---

1 번역을 하는 시점에는 카우치베이스(Couchbase), 하둡(Hadoop), 일래스틱서치(Elasticsearch) 등이 추가됐다. - 옮긴이

프로젝트 설정

프로젝트를 설정하기 위해 스프링 이니셜라이저^{Spring Initializr}를 사용할 것이므로 https://start.spring.io/을 방문한다.

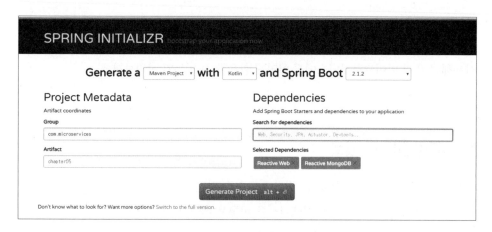

스프링 이니셜라이저에서 프로젝트를 설정하기

Maven Project를 Kotlin과 Spring boot 2.1.2을 사용해 생성한다. Group을 com.microservices로, Artifact를 chapter5로 선택한다. Dependencies에는 Reactive Web과 Reactive MongoDB를 설정한다.

이제 Generate Project를 클릭해 zip 파일을 다운로드할 수 있다. 압축을 풀고 인텔리제이 IDEA에서 열어 프로젝트 작업을 시작할 수 있다.

잠시 뒤 프로젝트가 준비될 것이고, 메이븐 창을 열면 다양한 라이프사이클 단계, 메이븐 플러그인 및 목표를 볼 수 있다.

 2장. '스프링 부트 2.0 시작하기'에서 스프링 이니셜라이저, 메이븐, 인텔리제이 IDEA를 사용하는 방법을 다뤘다. 이번 절에서 다루지 않은 내용은 2장을 참고하라.

마이크로서비스를 실행해보자.

메이븐 창에서 spring-boot 플러그인의 run 목표를 더블클릭하거나 명령줄에서 다음을 실행한다.

```
mvnw spring-boot:run
```

잠시 뒤 다음과 같은 몇 줄의 로그가 보일 것이다.

```
INFO 2712 --- [ main] o.s.b.web.embedded.netty.NettyWebServer : Netty
started on port(s): 8080
INFO 2712 --- [ main] c.e.chapter5.Chapter5ApplicationKt : Started
Chapter5ApplicationKt in 3.018 seconds (JVM running for 6.028)
INFO 2712 --- [localhost:27017] org.mongodb.driver.cluster : Exception in
monitor thread while connecting to server localhost:27017

com.mongodb.MongoSocketOpenException: Exception opening socket
```

마이크로서비스는 실행 중이지만, 몽고DB가 실행되지 않았거나 아직 구성하지 않았기 때문에 몽고DB에 연결할 수 없어서 로그에 예외가 발생했다.

연결 구성

기본적으로 스프링 데이터 몽고DB는 기본 몽고DB 포트인 27017의 localhost 데이터베이스 서버에 연결을 시도한다. 데이터베이스 서버가 실행되지 않았기 때문에 오류가 발생한다. 몽고DB 디렉토리의 bin 폴더로 이동해 다음을 실행한다.

```
mongod -dbpath data
```

data는 앞에서 만든 폴더라는 것을 기억하라. 생성되지 않았다면 몽고DB 서버를 실행하기 전에 생성하자. 마이크로서비스를 다시 실행하면 다음과 같이 표시된다.

```
INFO 11440 --- [localhost:27017] org.mongodb.driver.connection : Opened
connection [connectionId{localValue:1, serverValue:1}] to localhost:27017
```

스프링 데이터 몽고는 몽고DB를 다른 포트에서 실행하도록 설정을 변경할 수 있으며, 먼저 현재 실행 중인 터미널 창에서 **Ctrl** + **C**를 눌러 몽고DB 서버를 중지한다.

이제 다음 명령으로 --port 27700에서 실행한다.

```
mongod -dbpath data --port 27700
```

인텔리제이에서 구성을 하려면 프로젝트 창으로 간다. src/resources 폴더에 application.properties 파일을 찾아 클릭하고 **Shift** + **F6**을 눌러 application.yml로 이름을 변경한다.

 몽고DB가 설치된 경로의 bin 폴더 아래에 있는 몽고 클라이언트를 사용해 몽고DB 서버에 연결하는 경우 mongo --dbport 27700로 서버 포트를 지정해야 한다.

이제 파일에 설정 값을 추가한다.

```
spring:
  data:
    mongodb:
      uri: "mongodb://localhost:27700"
      database: "microservices"
```

실행 중인 호스트와 포트 그리고 사용할 데이터베이스 이름을 이용해 몽고DB 서버의 연결 문자열을 설정했다. 데이터베이스가 존재하지 않으면 스프링이 생성할 것이다.

 스프링은 속성이나 yaml 파일에 설정 값을 가질 수 있다. 2장. '스프링 부트 2.0 시작하기'에서 권장하는 것처럼 yaml을 사용하도록 한다.

마이크로서비스를 다시 실행하고, 몽고DB 서버가 시작되었을 때 터미널 창을 보면 다음과 같은 내용을 볼 수 있다.

```
I NETWORK  [thread1] connection accepted from 127.0.0.1:51499 #2 (1
connection now open)
```

이것은 몽고DB 서버가 마이크로서비스와 연결되어 있다는 것을 의미한다.

몽고DB에 명령어 보내기

스프링 데이터는 몽고DB에 명령을 리액티브하게 보내는 ReactiveMongoOperations 클래스를 제공한다.

먼저 데이터베이스를 초기화할 클래스를 생성해야 한다. 그것을 DatabaseInitializer라고 명명할 것이다.

```
package com.microservices.chapter5

import org.springframework.stereotype.Component
import javax.annotation.PostConstruct

@Component
class
  DatabaseInitializer{ @PostCo
  nstruct
```

```
  fun initData() {
  }
}
```

스프링 컴포넌트를 생성하고 @PostConstruct 애노테이션을 메소드에 추가했다. 이것은 컴포넌트가 생성된 후에 스프링이 특정 메소드를 호출하게 한다. 이제 몽고DB 연결을 초기화할 때, 스프링이 생성한 ReactiveMongoOperations 객체를 주입할 수 있으며, 데이터베이스에 컬렉션을 초기화하는 데 사용할 수 있다.

```
package com.microservices.chapter5

import org.springframework.beans.factory.annotation.Autowired
import org.springframework.data.mongodb.core.ReactiveMongoOperations
import org.springframework.stereotype.Component
import javax.annotation.PostConstruct

@Component
class DatabaseInitializer {
  @Autowired
  lateinit var mongoOperations: ReactiveMongoOperations

  @PostConstruct
  fun initData() {
    mongoOperations.createCollection("Customers").subscribe {
      println("Customers collections created")
    }
  }
}
```

데이터베이스에 컬렉션을 생성하라는 명령을 몽고DB 서버에 보냈다. 이것은 리액티브 명령이기 때문에 구독subscribe할 필요가 있다. 그리고 컬렉션이 생성되면 메시지를 출력할 수 있다. 그러나 매번 컬렉션을 생성하고 싶지는 않기 때문에 컬렉션이 있는지 먼저 확인하도록 코드를 변경한다.

```
package com.microservices.chapter5

import org.springframework.beans.factory.annotation.Autowired
import org.springframework.data.mongodb.core.ReactiveMongoOperations
import org.springframework.stereotype.Component
import javax.annotation.PostConstruct

@Component
class DatabaseInitializer {

  @Autowired
  lateinit var mongoOperations: ReactiveMongoOperations

  @PostConstruct
  fun initData() {
    mongoOperations.collectionExists("Customers").subscribe { if (it != true)
mongoOperations.createCollection("Customers").subscribe {
        println("Customers collections created")
      } else println("Customers collections already exist")
    }
  }
}
```

고객 컬렉션이 있는지 여부를 확인하는 명령을 전송한 다음 데이터베이스 명령을 구독한
다. 컬렉션 존재 여부를 나타내는 불린Boolean 값을 매개 변수로 갖는 람다lambda에서 검사
결과를 수신하게 된다. 그런 다음 컬렉션을 생성하는 명령을 날린다. 컬렉션을 만들기 위
해서 collectionExists나 createCollection과 같은 데이터베이스 명령을 구독 집합을
연결한다.

서비스를 한 번 실행하면 로그에 다음 메시지가 표시된다.

```
Customers collections created
```

그러나 두 번째 실행하면 다음 메시지를 볼 것이다.

```
Customers collections already exist
```

몽고DB 클라이언트를 사용해 데이터베이스에 컬렉션이 성공적으로 만들어졌는지 확인할 수 있다. 몽고DB 설치 경로의 bin 폴더 아래에서, 다음 명령을 실행할 수 있다.

```
mongo --port 27700
> use microservices
switched to db microservices
> show collections Customers
```

리액티브 리포지토리

이제 데이터베이스에 접속해서 명령을 보낼 수 있게 됐다. 스프링이 제공하는 리액티브 리포지토리를 사용해서 컬렉션에 데이터를 추가하거나 수정하는 방법을 배워야 한다.

리포지토리 생성하기

먼저 이전 예제에서 사용한 Customer 클래스를 사용할 것이기 때문에 이 클래스를 프로젝트에 추가해보겠다.

```
package com.microservices.chapter5

data class Customer(var id: Int=0, var name: String="", var telephone: Telephone?
= null) {
  data class Telephone(var countryCode: String = "", var telephoneNumber:
String = "")
}
```

몽고DB에 저장하려면 수정이 필요하다. @Document를 사용해 이 객체를 저장할 컬렉션의 이름을 설정한다.

```
package com.microservices.chapter5

import org.springframework.data.mongodb.core.mapping.Document

@Document(collection = "Customers")
data class Customer(var id: Int=0, var name: String="", var telephone: Telephone?
= null) {
  data class Telephone(var countryCode: String = "", var telephoneNumber:
String = "")
}
```

그런 다음 리포지토리를 만들어야 한다. 이를 위해 프로젝트에 새로운 인터페이스를 추가할 것이다. CustomerRepository라 명명한다.

```
package com.microservices.chapter5

import org.springframework.data.repository.reactive.ReactiveCrudRepository

interface CustomerRepository : ReactiveCrudRepository<Customer, Int>
```

이 인터페이스는 ReactiveCrudRepository 인터페이스를 상속받아 리포지토리에 저장할 클래스를 지정한다. 이 예제에서는 Customer를 사용하며 각 엔트리entry에 사용되는 키는 Customer 클래스의 id이므로 Int 타입으로 지정한다.

 CRUD는 데이터베이스의 일반적인 약어로 CREATE, READ, UPDATE, DELETE를 나타낸다. 이런 오퍼레이션은 데이터베이스 종류에 관계없이 모든 데이터베이스에서 수행하는 일반적인 오퍼레이션이다.

스프링은 데이터베이스에 CRUD 연산을 수행하는 인터페이스를 사용한다. 예제에서는
마이크로서비스가 스프링 부트를 시작할 때, 이 인터페이스를 찾고 리액티브 명령으로
CRUD 연산을 수행할 컴포넌트를 생성할 것이다.

리포지토리 사용하기

방금 생성한 리포지토리 인터페이스를 사용해 데이터베이스에 초기 데이터를 추가하도록
DatabaseInitializer 클래스를 수정한다.

```kotlin
package com.microservices.chapter5

import org.springframework.beans.factory.annotation.Autowired
import org.springframework.data.mongodb.core.ReactiveMongoOperations
import org.springframework.stereotype.Component
import javax.annotation.PostConstruct

@Component
class DatabaseInitializer {
  @Autowired
  lateinit var customerRepository: CustomerRepository

  @Autowired
  lateinit var mongoOperations: ReactiveMongoOperations

  @PostConstruct
  fun initData() {
    mongoOperations.collectionExists("Customers").subscribe {
      if (it != true)
mongoOperations.createCollection("Customers").subscribe {
        println("Customers collections created")
      } else println("Customers collections already exist")
    customerRepository.save(Customer(1, "spring")).subscribe{
      println("Default customers created")
    }
```

```
        }
    }
}
```

여기서는 먼저 CustomerRepository의 인스턴스가 DabaseInitializer 클래스에 주입되고, 컬렉션의 존재 여부를 확인한 직후, 존재 여부과 상관없이, 데이터베이스의 고객 컬렉션에 고객 정보를 저장한다. 리포지토리에 저장하는 save 연산도 리액티브 연산이므로, 완료될 때 알림을 받으려면 구독해야 한다.

이제 서비스를 실행하면 로그에 다음 메시지가 표시된다.

```
Default customers created
```

서비스를 실행할 때마다 데이터베이스 컬렉션에 고객이 추가되고 레코드가 있으면 업데이트된다.

고객이 생성되었는지 보기 위해 mongo 클라이언트를 사용할 수 있다.

```
> db.Customers.find()
{ "_id" : 1, "name" : "spring", "_class" : "com.example.chapter5.Customer"
}
```

객체를 생성할 때 스프링이 _class라는 특별한 값을 보냈음을 알 수 있다. 이 클래스는 원래 컬렉션에 있는 객체를 만드는 데 사용된 클래스다. 이 예제에서는 com.example.chapter5.Customer이다.

이것은 컬렉션에서 다시 마이크로서비스로 해당 객체를 읽어들일 때, 스프링이 객체의 인스턴스를 생성할 때 사용할 클래스를 나타낸다.

초기화 완료

고객 객체 하나의 초기화를 완료했지만, 이전 장에서 했던 것처럼 여러 고객들을 만들어

보겠다.

```kotlin
package com.microservices.chapter5

import com.microservices.chapter5.Customer.Telephone
import org.springframework.beans.factory.annotation.Autowired
import org.springframework.data.mongodb.core.ReactiveMongoOperations
import org.springframework.stereotype.Component
import javax.annotation.PostConstruct

@Component
class DatabaseInitializer
  { @Autowired
  lateinit var customerRepository: CustomerRepository

  @Autowired
  lateinit var mongoOperations: ReactiveMongoOperations

  companion object {
    val initialCustomers = listOf(Customer(1, "Kotlin"),
        Customer(2, "Spring"),
        Customer(3, "Microservice", Telephone("+44", "7123456789")))
  }

  @PostConstruct
  fun initData() {
    mongoOperations.collectionExists("Customers").subscribe {
      if (it != true)
mongoOperations.createCollection("Customers").subscribe {
        println("Customers collections created")
      } else println("Customers collections already exist")
      customerRepository.saveAll(initialCustomers).subscribe{
        println("Default customers created")
      }
```

```
      }
    }
}
```

초기에 데이터베이스에 포함시킬 고객 목록을 동반 객체companion object 내에 initial
Customer로 선언하고, 이것을 저장하도록 PostConstruct를 수정했다.

마지막으로 이제 리포지토리를 사용하기 때문에 컬렉션을 만들 필요가 없으며, 이는 리포
지토리 자체가 이 처리를 하기 때문이다. 따라서 PostConstruct 코드를 단순화할 수 있다.

```
package com.microservices.chapter5

import com.microservices.chapter5.Customer.Telephone
import org.springframework.beans.factory.annotation.Autowired
import org.springframework.stereotype.Component
import javax.annotation.PostConstruct

@Component
class DatabaseInitializer
  { @Autowired
  lateinit var customerRepository: CustomerRepository

  companion object {
    val initialCustomers = listOf(Customer(1, "Kotlin"),
        Customer(2, "Spring"),
        Customer(3, "Microservice", Telephone("+44", "7123456789")))
  }

  @PostConstruct
  fun initData() {
    customerRepository.saveAll(initialCustomers).subscribe {
      println("Default customers created")
    }
  }
}
```

몽고 클라이언트를 사용해 데이터베이스에 쿼리하면 생성된 모든 데이터를 볼 수 있다.

```
> use microservices
switched to db microservices
> db.Customers.find()
{ "_id" : 2, "name" : "Spring", "_class" : "com.example.chapter5.Customer"
}
{ "_id" : 1, "name" : "Kotlin", "_class" : "com.example.chapter5.Customer"
}
{ "_id" : 3, "name" : "Microservice", "telephone" : { "countryCode" : "+44",
"telephoneNumber" : "7123456789" }, "_class
" : "com.example.chapter5.Customer" }
>
```

ReactiveMongoTemplate 사용

데이터베이스에 CRUD 작업을 수행하기 위해 ReactiveCrudRepository를 사용했지만 모노^{Mono}나 플럭스^{Flux} 같은 리액티브 타입으로 작업을 수행해야 하므로 Reactive MongoTemplate을 사용해 리액티브하게 처리해야 한다.

그래서 CustomerRepository에 @Repository 애노테이션을 추가한다.

```kotlin
package com.microservices.chapter5

import org.springframework.data.mongodb.core.ReactiveMongoTemplate
import org.springframework.stereotype.Repository
import reactor.core.publisher.Mono

@Repository
class CustomerRepository(private val template: ReactiveMongoTemplate) {
  fun create(customer: Mono<Customer>) = template.save(customer)
}
```

Repository 애노테이션을 추가한 클래스는 생성자에서 리액티브 작업(예: Mono `<Customer>`을 수신해 데이터베이스에 저장)을 수행하는 데 사용할 수 있는 ReactiveMongoTemplate 객체를 수신할 수 있다. 모노나 플럭스는 값에 대한 약속이라는 것을 기억하라. Save 명령을 사용한다는 것은 스프링 데이터에게 객체가 값을 가질 때 데이터베이스에 저장하도록 지시하는 것이다.

같은 방법으로 이런 연산은 노모 또는 플럭스를 반환할 수 있다.

 4장. '리액티브 마이크로서비스 만들기'에서 게시/구독 메커니즘이 어떻게 작동하는지 살펴봤다. 기억을 되새기기 위해서 해당 내용을 다시 읽어보길 권한다.

이제 초기화 과정을 별도의 클래스에서 하는 대신 이 리포지토리에서 수행하도록 변경하고 DatabaseInitializer 클래스를 삭제한다.

```
package com.microservices.chapter5

import org.springframework.data.mongodb.core.ReactiveMongoTemplate
import org.springframework.stereotype.Repository
import reactor.core.publisher.Mono
import reactor.core.publisher.toMono
import javax.annotation.PostConstruct

@Repository
class CustomerRepository(private val template: ReactiveMongoTemplate) {
  companion object {
    val initialCustomers = listOf(Customer(1, "Kotlin"),
        Customer(2, "Spring"),
        Customer(3, "Microservice", Customer.Telephone("+44", "7123456789")))
  }

  @PostConstruct
  fun initializeRepository() =
```

```
initialCustomers.map(Customer::toMono).map(this::create).map(Mono<Customer>
::subscribe)

  fun create(customer: Mono<Customer>) = template.save(customer)
}
```

고객 목록을 map을 사용해 Mono<Customer>로 변환한 다음 create 메소드를 호출하고 결과를 구독한다.

이를 통해, CRUD 연산을 가진 RESTful API에 연결할 준비가 됐다.

CRUD 연산을 위한 RESTful API

이제 리포지토리가 준비가 됐으니 마이크로서비스에서 노출할 오퍼레이션을 수행하도록 마이크로서비스 내부에서 리포지토리를 사용할 수 있다. 따라서 이전에 생성한 리액티브 RESTful 오퍼레이션을 데이터베이스의 CRUD 연산으로 수정하고 호출한 쪽에 리액티브하게 응답하도록 변경해보자.

 4장. '리액티브 마이크로서비스 만들기'에서 리액티브 RESTful 마이크로서비스를 생성하는 방법을 배웠다. 4장에서 작성한 코드 중 일부를 사용한다. 익숙하지 않은 경우 해당 장의 내용을 참조하기 바란다.

서비스 재사용

앞에서 모델Model에 저장하는 구현 세부 사항을 숨기기 위해 서비스 클래스를 만들었다. 다시 한 번 CustomerService 인터페이스를 만들어서 해볼텐데 이번에는 id로 Customer를 가져오는 메소드 하나만 있다.

258

```
package com.microservices.chapter5

import reactor.core.publisher.Mono

interface CustomerService {
  fun getCustomer(id: Int): Mono<Customer>
}
```

이제 서비스 구현을 작성한다.

```
package com.microservices.chapter5
import reactor.core.publisher.Mono
class CustomerServiceImpl : CustomerService {
  override fun getCustomer(id: Int): Mono<Customer> {
  }
}
```

이제 고객 정보를 얻기 위해 리포지토리에 READ 연산을 추가해야 한다.

```
package com.microservices.chapter5

import org.springframework.data.mongodb.core.ReactiveMongoTemplate
import org.springframework.data.mongodb.core.findById
import org.springframework.stereotype.Repository
import reactor.core.publisher.Mono
import reactor.core.publisher.toMono
import javax.annotation.PostConstruct

@Repository
class CustomerRepository(private val template: ReactiveMongoTemplate) {
  companion object {
    val initialCustomers = listOf(Customer(1, "Kotlin"),
        Customer(2, "Spring"),
        Customer(3, "Microservice", Customer.Telephone("+44", "7123456789")))
  }
```

```
  @PostConstruct
  fun initializeRepository() =
initialCustomers.map(Customer::toMono).map(this::create).map(Mono<Customer>
::subscribe)

  fun create(customer: Mono<Customer>) = template.save(customer)
  fun findById(id: Int) = template.findById<Customer>(id)
}
```

마지막으로 데이터베이스에서 실제로 값을 얻을 수 있도록 리포지토리를 서비스에 추가한다.

```
package com.microservices.chapter5

import org.springframework.beans.factory.annotation.Autowired
import org.springframework.stereotype.Service

@Service
class CustomerServiceImpl : CustomerService {
  @Autowired
  lateinit var customerRepository: CustomerRepository

  override fun getCustomer(id: Int) = customerRepository.findById(id)
}
```

전화번호가 있을 수도 있고 없을 수도 있는 것을 처리하도록 RESTful 마이크로서비스를 만들것이므로 Customer 클래스에서 null 값을 사용하며, 따라서 null 값을 직렬화하지 않도록 application.yml에 Jackson 설정을 추가해야 한다는 것을 명심해야 한다.

```
spring.jackson.default-property-inclusion: NON_NULL
```

GET을 READ로 매핑

이제 HTTP GET 요청을 서비스의 READ 연산으로 처리하도록 하는 경로를 만들어야 한다. 먼저 CustomerHandler 클래스를 만든다.

```
package com.microservices.chapter5

import org.springframework.http.HttpStatus
import org.springframework.stereotype.Component
import org.springframework.web.reactive.function.BodyInserters.fromObject
import org.springframework.web.reactive.function.server.ServerRequest
import org.springframework.web.reactive.function.server.ServerResponse.ok
import org.springframework.web.reactive.function.server.ServerResponse.status

@Component
class CustomerHandler(val customerService: CustomerService) {
  fun get(serverRequest: ServerRequest) =
      customerService.getCustomer(serverRequest.pathVariable("id").toInt())
          .flatMap { ok().body(fromObject(it)) }
          .switchIfEmpty(status(HttpStatus.NOT_FOUND).build())
}
```

이제 CustomerHandler에 HTTP GET 요청을 보내는 CustomerRouter를 만들자.

```
package com.microservices.chapter5

import org.springframework.context.annotation.Bean
import org.springframework.stereotype.Component
import org.springframework.web.reactive.function.server.router

@Component
class CustomerRouter(private val customerHandler: CustomerHandler) {
  @Bean
  fun customerRoutes() = router {
    "/customer".nest {
```

```
        GET("/{id}", customerHandler::get)
    }
  }
}
```

지금까지의 내용은 앞 장의 예제와 동일하다. 이는 서비스만 유일하게 변경됐기 때문이다

 이것은 명심해야 할 훌륭한 특징이다. 다음에 데이터를 저장하는 방식을 변경해야 하는 경우
라우터 클래스나 핸들러 클래스를 변경할 필요 없이 서비스 구현만 변경하면 되며, 이것은 소
프트웨어에서 필요로 하는 디커플링 중 하나다.

이제 `http://localhost:8080/customer/1`을 요청해 **200 OK** 상태와 고객 정보를 얻을 수
있다.

```
{
    "id": 1,
    "name": "Kotlin"
}
```

존재하지 않는 고객(예: `http://localhost:8080/customer/5`)의 URL을 사용하면 **404 NOT
FOUND**을 얻는다. 리포지토리는 데이터를 찾지 못하기 때문에 `Mono.empty`를 반환할 것이
고 이미 핸들러에서 `switchIfEmpty`를 사용해 처리했다.

POST를 CREATE로 매핑

이미 리포지토리에 `create` 메소드를 가지고 있으므로 이것을 사용하도록 서비스를 수정
해 보겠다. 하지만 먼저 `CustomerService` 인터페이스를 수정해야 한다.

```
package com.microservices.chapter5
import reactor.core.publisher.Mono
interface CustomerService {
  fun getCustomer(id: Int): Mono<Customer>
  fun createCustomer(customer: Mono<Customer>) : Mono<Customer>
}
```

그런 다음 리포지토리를 사용해 CustomerServiceImpl 클래스에 구현해 보겠다.

```
package com.microservices.chapter5

import org.springframework.beans.factory.annotation.Autowired
import org.springframework.stereotype.Service
import reactor.core.publisher.Mono

@Service
class CustomerServiceImpl : CustomerService
  { @Autowired
  lateinit var customerRepository: CustomerRepository

  override fun getCustomer(id: Int) = customerRepository.findById(id)
  override fun createCustomer(customer: Mono<Customer>) =
customerRepository.create(customer)
}
```

이제 원래대로 CustomerHandler 클래스에 적절한 메소드를 추가해 보겠다.

```
package com.microservices.chapter5

import org.springframework.http.HttpStatus
import org.springframework.stereotype.Component
import org.springframework.web.reactive.function.BodyInserters.fromObject
import org.springframework.web.reactive.function.server.ServerRequest
import org.springframework.web.reactive.function.server.ServerResponse.*
import org.springframework.web.reactive.function.server.bodyToMono
import java.net.URI
```

```
@Component
class CustomerHandler(val customerService: CustomerService) {
  fun get(serverRequest: ServerRequest) =
      customerService.getCustomer(serverRequest.pathVariable("id").toInt())
          .flatMap { ok().body(fromObject(it)) }
          .switchIfEmpty(status(HttpStatus.NOT_FOUND).build())
  fun create(serverRequest: ServerRequest) =
      customerService.createCustomer(serverRequest.bodyToMono()).flatMap {
        created(URI.create("/customer/${it.id}")).build()
      }
}
```

마지막으로 HTTP POST 요청을 처리하기 위해 CustomerRouter에 매핑을 추가해야 한다.

```
package com.microservices.chapter5

import org.springframework.context.annotation.Bean
import org.springframework.stereotype.Component
import org.springframework.web.reactive.function.server.router

@Component
class CustomerRouter(private val customerHandler: CustomerHandler) {
  @Bean
  fun customerRoutes() = router {
    "/customer".nest {
      GET("/{id}", customerHandler::get)
      POST("/", customerHandler::create)
    }
  }
}
```

이 curl 명령을 사용해 POST 요청을 보내면 200 OK 응답을 얻을 수 있다.

```
curl -X POST \
  http://localhost:8080/customer/ \
```

```
-H 'content-type: application/json' \
-d '{
"id": 18,
"name": "New Customer",
"telephone": {
"countryCode": "+44",
"telephoneNumber": "7123456789"
}
}
'
```

이제 몽고 클라이언트를 사용해 데이터가 생성되었음을 확인할 수 있다.

```
> use microservices
switched to db microservices
> db.Customers.find()
{ "_id" : 1, "name" : "Kotlin", "_class" : "com.example.chapter5.Customer"
}
{ "_id" : 2, "name" : "Spring", "_class" : "com.example.chapter5.Customer"
}
{ "_id" : 3, "name" : "Microservice", "telephone" : { "countryCode" : "+44",
"telephoneNumber" : "7123456789" }, "_class" : "com.example.chapter5.Customer" }
{ "_id" : 18, "name" : "New Customer", "telephone" : { "countryCode" : "+44",
"telephoneNumber" : "7123456789" }, "_class" : "com.example.chapter5.Customer" }
>
```

DELETE 매핑

HTTP DELETE 요청으로 DELETE 연산을 처리하려면 먼저 CustomerRepository 클래스에 새 메소드를 추가해야 한다.

```
package com.microservices.chapter5
```

```kotlin
import org.springframework.data.mongodb.core.ReactiveMongoTemplate
import org.springframework.data.mongodb.core.findById
import org.springframework.data.mongodb.core.query.Criteria.where
import org.springframework.data.mongodb.core.query.Query
import org.springframework.data.mongodb.core.query.isEqualTo
import org.springframework.data.mongodb.core.remove
import org.springframework.stereotype.Repository
import reactor.core.publisher.Mono
import reactor.core.publisher.toMono import javax.annotation.PostConstruct

@Repository
class CustomerRepository(private val template: ReactiveMongoTemplate)
  { companion object {
  val initialCustomers = listOf(Customer(1, "Kotlin"),
      Customer(2, "Spring"),
      Customer(3, "Microservice", Customer.Telephone("+44", "7123456789")))
  }

  @PostConstruct
  fun initializeRepository() =
  initialCustomers.map(Customer::toMono).map(this::create).map(Mono<Customer>
::subscribe)

  fun create(customer: Mono<Customer>) = template.save(customer)
  fun findById(id: Int) = template.findById<Customer>(id)
  fun deleteById(id: Int) =
template.remove<Customer>(Query(where("_id").isEqualTo(id)))
}
```

이 함수를 구현하기 위해 몽고DB의 엔트리를 리액티브하게 검색할 수 있는 클래스인 Query 객체를 사용한다. deleteById 함수에 전달된 id와 동일한 id를 가진 고객을 찾으려고 할 것이다. 이것은 리액티브 연산이기 때문에 스프링 데이터에게 Query를 구독했다는 것을 알려주고, 완료됐을 때 발견된 객체를 제거한다. remove 함수는 작업이 완료되면 작업 결과를 알려주는 Mongo<DeleteResult> 객체를 반환한다.

이제 고객 삭제를 위한 새로운 연산을 만들기 위해 CustomerService 인터페이스를 수정한다.

```
package com.microservices.chapter5
import reactor.core.publisher.Mono
interface CustomerService {
  fun getCustomer(id: Int): Mono<Customer>
  fun createCustomer(customer: Mono<Customer>) : Mono<Customer>
  fun deleteCustomer(id: Int): Mono<Boolean>
}
```

이 함수는 연산 결과를 Mono<Boolean>로 반환하며, 이를 CustomerServiceImpl 클래스에서 구현해 보겠다.

```
package com.microservices.chapter5

import org.springframework.beans.factory.annotation.Autowired
import org.springframework.stereotype.Service
import reactor.core.publisher.Mono

@Service
class CustomerServiceImpl : CustomerService
  { @Autowired
  lateinit var customerRepository: CustomerRepository

  override fun getCustomer(id: Int) = customerRepository.findById(id)
  override fun createCustomer(customer: Mono<Customer>) =
customerRepository.create(customer)

  override fun deleteCustomer(id: Int) =
customerRepository.deleteById(id).map { it.deletedCount > 0 }
}
```

방금 작성한 새 함수는 주어진 id를 가진 Customer를 삭제하기 위해 리포지토리를 호출하고 연산 결과인 Mongo<DeleteResult> 객체를 Mongo<Boolean>으로 매핑한다.

DeleteResult 객체에는 컬렉션에서 삭제된 객체 수를 가진 속성[2]이 포함돼 있다. 0보다 크면 삭제된 것이다.

 서비스에서 Mongo⟨BooleanResult⟩ 대신 Mongo⟨Boolean⟩을 반환하기로 한 이유는 서비스 구현이 몽고DB 객체에 의존한다는 것을 숨기기 위한 것이다. 이렇게 하면 서비스 사용자에게 영향을 주지 않으면서 구현을 다른 리포지토리로 변경할 수 있게 되며, 이를 통해 소프트웨어 컴포넌트 간에 커플링이 되지 않도록 유지한다.

서비스에서 새 메소드를 사용하도록 CustomerHandler 클래스에 새 메소드를 추가한다.

```
package com.microservices.chapter5

import org.springframework.http.HttpStatus
import org.springframework.stereotype.Component
import org.springframework.web.reactive.function.BodyInserters.fromObject
import org.springframework.web.reactive.function.server.ServerRequest
import org.springframework.web.reactive.function.server.ServerResponse.*
import org.springframework.web.reactive.function.server.bodyToMono
import java.net.URI

@Component
class CustomerHandler(val customerService: CustomerService) {
  fun get(serverRequest: ServerRequest) =
      customerService.getCustomer(serverRequest.pathVariable("id").toInt())
          .flatMap { ok().body(fromObject(it)) }
          .switchIfEmpty(status(HttpStatus.NOT_FOUND).build())

  fun create(serverRequest: ServerRequest) =
      customerService.createCustomer(serverRequest.bodyToMono()).flatMap {
```

---

2 예제에서 사용한 deletedCount다. - 옮긴이

268

```
            created(URI.create("/customer/${it.id}")).build()
    }

    fun delete(serverRequest: ServerRequest) =
customerService.deleteCustomer(serverRequest.pathVariable("id").toInt())
            .flatMap {
                if (it) ok().build()
                else status(HttpStatus.NOT_FOUND).build()
            }
}
```

핸들러에서 flatMap을 사용해 Mono<Boolean> 내부에서 불린 값을 가져오는 서비스를 호출한다. 레코드가 삭제되면 수신된 값은 true가 되며 200 OK를 반환하고, 아니면 404 NOT FOUND를 반환한다.

마지막으로 CustomerRouter를 수정해 HTTP DELETE 요청을 받을때 새로운 핸들러 메소드를 호출하게 한다.

```
package com.microservices.chapter5

import org.springframework.context.annotation.Bean
import org.springframework.stereotype.Component
import org.springframework.web.reactive.function.server.router

@Component
class CustomerRouter(private val customerHandler: CustomerHandler) {
  @Bean
  fun customerRoutes() = router {
    "/customer".nest {
      GET("/{id}", customerHandler::get)
      POST("/", customerHandler::create)
      DELETE("/{id}", customerHandler::delete)
    }
  }
}
```

이제 데이터베이스에서 고객을 삭제해 200 OK를 얻는, 간단한 curl 요청을 보낸다.

```
curl -X DELETE http://localhost:8080/customer/1
```

동일한 curl 요청을 다시 요청하면 404 NOT FOUND 응답을 받아야 한다.

고객 검색

지금까지 데이터를 얻기 위해 간단한 몽고DB 명령을 사용했다. 고객 검색과 같이 좀 더 복잡한 작업을 해야 하는 경우 고급 쿼리를 수행해야 한다.

먼저 CustomerRepository 클래스에 새 메소드가 필요하다.

```kotlin
package com.microservices.chapter5

import org.springframework.data.mongodb.core.ReactiveMongoTemplate
import org.springframework.data.mongodb.core.find
import org.springframework.data.mongodb.core.findById
import org.springframework.data.mongodb.core.query.Criteria.where
import org.springframework.data.mongodb.core.query.Query
import org.springframework.data.mongodb.core.query.isEqualTo
import org.springframework.data.mongodb.core.remove
import org.springframework.stereotype.Repository
import reactor.core.publisher.Mono
import reactor.core.publisher.toMono
import javax.annotation.PostConstruct

@Repository
class CustomerRepository(private val template: ReactiveMongoTemplate) {
  companion object {
    val initialCustomers = listOf(Customer(1, "Kotlin"),
        Customer(2, "Spring"),
        Customer(3, "Microservice", Customer.Telephone("+44", "7123456789")))
  }
```

270

```
@PostConstruct
fun initializeRepository() =
initialCustomers.map(Customer::toMono).map(this::create).map(Mono<Customer>
::subscribe)

fun create(customer: Mono<Customer>) = template.save(customer)
fun findById(id: Int) = template.findById<Customer>(id)
fun deleteById(id: Int) =
template.remove<Customer>(Query(where("_id").isEqualTo(id)))
fun findCustomer(nameFilter: String) = template.find<Customer>(
    Query(where("name").regex(".*$nameFilter.*", "i")))
}
```

정규 표현식과 일치하는 고객을 찾기 위해 리포지토리를 검색할 것이다. 이 예에서는 검색 필터가 이름이 포함된 모든 고객을 찾는다.

CustomerService 인터페이스에 새로운 작업을 추가한다.

```
package com.microservices.chapter5

import reactor.core.publisher.Flux
import reactor.core.publisher.Mono

interface CustomerService {
  fun getCustomer(id: Int): Mono<Customer>
  fun createCustomer(customer: Mono<Customer>) : Mono<Customer>
  fun deleteCustomer(id: Int): Mono<Boolean>
  fun searchCustomers(nameFilter: String): Flux<Customer>
}
```

그런 다음 리포지토리 메소드를 호출하도록 구현한다.

```
package com.microservices.chapter5
```

```
import org.springframework.beans.factory.annotation.Autowired
import org.springframework.stereotype.Service
import reactor.core.publisher.Mono

@Service
class CustomerServiceImpl : CustomerService {
  @Autowired
  lateinit var customerRepository: CustomerRepository

  override fun getCustomer(id: Int) = customerRepository.findById(id)
  override fun createCustomer(customer: Mono<Customer>) =
customerRepository.create(customer)
  override fun deleteCustomer(id: Int) =
customerRepository.deleteById(id).map { it.deletedCount > 0 }
  override fun searchCustomers(nameFilter: String) = customerRepository.
findCustomer(nameFilter)
}
```

이제 서비스에서 새 메소드를 호출하도록 CustomerHandler를 변경한다.

```
package com.microservices.chapter5

import org.springframework.http.HttpStatus
import org.springframework.stereotype.Component
import org.springframework.web.reactive.function.BodyInserters.fromObject
import org.springframework.web.reactive.function.server.ServerRequest
import org.springframework.web.reactive.function.server.ServerResponse.*
import org.springframework.web.reactive.function.server.bodyToMono
import java.net.URI

@Component
class CustomerHandler(val customerService: CustomerService) {
  fun get(serverRequest: ServerRequest) =
      customerService.getCustomer(serverRequest.pathVariable("id").toInt())
          .flatMap { ok().body(fromObject(it)) }
          .switchIfEmpty(status(HttpStatus.NOT_FOUND).build())
```

```
    fun create(serverRequest: ServerRequest) =
        customerService.createCustomer(serverRequest.bodyToMono()).flatMap {
          created(URI.create("/customer/${it.id}")).build()
        }

    fun delete(serverRequest: ServerRequest) =
customerService.deleteCustomer(serverRequest.pathVariable("id").toInt())
            .flatMap {
              if (it) ok().build()
              else status(HttpStatus.NOT_FOUND).build()
            }

    fun search(serverRequest: ServerRequest) =
    ok().body(customerService.searchCustomers(serverRequest.queryParam("nameFilter")
            .orElse("")), Customer::class.java)
}
```

마지막으로 /customer 경로에서 새로운 GET 요청을 처리하도록 CustomerRouter를 변경
한다.

```
package com.microservices.chapter5

import org.springframework.context.annotation.Bean
import org.springframework.stereotype.Component
import org.springframework.web.reactive.function.server.router

@Component
class CustomerRouter(private val customerHandler: CustomerHandler) {
  @Bean
  fun customerRoutes() = router {
    "/customer".nest {
      GET("/{id}", customerHandler::get)
      POST("/", customerHandler::create)
      DELETE("/{id}", customerHandler::delete)
    }
    "/customers".nest {
      GET("/", customerHandler::search)
```

```
        }
    }
}
```

마지막 변경으로 이제 http://localhost:8080/customers를 사용해 데이터베이스에 있는 모든 고객 정보를 얻을 수 있고, http://localhost:8080/customers?nameFilter=in과 같이 매개 변수를 사용해 필터링할 수 있다.

▌ 정리

이 장에서는 스프링 데이터를 사용해 마이크로서비스의 모델을 리액티브하게 저장하는 방법을 배웠다. NoSQL 데이터베이스가 무엇인지, 그리고 RESTful 넌블로킹 마이크로서비스를 구현할 때 어떤 종류의 작업을 수행할 수 있는지에 대해 살펴봤다.

6장에서는 클라우드 네이티브^{Cloud Native} 마이크로서비스를 만드는 방법과 애플리케이션에 추가할 수 있는 이점에 대해 알아본다. 스프링 클라우드^{Spring Cloud}가 클라우드 네이티브 애플리케이션을 만들기 위한 벤더 독립적인 접근 방식을 제공하고, 마이크로서비스에서 얼마나 쉽게 사용할 수 있는지 배우게 될 것이다.

06

클라우드 네이티브 마이크로 서비스 만들기

클라우드 인프라에서 실행하는 마이크로서비스를 만드는 것은 마이크로서비스 원칙을 따르는 아키텍처로 설계한다는 것이다. 1장. '마이크로서비스 이해'에서 마이크로서비스의 원리와 클라우드 아키텍처를 알아봤다. 이 장의 일부 내용을 더 잘 이해하려면 5장을 참고하기 바란다.

5장에서는 클라우드 네이티브Cloud-Native 마이크로서비스와 스프링 클라우드Spring Cloud를 사용해 클라우드 네이티브 마이크로서비스를 벤더 독립적인 접근 방식으로 만드는 방법에 대해 알아보겠다. 스프링 클라우드를 더 깊이 이해하기 위해 스프링 클라우드가 어떻게 동작하는지, 이를 사용해 어떻게 마이크로서비스를 만드는지에 대해 알아볼 것이다. 마지막으로 스프링 클라우드에서 제공하는 가장 중요한 컴포넌트들에 대해 살펴보겠다.

6장에서 다루는 내용은 다음과 같다.

- 스프링 클라우드의 이해
- 컨피그 서버Config Server
- 서비스 탐색Service Discovery
- 게이트웨이Gateway

스프링 클라우드의 이해

최신 마이크로서비스 아키텍처는 마이크로서비스를 클라우드에 배치하는 데 초점을 맞춘다. 이는 필요에 따라 인프라를 확장하거나 축소할 수 있으므로, 제품에 대한 최적의 모델을 제공할 수 있게 한다. 클라우드 공급 업체의 환경이 급격히 성장함에 따라, 많은 플랫폼이 마이크로서비스를 특정 공급 업체에만 제공되도록 한다. 스프링 클라우드는 클라우드 공급 업체에 벤더 독립적인 접근 방식을 제공하므로, 어떤 클라우드에서도 서비스를 구축하고, 클라우드 컴퓨팅의 모든 장점을 활용해 마이크로서비스를 클라우드 네이티브 마이크로서비스로 전환할 수 있도록 한다.

이번 절에서는 이 장의 주요 내용을 소개하겠다.

클라우드 네이티브 프로그램이란 무엇인가

클라우드는 1장, '마이크로서비스 이해'의 '클라우드 네이티브 마이크로서비스' 절에서 설명한 것처럼 매우 흥미로운 기능을 가지고 있다. 클라우드에 구축할 애플리케이션을 효율적으로 실행하기 위해 클라우드 기능을 사용해야 한다.

예를 들어, 클라우드에서는 애플리케이션을 확장할 수 있어야 한다. 서비스 인스턴스를 3개로 시작했다고 했을 때, 애플리케이션의 용량을 늘려야 하면 인스턴스 수를 5개로 늘릴 수도 있다. 이렇게 할 때는 새로운 인스턴스가 시작 후 바로 동작해야 하기 때문에 인스턴스를 빠르게 시작할 수 있도록 만들어야 한다.

마찬가지로 클라우드에 있는 애플리케이션은 플랫폼 기능을 사용해 플랫폼의 다른 서비스를 사용할 수 있어야 한다. 인스턴스가 동적으로 생성되거나 제거되기 때문에, 한 서비스에서 다른 서비스를 호출하는 경우 이를 접근하기 위한 정적인 URL 집합을 사용할 수 없다. 애플리케이션이 서비스와 그 인스턴스를 찾기 위해 클라우드에 조회를 해야 한다.

언제 인스턴스가 생성되고 제거되는지 모르기 때문에, 실행 중인 인스턴스간에 데이터를 동기화하는 것이 쉽지 않고, 클라이언트나 고객의 다양한 요청이 항상 동일한 인스턴스에 요청한다고 보장할 수 없다. 따라서, 전통적인 아키텍처 방식으로는 클라우드에서 같은 기능을 보장할 수 없다.

클라우드 애플리케이션은 수행해야 하는 동작이 사용 중인 컨텍스트를 이해해야만 하기 때문에, 클라우드에서 실행되고 있음을 인식해야 한다. 클라우드 외부에서 동작하던 작업이 클라우드에서는 동작하지 않을 수도 있다. 그렇기 때문에 클라우드 인식cloud-aware 마이크로서비스를 만들어야 한다.

그러나 클라우드를 인식하지 못하는 애플리케이션이 클라우드에서 잘 동작할 수 있도록 만들 수 있다. 앞의 예에서 인스턴스가 생성되거나 제거될 때 클라우드 외부의 라우팅 시스템을 사용해 인스턴스를 매핑할 수 있으므로 서비스 탐색을 위해 클라우드 기능을 사용하지 않고도 애플리케이션이 이를 계속 사용할 수 있다.

 클라우드에서 실행하는데, 클라우드를 인식하지 못하는 것을 절대 권장하지 않는다. 클라우드에서는 클라우드의 장점을 최대한 활용할 수 있어야 한다. 그렇지 않다면 전통적인 아키텍처를 선택하는 것이 나을 수 있다.

클라우드에서 실행되는 클라우드 인식 마이크로서비스를 만드는 것이 바로 클라우드 네이티브 마이크로서비스를 만드는 것이다. 스프링 클라우드를 사용하면 클라우드 네이티브 마이크로서비스를 쉽게 만들 수 있다.

스프링 클라우드 아키텍처

스프링 클라우드는 벤더 독립적인 접근 방식을 장점으로 클라우드 네이티브 마이크로서비스를 쉽게 만들 수 있는 프레임워크를 제공함과 동시에 동일한 컴포넌트를 다양한 클라우드 제공 업체에서 원활하게 사용할 수 있도록 하는 장점이 있다. 하지만 이것을 사용하기 전에, 컴포넌트의 아키텍처가 어떻게 동작하는지 이해해야 한다.

이 아키텍처에는 몇 가지 주요 컴포넌트가 있지만, 이를 이해하기 전에 클라우드 네이티브 마이크로서비스를 구축하는 데 사용될 아키텍처 패턴을 살펴보자.

- 컨피그 서버Config server
- 서비스 탐색Service discovery
- 게이트웨이Gateway
- 서킷 브레이커Circuit breaker

컨피그 서버

마이크로서비스를 설정하는 것은 2장, '스프링 부트 2.0 시작하기'에서 배웠듯이 복잡한 주제이다. 스프링 설정을 사용해 이를 단순화할 수 있지만 여전히 복잡한 프로세스다.

클라우드가 변경되면 설정도 바뀌어야 하기 때문에, 애플리케이션 코드에 마이크로서비스 설정을 정적으로 설정할 수는 없다. 따라서 서비스에서 설정을 요청할 수 있는 메커니즘이 필요하다.

컨피그 서버 Config Server는 설정에 대해 쿼리할 수 있는 기능을 제공하므로 마이크로서비스가 시작되면 컨피그 서버에서 URL, 데이터베이스 연결, 암호, 그 밖의 설정해야 할 모든 값을 검색할 수 있다.

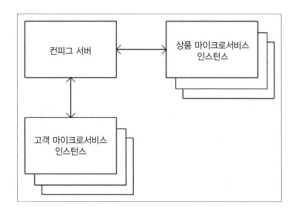

스프링 클라우드 컨피그 서버

예를 들어, 컨피그 서버가 있고 이를 사용하는 두 개의 마이크로서비스(상품 마이크로서비스 인스턴스와 고객 마이크로서비스 인스턴스)가 있다고 해보자. 인스턴스가 새로 생성되면 컨피그 서버에서 설정을 검색할 수 있다.

이렇게 하면 마이크로서비스가 요청하는 모든 설정이 컨피그 서버에 의해 제공되므로 서비스 인스턴스를 쉽게 만들 수 있다. 컨피그 서버에서 제공하는 설정 외에는 필요하지 않으므로 인스턴스 생성이 빨라진다.

서비스 탐색

클라우드에서는 다른 서비스를 연결해야 할 수도 있지만, 실제 서비스의 위치(IP, URL, Port 등의 정보)와 사용 가능한 인스턴스의 수를 알 수 없다. 이 요구 사항은 **서비스 탐색 서버**Service Discovery Server를 사용해 충족할 수 있다. 모든 서비스의 인스턴스가 생성되면 서비스 탐색 서버에 등록된다. 따라서 애플리케이션에서는 사용 가능한 인스턴스를 요청할 수 있지만, 서비스 탐색 서버는 항상 사용 가능한 인스턴스를 최신 상태로 유지해야 한다.

마이크로서비스가 종료될 때 서비스 탐색 서버에서 등록을 해제해야 하며, 그래야 등록된 인스턴스가 제거된다. 그러나 서비스 탐색 서버에 알리지 않고 마이크로서비스가 갑자기 종료될 수도 있다(예: 애플리케이션 오류). 이로 인해 실제로 동작하지 않거나 더 이상 사용할 수 없는 인스턴스가 서비스 탐색 서버에 등록되어 있을 수 있다. 이런 상황을 피하기 위해 서비스 탐색 서버는 **하트비트**Heart-beat 메커니즘을 사용한다.

하트비트는 마이크로서비스가 서비스 탐색 서버에서 사용 가능하고 준비가 되었음을 알리는 방법이다. 5분마다 서비스 탐색 서버에 요청을 보내 아직 활성 상태임을 알리는 것과 같다. 서비스 탐색 서버가 마이크로서비스 인스턴스에서 하트비트를 받지 못하면 마이크로서비스가 종료되었다고 가정하고, 해당 마이크로서비스를 사용 가능한 인스턴스 목록에서 제거한다. 마지막으로, 마이크로서비스 인스턴스의 갱신된 목록을 통해 필요한 서비스 인스턴스를 찾을 수 있다.

이것을 예제로 시각화해보자.

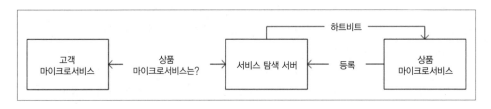

서비스 탐색

이 예에서는 서비스 탐색 서버에 등록된 상품 마이크로서비스가 있고, 하트비트를 통해 계속 실행되고 있음을 주기적으로 알려준다. 이 예의 다른 고객 마이크로서비스가 상품 마이크로서비스를 요청하면 서비스 탐색 서버는 상품 마이크로서비스의 사용 가능한 인스턴스를 알려줄 수 있다.

로드 밸런서

다른 마이크로서비스에 요청을 보내야 하는 마이크로서비스가 있을 때, 서비스 탐색으로 사용하려는 서비스의 인스턴스 목록을 가져올 수 있다. 요청을 보내기 위해 하나의 인스턴스를 선택해야 한다. 다른 요청을 보낼 수도 있고, 이때 다른 인스턴스들에 고르게 부하를 분산하기 위해 다른 인스턴스로 요청을 보낼 수도 있다.

이를 위해 로드 밸런서Load Balancer 패턴을 사용할 수 있다. 예를 들어, 마이크로서비스의 인스턴스에서 호출을 분산시키기 위해 라운드로빈round-robin으로 반복 수행한다. 따라서 첫 번째 요청은 첫 번째 인스턴스, 다음 요청은 두 번째 인스턴스와 같이 더 이상의 인스턴스가 없을 때까지 돌아가면서 요청한다.

거기다가 인스턴스가 새로 만들어지거나 종료될 수 있기 때문에, 서비스 탐색 서비스로부터 정보를 추가해야 하고, 서비스 탐색 서버에 등록되거나 제거한다. 인스턴스의 목록이 최신으로 유지되고 제대로 관리되는지 확인할 필요가 있다. 이렇게 하면 마이크로서비스 인스턴스를 최적으로 사용하고 균등하게 부하를 분산할 것이다.

게이트웨이

애플리케이션에서 사용할 마이크로서비스를 노출해야 할 경우 게이트웨이 패턴을 사용할 수도 있다. 게이트웨이 패턴에서는 마이크로서비스의 엔드포인트end-point를 제공해 액세스를 단순화하는 것이 목적이며, 애플리케이션이 서비스 탐색 서버나 로드 밸런서를 사용해 마이크로서비스 인스턴스의 경로를 쉽게 찾도록 한다.

이 내용을 자세히 살펴보기 위한 예제를 그려보자.

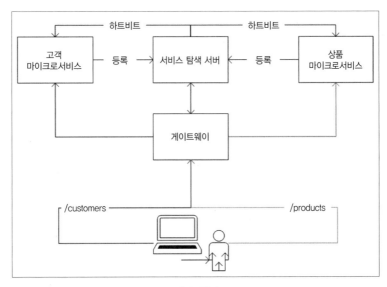

게이트웨이

서비스 탐색 서버에 등록된 두 개의 마이크로서비스(고객 마이크로서비스와 상품 마이크로서비스)가 있다. 애플리케이션(예: 웹 애플리케이션)이 게이트웨이를 통해 /products 경로를 요청하면 게이트웨이는 다음을 수행한다.

- 서비스 탐색 서버에서 상품 마이크로서비스의 모든 인스턴스 조회
- 로드 밸런서를 사용해 요청할 인스턴스를 돌아가며 선택
- 선택된 인스턴스 호출
- 호출 애플리케이션에 결과 반환

웹 애플리케이션이 /customers 경로를 사용하는 경우, 고객 마이크로서비스에게 요청을 보낼 수 있다. 웹 애플리케이션은 서비스 탐색이나 로드 밸런서를 직접 사용할 필요 없이, 내부적으로 서비스 탐색과 로드 밸런서가 동작하는 게이트웨이를 통해 호출 애플리케이션에게 간단한 인터페이스를 제공한다.

게이트웨이는 마이크로서비스의 진입점이기 때문에 이를 사용할 때 아키텍처에 몇 가지 장점을 줄 수 있다. 게이트웨이는 보안을 위한 진입점으로 사용되며, 마이크로서비스를 접근하기 위한 자격 증명 또는 권한을 확인하고, 보안 메커니즘을 변경해야 할 경우 단일 접점인 게이트웨이에서만 변경하면 된다.

호출을 구현하는 쪽과 분리해 /products 경로를 다른 마이크로서비스로 구현하는 경우, 이를 사용하는 애플리케이션에 영향을 주지 않고 게이트웨이에서 변경할 수 있다.

 게이트웨이 패턴은 오랫동안 사용되던 엔터프라이즈 애플리케이션의 일반적인 패턴이지만 오늘날 클라우드 시대에는 그 어느 때보다도 의미가 있다.

서킷 브레이커

마이크로서비스에서는 수행한 동작이 결과적으로 실패하는 경우도 있다. 동작이 실패하더라도 여전히 사용자에게 응답할 수 있어야 하고, 소프트웨어의 다른 부분은 제대로 동작하도록 보장해야만 한다.

세 개의 마이크로서비스를 가지고 있다고 가정해보자.

- Opportunities 마이크로서비스는 고객과 관련된 추천과 고객 목록을 반환한다.
- Customers 마이크로서비스는 고객 정보만 반환한다.
- Offers 마이크로서비스는 추천 정보를 반환한다.

Opportunities 마이크로서비스는 Customers 마이크로서비스를 호출해 고객 정보를 얻고, 각 고객에 대한 추천을 검색하기 위해서 Offers 마이크로서비스를 호출한다. Offers 마이크로서비스가 동작하지 않는다고 가정하면 Opportunities 마이크로서비스는 매번 Offers 마이크로서비스를 호출하므로 Opportunities 마이크로서비스를 호출하면 사용자에게 오류가 반환된다. 그렇게 함으로써, 동작하지 않는 Offers 마이크로서비스를 과도하게 호출하게 되고, 호출할 때마다 오류를 받게 된다.

실제로 Opportunities 마이크로서비스의 성능을 저하시킬 수도 있다. Offers 마이크로서비스로부터의 응답을 기다리는 시간이 오래 걸릴 수 있기 때문에 Opportunities 마이크로서비스에서 Offers에 대한 의존성 문제가 발생하게 된다. 이런 일이 발생하지 않도록 서킷 브레이커circuit breaker를 사용해 Opportunities 마이크로서비스에서 Offers 마이크로서비스를 호출하는 작업을 캡슐화할 수 있다. 서킷 브레이커는 열린 또는 닫힌 상태를 가질 수 있으며, 마치 전기 설비의 차단기처럼 캡슐화된 작업을 사용할 수 있는지 여부를 알려준다.

작업이 실패하면 일정 기간 동안 회로를 닫고, 회로가 닫힌 이후에 Opportunities 마이크로서비스에 새 요청을 하면 Offers 마이크로서비스로 요청을 보내지 않고 오류만 반환한다. 일정 시간이 지난 후에, Offers 마이크로서비스가 다시 동작하는지 확인할 수 있으며, 회로를 열고 유효한 응답을 다시 반환할 수 있다. 회로가 닫힌 동안은 Offers 마이크로서비스가 복구될 시간이 주어진 것이다. 이것 뿐만이 아니라 이 기술에는 또 다른 장점이 있다.

서킷 브레이커를 사용하면 대체fallback[1] 메커니즘을 정의할 수 있는데, 회로가 닫힌 후 Offers 마이크로서비스의 응답을 반환할 수 없으면 대체 마이크로서비스를 이용해 서비스 요청자에게 기본 값을 반환할 수 있다. 이렇게 하면 애플리케이션에 정보가 계속 표시되므로, 대부분의 경우 정보가 없는 오류를 반환하는 것보다 훨씬 낫다.

>
> TIP
>
> 애플리케이션의 한 부분에서 발생한 장애로 인해 다른 부분이나 전체 애플리케이션의 장애가 발생하지 않도록 항상 확인해야 한다. 서킷 브레이커는 최악의 경우에도 완벽한 메커니즘이다.

스프링 클라우드 넷플릭스

넷플릭스Netflix는 오픈소스 이니셔티브OSI, open source initiatives[2]에 크게 기여하는 기업 중 하나다. 이들은 마이크로서비스에 초점을 맞춘 회사이기 때문에 넷플릭스 OSSOpen Source Software에 클라우드 아키텍처 패턴을 구현하는 많은 컴포넌트를 만들었으며, 스프링 클라우드를 함께 사용하면 필요한 패턴을 쉽게 구현할 수 있다.

사용하려고 하는 것들을 살펴보자.

- **유레카**Eureka: 마이크로서비스 인스턴스를 등록하거나 쉽게 검색할 수 있는 서비스 탐색

---

1 1장에서는 fallback을 소리나는데로 폴백이라 번역했지만, 이 장에서는 좀더 직관적인 이해를 위해 "대체"라는 용어를 사용했다. – 옮긴이

2 자세한 내용은 웹 사이트 http://opnsources.org를 참고하자. – 옮긴이

- 리본Ribbon: 유레카와 통합해 마이크로서비스 인스턴스내에서 호출을 분산할 수 있는 구성 가능한 소프트웨어 로드 밸런서
- 히스트릭스Hystrix: 마이크로서비스를 만들 때 사용할 수 있는 대체 메커니즘이 있는 구성 가능한 서킷 브레이커
- 주울Zuul: 유레카, 리본, 히스트릭스를 사용해 게이트웨이 패턴을 구현한 게이트웨이 서버

스프링 클라우드 마이크로서비스 만들기

클라우드 네이티브 마이크로서비스를 만들기 위해 5장에서 했던 것처럼 스프링 이니셜라이저를 사용한다.

https://start.spring.io/를 방문해 시작한다.

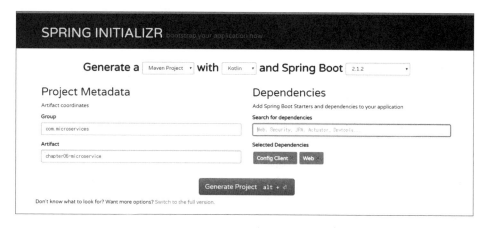

스프링 이니셜라이저에서 클라우드 프로젝트 만들기

Kotlin과 Spring boot 2.1.2을 사용해 Maven Projecet를 생성하고, Group을 com.micro services로, Artifact를 chapter06-microservice로 한다. Dependencies에는 Config Client 및 Web을 선택한다.

이제 Generate Project를 클릭해 ZIP 파일을 다운로드하고, 압축을 풀면 인텔리제이 IDEA 에서 열어 프로젝트 작업을 시작할 수 있다.

잠시 뒤, 프로젝트가 준비되고 메이븐 창을 열어서 다양한 라이프사이클 단계와 메이븐 플러그인과 목표를 볼 수 있다.

 2장, '스프링 부트 2.0 시작하기'에서 스프링 이니셜라이저, 메이븐, 인텔리제이 IDEA를 사용하는 방법을 다뤘다. 이 장에서 다루지 않는 내용을 배우려면 5장을 살펴보기 바란다.

첫 번째 시작 의존성으로 마이크로서비스에서 사용할 클라우드 컴포넌트인 Config Client를 선택했다.

클라우드 네이티브 마이크로서비스가 어떻게 시작되는지 알아보기 위해 실행해보자. 메이븐 창에서 spring-boot 플러그인의 run 목표를 더블클릭하거나 microservice 폴더의 명령줄에서 다음을 수행하면 된다.

```
mvnw spring-boot:run
```

얼마 후, 다음과 같은 것을 포함한 몇 줄의 로그 라인이 나타날 것이다.

```
INFO 13784 --- [ main] c.c.c.ConfigServicePropertySourceLocator :
Fetching config from server at: http://localhost:8888
WARN 13784 --- [ main] c.c.c.ConfigServicePropertySourceLocator : can not locate
PropertySource: I/O error on GET request for
"http://localhost:8888/application/default": Connection refused: connect;
nested exception is java.net.ConnectException: Connection refused: connect
```

서비스는 실행 중이지만, 컨피그 서버에 연결할 수 없기 때문에 마이크로서비스는 기본 설정 값인 http://localhost:8888에서 이를 찾으려고 시도한다.

다음 절에서는 클라우드 네이티브 마이크로서비스용 컨피그 서버를 만드는 방법에 대해 설명한다.

▍ 컨피그 서버

컨피그 서버Config Server를 사용하면 모든 마이크로서비스에 필요한 설정을 제공할 수 있기 때문에 마이크로서비스가 시작할 때 컨피그 서버의 위치 이외의 추가 설정은 필요하지 않다.

이런 설정을 지원하기 위해 설정 파일을 저장할 파일 시스템이나 Git 저장소 또는 데이터베이스에 이르기까지 다양한 백엔드를 사용할 수 있다.

단일 컨피그 서버에서 여러 애플리케이션의 설정을 제공할 수 있으며, 동시에 서로 공유할 수 있는 일련의 설정을 제공할 수도 있다.

마지막으로 컨피그 서버는 애플리케이션 프로파일을 관리할 수 있다. 이는 마이크로서비스를 어떻게 시작하는지에 따라 다양하게 설정할 수 있다. 이런 유연성은 환경별 설정을 변경하는 것에서부터, 애플리케이션이 사용할 수 있는 다양한 설정 모드에 이르기까지 다양한 용도로 사용할 수 있다.

이 개념을 좀 더 자세히 살펴보겠다.

컨피그 서버 만들기

`https://start.spring.io/`를 방문해 스프링 이니셜라이저에서 컨피그 서버를 만들 수 있다.

Kotlin과 Spring boot 2.1.2을 사용해 Maven Project를 생성하기로 하고, Group을 `com.microservices`로, Artifact는 `chapter06-configserver`로 한다. Dependencies에는 Config Server를 선택했다.

이제 Generate Project를 클릭해 ZIP 파일로 다운로드한 후, 압축을 풀면 인텔리제이 IDEA로 열어 컨피그 서버에 대한 작업을 시작할 수 있다.

이전 마이크로서비스를 실행할 때처럼 실행할 수 있다(예: 컨피그 서버 폴더의 명령줄 사용).

```
mvnw spring-boot:run
```

얼마 후 로그가 표시된다.

```
INFO 1872 --- [ main] o.s.b.w.embedded.tomcat.TomcatWebServer : Tomcat
started on port(s): 8080 (http) with context path ''
INFO 1872 --- [ main] c.m.c.Chapter06ConfigServerApplicationKt : Started
Chapter06ConfigServerApplicationKt in 3.773 seconds (JVM running for 6.848)
```

컨피그 서버는 8080 포트에서 시작하지만 마이크로서비스에서는 기본 포트인 8888 포트를 찾기 때문에 정상 동작하지 않는다. 먼저 변경해주자.

인텔리제이 IDEA의 프로젝트 창 main/src/resources를 확장해 resources 폴더를 연다.

이제 application.properties 파일을 클릭하고 Shift + F6을 눌러 application.yml로 이름을 바꾼 다음 편집한다.

```
server:
  port: 8888
```

이제 컨피그 서버를 다시 시작하면 포트 8888에서 실행할 것이다. 컨피그 서버 폴더에서 이전과 같이 실행해보자.

```
mvnw spring-boot:run
```

이제 8888 포트로 실행되고 있음을 로그에서 확인할 수 있다.

```
INFO 12188 --- [ main] o.s.b.w.embedded.tomcat.TomcatWebServer : Tomcat
started on port(s): 8888 (http) with context path ''
INFO 12188 --- [ main] c.m.c.Chapter06ConfigServerApplicationKt : Started
Chapter06ConfigServerApplicationKt in 3.857 seconds (JVM running for 6.925)
```

이제 Chapter06ConfigServerApplication 클래스를 열고 @EnableConfigServer 애노테이션을 사용해서 실제 컨피그 서버가 되도록 수정하자.

```
package com.microservices.chapter06configserver

import org.springframework.boot.autoconfigure.SpringBootApplication
import org.springframework.boot.runApplication
import org.springframework.cloud.config.server.EnableConfigServer

@SpringBootApplication
@EnableConfigServer
class Chapter06ConfigServerApplication

fun main(args: Array<String>) {
  runApplication<Chapter06ConfigServerApplication>(*args)
}
```

이제 컨피그 서버를 실행하면 설정 파일의 위치를 별도로 지정하지 않았기 때문에 오류가 발생한다.

application.yml을 편집해 컨피그 서버가 resources 안의 폴더를 사용하도록 설정할 수 있다.

```
server:
  port: 8888
spring:
```

```yaml
  profiles:
    active: native
cloud:
  config:
    server:
      native:
        search-locations: classpath:config/
```

먼저 native 프로파일을 사용하는 설정에서 Git 백엔드나 데이터베이스가 아닌 기본 파일시스템을 사용하도록 설정했고, 설정이 classpath의 /config 위치에 있음을 나타냈다.

컨피그 서버를 재시작한 후 URL http://localhost:8888/application/default을 요청하면 다음과 같이 출력돼야 한다.

```json
{
  "name": "application",
  "profiles": [
    "default"
  ],
  "label": null,
  "version": null,
  "state": null,
  "propertySources": []
}
```

이제 컨피그 서버 폴더의 /src/main/resources/config/application.yml 경로에 애플리케이션 기본 설정 파일을 추가한다.

```yaml
microservice:
  example:
    greetings: "hello"
```

만약 컨피그 서버를 다시 시작한 후 설정 URL http://localhost:8888/application/
default을 다시 요청하면 다음을 얻게 된다.

```
{
  "name": "application",
  "profiles": [
    "default"
  ],
  "label": null,
  "version": null,
  "state": null,
  "propertySources": [
    {
      "name": "classpath:config/application.yml",
      "source": {
        "microservice.example.greetings": "hello"
      }
    }
  ]
}
```

컨피그 서버를 시작할 때 mvnw clean을 수행해야 할 수도 있다. 그렇지 않은 경우 새 설정
을 가져오지 못할 수 있다.

clean과 spring-boot:run을 하나의 명령으로 호출할 수 있다.

```
mvnw clean spring-boot:run
```

이는 컨피그 서버가 설정 파일을 캐시했을 수 있기 때문에, clean으로 이를 제거하는 것
이다.

설정 얻기

컨피그 서버를 실행했다면 마이크로서비스를 실행할 수 있기 때문에 마이크로서비스 폴더에서 다시 실행해보자.

```
mvnw spring-boot:run
```

다음과 같은 로그가 보일 것이다.

```
INFO 15312 --- [ main] c.c.c.ConfigServicePropertySourceLocator : Fetching
config from server at: http://localhost:8888
INFO 9496 --- [ main] b.c.PropertySourceBootstrapConfiguration : Located
property source: CompositePropertySource {name='configService',
propertySources=[MapPropertySource
{name='classpath:config/application.yml'}]}
```

이것은 마이크로서비스가 컨피그 서버에 연결해 설정을 검색할 수 있음을 의미한다.

마이크로서비스에 간단한 RestController를 추가해 설정을 올바르게 가져오는지 확인해보자.

 3장. 'RESTFul 서비스 만들기'에서 컨트롤러를 만드는 방법을 배웠으므로 다음 예제를 더잘 이해하기 원한다면 3장을 다시 보기 바란다.

다음 코드를 사용해 GreetingsController라는 새 클래스를 만든다.

```
package com.microservices.chapter06microservice

import org.springframework.beans.factory.annotation.Value
import org.springframework.web.bind.annotation.GetMapping
import org.springframework.web.bind.annotation.RestController
```

```
@RestController
class GreetingsController {

  @Value("\${microservice.example.greetings}")
  private lateinit var greetings: String

  @GetMapping("/greetings")
  fun greetings() = greetings
}
```

이 코드는 microservice.example.greetings에 설정된 값을 반환하는 간단한 컨트롤러로 URL http://localhost:8080/greetings을 요청하면 다음과 같이 간단한 내용을 출력한다.

```
hello
```

이 값은 컨피그 서버에 설정돼 있으므로, 마이크로서비스와 컨피그 서버를 중지하고, 컨피그 서버 폴더의 resource/config/application.yml 파일을 편집한다.

```
microservice:
  example:
    greetings: "hello from config server"
```

이제 먼저 컨피그 서버를 시작한 다음 마이크로서비스를 다시 시작한다. URL http://localhost:8080/greetings을 요청하면 다음의 결과가 나타난다.

```
hello from config server
```

컨피그 서버와 마이크로서비스를 모두 재시작해야 변경이 반영되는데 그 이유가 무엇일까?

- 변경된 설정 값을 가져올 수 있도록 컨피그 서버를 재시작해야 한다.
- 마이크로서비스를 시작할 때만 설정을 가져오기 때문에 마이크로서비스를 재시작해야 한다.
- 컨피그 서버를 먼저 시작해야만 마이크로서비스에서 설정을 가져올 수 있다.

 재시작하지 않고 이 모든 작업을 할 수 있는 방법이 있지만, 이 책에서 다루기에는 내용이 복잡하므로 자세히 살펴 보려면 공식 컨피그 서버 설명서를 살펴보라.

http://cloud.spring.io/spring-cloud-config/single/spring-cloud-config.html

config/application.yml 안에 설정 값을 설정했다. 이 파일은 컨피그 서버에서 설정을 요청하는 애플리케이션을 위한 설정을 저장해두는 곳이지만, 컨피그 서버로부터 설정을 가져오는 여러 마이크로서비스가 있으므로 각 설정을 개별적으로 지정해야 한다.

그러기 위해서, 먼저 마이크로서비스를 위한 설정 파일을 변경한다. application.properties의 이름을 application.yml로 바꾼 후 다음과 같이 편집한다.

```
spring:
  application:
    name: "greetings"
```

애플리케이션의 이름을 정의했고, 이는 컨피그 서버에 설정을 요청할 때 사용한다.

이제 컨피그 서버 폴더 src/main/resources/config 경로 아래에 새 설정 파일을 추가하고 이름을 greetings.yml로 지정한다.

```
microservice:
  example:
    greetings: "hello for the greetings application"
```

컨피그 서버와 마이크로서비스를 재시작한 후 http://localhost:8080/greetings을 요청하면 다음과 같이 출력된다.

---

hello for the greetings application

컨피그 서버의 동작을 이해하기 위해 컨피그 서버의 URL http://localhost:8888/greetings/default을 요청하면 다음과 같이 출력된다.

```json
{
  "name": "greetings",
  "profiles": [
    "default"
  ],
  "label": null,
  "version": null,
  "state": null,
  "propertySources": [
    {
    "name": "classpath:config/greetings.yml",
    "source": {
      "microservice.example.greetings": "hello for the greetings application"
    }
  },
    {
      "name": "classpath:config/application.yml",
      "source": {
        "microservice.example.greetings": "hello from config server"
      }
    }
  ]
}
```

여기에서 볼 수 있듯이 기본 애플리케이션 설정과 우리의 마이크로서비스 설정 두 개가 있다. 스프링 클라우드 클라이언트는 설정 값을 결합해 검색한다. 이는 모든 마이크로서비스의 기본 값과 특정 마이크로서비스를 위한 개별 값을 정의할 수 있기 때문에 매우 유용하다.

데이터 암호화

때로는 암호와 같이 민감한 정보를 설정 파일에 저장할 수 있는데, 일반 텍스트로 표시되는 것을 원치 않을 것이다. 스프링 컨피그 서버를 사용하면 설정 파일의 데이터를 암호화할 수 있게 해준다.

 JVM에서 데이터를 암호화하려면 JAVA_HOME[2]에 lib폴더 아래의 Java Cryptography Extension (JCE)을 설치해야 할 수도 있다. Java 8은 http://www.oracle.com/technetwork/java/javase/downloads/jce8-download-2133166.html에서 다운로드 할 수 있다. README.txt 파일의 지시 사항을 따르면 된다.

먼저 컨피그 서버 폴더 main/src/resources 아래에 bootstrap.yml 파일을 추가해 컨피그 서버를 수정하자.

```
encrypt.key: "this_is_a_secret"
spring:
    cloud:
        config:
            server:
                encrypt:
                    enabled: false
```

---

3 여기서의 JAVA_HOME은 JDK가 아니라 JRE의 설치 경로를 의미한다. JCE는 jre/lib/security 폴더 아래에 위치한다. – 옮긴이

여기서는 데이터를 암호화할 때 사용할 암호화 키를 지정한다. 물론 그 값은 안전하게 보관해야 한다. 그리고 컨피그 서버가 설정을 클라이언트로 전송할 때 암호를 해독하지 않도록 한다. 클라이언트는 그것을 받았을 때 해독해야 한다.

컨피그 서버를 재시작한 후, URL을 통해 데이터를 암호화할 수 있다. 예를 들어, 메시지를 암호화하려면 다음과 같이 cURL을 요청한다.

```
curl http://localhost:8888/encrypt -d "secret message"
7b310fe9e22a913d6a21dd768a616f9700ba4bde6f1879b4d82a5a09ea8344a4
```

이제 src/main/resources/config/greetings.yml 파일의 값을 정할 수 있다.

```
microservice:
  example:
    greetings: "{cipher}7b310fe9e22a913d6a21dd768a616f9700ba4bde6f1879b4d82a5a09ea8344a4"
```

마이크로서비스의 설정을 요청하기 위해 URL http://localhost:8888/greetings/default을 요청하면 암호화됐음을 볼 수 있다.

마지막으로 마이크로서비스의 main/src/resources 폴더 아래에 bootstrap.yml 파일을 추가해 컨피그 서버와 동일한 키를 사용하도록 마이크로서비스를 수정한다.

```
encrypt.key: "this_is_a_secret"
```

마이크로서비스를 재시작한 후 URL http://localhost:8080/greetings/greetings을 요청하면 다음과 같이 표시된다.

```
secret message
```

예상했던 대로 메시지를 해독해 가져온다. 이제 이 기술을 사용해 더욱 민감한 정보를 암호화할 수 있게 됐다.

 이제 설정 값을 암호화했으므로, 컨피그 서버에서 정보를 암호화할 때 사용한 암호를 삭제할 수 있다. 마이크로서비스로 설정을 제공할 때 필요하지 않기 때문이다. 마찬가지로 보안 향상을 위해 서로 다른 마이크로서비스를 위해 다른 암호를 사용할 수 있다.

애플리케이션 프로파일 사용하기

여러 가지 이유로 설정이 변경될 수 있다. 개발 환경에서는 외부 시스템(예: 데이터베이스 또는 기타 서비스)에 대한 연결 등이 서로 바뀔 수 있으며, 운영 환경과 설정이 항상 동일하지 않을 수 있다.

스프링 클라우드는 프로파일을 사용해 설정을 쉽게 변경할 수 있는 메커니즘을 제공한다. 다양한 프로파일을 처리할 수 있도록 설정 파일을 수정해보자.

컨피그 서버 디렉토리 main/src/resources/config 경로 아래에 새 파일 greetings-production.yml을 만든다.

```
microservice:
  example:
    greetings: "hello from another profile"
```

이렇게 하면 또 다른 프로파일의 설정 값이 지정되고, 설정을 변경했으므로 컨피그 서버를 재시작해야 한다.

이제 다른 프로파일로 마이크로서비스를 실행하려면 먼저 다음과 같이 마이크로서비스를 jar 파일로 만들어야 한다.

```
mvnw package
```

그리고 마이크로서비스 폴더에서 다음 명령과 같이 다른 프로파일로 실행할 수 있다.

```
java -jar target/chapter06-microservice-0.0.1-SNAPSHOT.jar --spring.cloud.config.
profile=production
```

마이크로서비스를 재시작한 후 URL http://localhost:8080/greetings을 요청하면 다음과 같이 표시된다.

```
hello from another profile
```

스프링 클라우드 설정은 증분적incremental이다. 마이크로서비스가 실행되면 먼저 appli cation.yml에서 설정을 가져온 다음, greetings.yml에서 가져온 값으로 덮어쓰고, 마지막으로 프로파일의 값을 덮어쓴다. 이 경우에는 greetings-production.yml에서 변경된 값이다.

 스프링 클라우드의 증분적 설정을 통해 각 요구 사항에 맞게 설정파일을 만들고 각 단계마다 변경해야 하는 사항만 변경할 수 있다. 예를 들어 환경별 설정에 일부 세부 정보만 변경하고 나머지는 유지할 수 있다. 구성을 단순하게 유지하려면 각 파일에서 변경되는 값만 업데이트 하면 된다.

▌서비스 탐색

서비스 탐색 서버를 사용하면 마이크로서비스 인스턴스를 동적으로 등록할 수 있다. 애플리케이션이나 다른 마이크로서비스가 요청을 수행할 때, 동적 인스턴스의 목록을 사용할 수 있다. 인스턴스가 시작하거나 중지될 때 동적으로 관리해 마이크로서비스의 규모에 대한 정확한 정보를 제공한다. 마지막으로 하트비트 메커니즘을 사용해, 사용할 수 없는 인스턴스를 연결 해제하는 메커니즘을 제공한다.

스프링 클라우드는 서비스 탐색에 벤더 독립적 접근 방식을 제공한다. 하시코프 컨실Hashicorp Consul, 넷플릭스 유레카Netflix Eureka 또는 아파치 주키퍼Apache Zookeeper 같은 다양한 구현을 사용할 수 있다. 다음 절에서는 스프링 클라우드와 유레카를 사용해 얼마나 쉽게 통합할 수 있는지 알아본다.

서비스 탐색 서버 만들기

https://start.spring.io/의 스프링 이니셜라이저를 다시 사용해 탐색 서버를 만들 수 있다.

Kotlin과 Spring Boot 2.1.2을 사용하는 Maven Project를 생성하기로 하고, Group을 com.microservices로, Artifact는 chapter06-discoveryserver로 한다. Dependecies에 Eureka Server를 선택한다. 이제 Generate Project를 클릭해 ZIP 파일을 다운로드하고, 압축을 풀면 인텔리제이 IDEA로 유레카 서버가 동작하도록 시작할 수 있다.

먼저 application.properties 파일을 클릭하고 Shift + F6을 눌러 application.yml로 이름을 바꾼 다음 편집한다.

```
server:
  port: 8761
spring:
  application:
    name: "discovery-server"
```

탐색 서버가 8761 포트로 실행되도록 설정했다. 이것은 유레카 서버의 기본 값이다. 그리고 애플리케이션의 이름을 지정했다.

그런 다음 실제로 유레카 서버가 되도록 애플리케이션을 수정해야 하는데, 유레카 서버 디렉토리의 Chapter06DiscoveryServerApplication 클래스를 편집해 @EnableEurekaServer 애노테이션을 추가한다.

```
package com.microservices.chapter06discoveryserver

import org.springframework.boot.autoconfigure.SpringBootApplication
import org.springframework.boot.runApplication
import org.springframework.cloud.netflix.eureka.server.EnableEurekaServer

@SpringBootApplication
@EnableEurekaServer
class Chapter06DiscoveryServerApplication

fun main(args: Array<String>) {
  runApplication<Chapter06DiscoveryServerApplication>(*args)
}
```

이제 탐색 서버 폴더에서 다음 명령을 사용해 실행할 수 있다.

```
mvnw spring-boot:run
```

얼마 후 로그에 몇 개의 메시지가 표시되고, 유레카 서버가 동작 중임을 알 수 있다.

```
INFO 13540 --- [ Thread-11] e.s.EurekaServerInitializerConfiguration :
Started Eureka Server
```

URL http://localhost:8761/에 포함된 대시보드를 사용해 서비스 탐색 서비스에 등록된 것을 볼 수 있다.

탐색 서버에 연결하기

이제 탐색 서버가 준비됐기 때문에, 마이크로서비스를 등록할 수 있다. 하지만 먼저 유레카 클라이언트를 추가해야 한다. 마이크로서비스의 pom.xml을 편집해 의존성을 추가하자.

```
.....
<dependencies>
  <dependency>
    <groupId>org.springframework.cloud</groupId>
    <artifactId>spring-cloud-starter-netflix-eureka-client</artifactId>
  </dependency>
.....
</dependencies>
```

이제 마이크로서비스를 실행할 수 있지만, 그전에 컨피그 서버와 탐색 서버가 먼저 실행돼야 한다는 것을 기억하자. 마이크로서비스 폴더에서 다음과 같이 실행할 수 있다.

```
mvnw spring-boot:run
```

마이크로서비스 로그에서 다음을 볼 수 있다.

```
INFO 9092 --- [nfoReplicator-0] com.netflix.discovery.DiscoveryClient :
DiscoveryClient_GREETINGS/DESKTOP-2407SAG.home:greetings: registering service...
INFO 9092 --- [nfoReplicator-0] com.netflix.discovery.DiscoveryClient :
DiscoveryClient_GREETINGS/DESKTOP-2407SAG.home:greetings - registration status:
204
INFO 9092 --- [ main] o.s.b.w.embedded.tomcat.TomcatWebServer : Tomcat started on
port(s): 8080 (http) with context path ''
INFO 9092 --- [ main] .s.c.n.e.s.EurekaAutoServiceRegistration : Updating port to
8080
INFO 9092 --- [ main] c.m.c.Chapter06MicroserviceApplicationKt : Started Chapter0
6MicroserviceApplicationKt in 5.687 seconds (JVM running for 9.085)
```

즉, 마이크로서비스가 탐색 서비스에 등록되었다는 것이다.

 탐색 서버가 http://localhost:8761 포트에서 실행 중이기 때문에 탐색 서버의 위치를 설정할 필요가 없다. 기본적으로 마이크로서비스는 이 URL에 연결한다. 컨피그 서버의 application.yml 파일이나 다른 애플리케이션의 application.yml 설정 파일의 eureka. client.serviceUrl.defaultZone을 유레카 서버의 URL로 변경할 수도 있다. 그러면 모든 마이크로서비스가 동일한 유레카 서버에 연결하게 된다.

이제 서비스 탐색 대비보드 URL인 http://localhost:8761/을 요청하면 마이크로서비스가 등록된 것을 볼 수 있다.

Instances currently registered with Eureka

Application	AMIs	Availability Zones	Status
DISCOVERY-SERVER	n/a (1)	(1)	UP (1) - DESKTOP-2407SAG.home:discovery-server:8761
GREETINGS	n/a (1)	(1)	UP (1) - DESKTOP-2407SAG.home:greetings

유레카에 등록된 인스턴스

스프링 부트 액추에이터 사용하기

유레카는 등록된 마이크로서비스 인스턴스가 아직 실행 중인지 여부를 확인하는 메커니즘을 제공한다. 마이크로서비스가 유레카에 요청을 보내 요청을 받을 준비가 끝났다고 알린다. 이것이 하트비트다.

유레카가 하트비트를 받지 못하면 얼마 후 해당 인스턴스의 연결이 끊어지므로, 해당 인스턴스를 사용할 수 없다. 마이크로서비스가 하트비트를 다시 보내기 시작하면 유레카가 다시 연결된다. 기본적으로 하트비트 구현은 정기적인 요청을 전송해 해당 서비스가 여전히 활성 상태임을 알려주는 것이다.

그러나 스프링의 **스프링 부트 액추에이터**Spring Boot actuator는 서비스가 가동 중인지를 알 수 있는 더 나은 메커니즘을 제공한다. 스프링 부트 액추에이터는 스프링 컨텍스트를 탐색하고 모든 것이 정상인지 알려주는 표시기indicator를 제공한다. 예를 들어 연결 풀connection pool이 있는 경우, 표시기에서 연결할 수 있는지 아닌지를 확인할 수 있다.

스프링 부트 액추에이터는 이 정보를 상태 점검 URL 또는 JMX와 같은 다양한 방식으로 전파하며, 하트비트를 사용해 유레카로 전파할 수도 있다. 먼저, 마이크로서비스의 pom.xml 파일을 편집해 의존성으로 스프링 부트 액추에이터를 프로젝트에 추가한다.

```
.....
<dependencies>
  <dependency>
    <groupId>org.springframework.boot</groupId>
    <artifactId>spring-boot-starter-actuator</artifactId>
  </dependency>
.....
</dependencies>
```

이제 마이크로서비스의 application.yml 파일을 편집해야 한다.

```
spring:
  application:
    name: "greetings"
eureka:
  client:
    healthcheck:
      enabled: true
```

하트비트를 수행할 때 healthcheck 정보를 보내도록 유레카 클라이언트를 설정했다.

마이크로서비스를 재시작한 후 URL http://localhost:8080/actuator/health에서 상태 정보를 볼 수 있다. 여기서 마이크로서비스의 상태 정보를 제공하지만, 흥미롭게도 이 정보가 마이크로서비스가 여전히 활성화돼 있는지 아닌지의 하트비트를 유레카에게 알리기 위해 사용된다는 것이다.

 URL /actuator/health는 매우 흥미로운 기능이지만, 사용할 때 주의해야 한다. 다른 메커니즘을 사용해 이를 보호하거나 민감한 정보가 노출되지 않도록 기본 경로를 변경할 필요가 있다. 자세한 내용은 https://docs.spring.io/spring-boot/docs/current/reference/html/production-ready-monitoring.html에서 스프링 부트 액추에이터 설명서를 참고하자.

게이트웨이

클라우드 게이트웨이를 사용하면 애플리케이션 또는 다른 마이크로서비스에서 마이크로서비스를 사용하는 방법을 단순화할 수 있으며, 인스턴스 간에 로드 밸런싱을 수행하고 인스턴스에 접근하는 명확한 메커니즘과 노출 방법을 단순화할 수 있다. 스프링 클라우드는 넷플릭스 주울Netflix Zuul을 사용해 클라우드 마이크로서비스를 간단한 경로로 액세스할 수 있는 게이트웨이를 쉽게 만들 수 있다.

또한 주울은 넷플릭스 리본을 사용해 로드 밸런싱을 수행하고, 히스트릭스를 사용해 서킷 브레이커를 생성해서, 클라우드에게 마이크로서비스를 위한 게이트웨이를 제공한다.

이번 절에서는 게이트웨이를 만들고 마이크로서비스에 연결할 것이다.

게이트웨이 만들기

https://start.spring.io/를 요청해 스프링 이니셜라이저에서 게이트웨이 서버를 만들 수 있다.

Kotlin과 Spring Boot 2.1.2을 사용하는 Maven Project를 생성하기로 하고, Group을 com.microservices로, Artifact를 chapter06-gateway로 한다. Dependencies에는 Zuul, Eureka

Discovery, Config Client를 선택한다. Generate Project를 클릭해 ZIP 파일로 다운로드하고, 압축을 풀면 주울Zuul 서버를 시작하기 위해 인텔리제이 IDEA로 열 수 있다.

마이크로서비스가 실행 중이면 게이트웨이를 실행하도록 하자. 8080 포트가 이미 사용 중이므로 오류가 발생한다. 마이크로서비스는 나중에 게이트웨이를 통해 노출되므로 임의의 포트를 사용하도록 수정하자.

마이크로서비스 폴더의 main/resources/application.yml 파일을 수정한다.

```yaml
spring:
  application:
    name: "greetings"
eureka:
  client:
    healthcheck:
      enabled: true
server:
  port: 0
```

게이트웨이 폴더의 main/resources/application.yml 파일을 수정한다.

```yaml
spring:
  application:
    name: "gateway"
```

아래와 같은 올바른 순서로 서비스를 시작하자.

1. 컨피그 서버 시작

2. 서비스 탐색 서버 시작

3. 마이크로서비스 시작

4. 게이트웨이 서버 시작

이 단계가 끝나면 URL http://localhost:8761/에서 유레카 대시 보드를 볼 수 있다.

Instances currently registered with Eureka			
Application	AMIs	Availability Zones	Status
DISCOVERY-SERVER	n/a (1)	(1)	UP (1) - DESKTOP-2407SAG.home:discovery-server:8761
GATEWAY	n/a (1)	(1)	UP (1) - DESKTOP-2407SAG.home:gateway
GREETINGS	n/a (1)	(1)	UP (1) - DESKTOP-2407SAG.home:greetings:0

유레카에 인스턴스 등록

등록된 컴포넌트 인스턴스들을 볼 수 있다. 마이크로서비스를 노출시켜 보자.

라우터 정의

게이트웨이가 준비됐으므로, 이를 사용해 서비스를 라우팅할 수 있다. Chapter06Gateway
Application 클래스에 @EnableZuulProxy 애노테이션을 추가하는 것만으로 가능하다.

```
package com.microservices.chapter06gateway

import org.springframework.boot.autoconfigure.SpringBootApplication
import org.springframework.boot.runApplication
import org.springframework.cloud.netflix.zuul.EnableZuulProxy

@SpringBootApplication
@EnableZuulProxy
class Chapter06GatewayApplication

fun main(args: Array<String>) {
  runApplication<Chapter06GatewayApplication>(*args)
}
```

게이트웨이를 재시작한 후 URL `http://localhost:8080/greetings/greetings`을 요청하면 다음과 같이 표시된다.

```
secret message
```

이것은 실제로 어떻게 동작할까? 방법은 다음과 같다.

- URL `/greetings/greetings` 요청할 때 주울은 먼저 유레카에서 greetings 이름으로 등록된 항목을 찾는다.
- 유레카는 사용 가능한 인스턴스 목록을 반환한다. 예제는 마이크로서비스 인스턴스 하나만 있다.
- 주울은 마이크로서비스에 대한 모든 호출을 캡슐화하기 위해 히스트릭스를 사용해 서킷 브레이커를 만든다.
- 리본을 사용해 라운드 로빈으로 호출할 인스턴스를 선택한다.
- 주울은 URL에서 서비스의 이름을 삭제한다. 이 경우 서비스 이름은 `/greetings`이 되고 해당 인스턴스로 요청을 보낼 것이다.
- 요청이 실패하면 히스트릭스에 의해 생성된 회로가 몇 초 동안 닫히므로 추가 요청은 즉시 오류를 반환한다.
- 주울은 호출 결과를 호출한 애플리케이션으로 반환한다.

이 중 일부는 리본 또는 히스트릭스가 동작하는 방식과 같이 부분적으로 구성할 수 있다. 더 많은 매개 변수를 이해하려면 설명서를 확인하자. 또 하나의 흥미로운 점은 전체 마이크로서비스가 실제로 리다이렉션된다는 것이다. 예를 들어, `http://localhost:8080/greetings/application/health`를 사용하면 서비스의 액추에이터 상태를 보여준다. 주울은 유레카에 등록된 경로로 리디렉션하는 대신 고유 경로를 정의할 수 있다.

컨피그 서버 프로젝트의 src/resources/config/gateway.yml라는 새 설정 파일을 만들자.

```
zuul:
  ignoredServices: '*'
  routes:
    greetings:
      path: /message/**
      serviceId: greetings
```

컨피그 서버와 게이트웨이를 재시작한 후 URL http://localhost:8080/message/greetings를 요청하면 greetings 메시지가 표시될 것이다.

▌ 정리

이 장에서는 클라우드 네이티브 마이크로서비스에 대해 배웠다. 스프링 클라우드 아키텍처의 동작 방식과 사용된 다양한 패턴을 알아봤다. 또한 클라우드 아키텍처를 지원하기 위해 컨피그 서버 및 서비스 탐색 서버를 만드는 방법과 마이크로서비스에서 이를 사용하는 방법을 배웠다. 마지막으로 이런 모든 컴포넌트를 사용해 마이크로서비스를 쉽게 노출하는 게이트웨이를 만드는 방법을 배웠다.

7장에서는 도커^{Docker} 컨테이너와 마이크로서비스를 실행하는 데 도커 컨테이너를 사용하는 방법에 대해 살펴본다.

07

도커 만들기

도커^{Docker}는 애플리케이션을 컨테이너화하는 사실상의 표준 기술이며 컨테이너는 클라우드 애플리케이션의 핵심 기술 중 하나다. 이 장에서는 실제로 컨테이너가 무엇인지, 그리고 왜 컨테이너를 사용해야 하는지를 배운다. 도커 설치 방법, 시스템 구성 방법과 컨테이너 관리에 사용할 수 있는 명령을 알아본다. 그런 다음 도커 레지스트리$^{Docker\ registry}$에서 이미지를 가져와 실행해본다.

마지막으로 마이크로서비스로 도커 컨테이너를 생성하고 수동으로 게시하거나 메이븐 라이프사이클에 통합하는 방법을 배운다.

7장에서 다루는 내용은 다음과 같다.

- 도커 컨테이너
- 기본 이미지$^{Base\ images}$

- Dockerfiles
- 도커 명령줄
- Docker-Maven-plugin

▍도커로 시작하기

거의 모든 최신 클라우드에 컨테이너가 쓰이고 있으며, 이는 컨테이너가 이런 아키텍처에서 제공할 수 있는 이점 때문이다. 이번 절에서는 컨테이너에 대한 심도 있는 이해와 다른 접근 방법과의 주요한 차이점을 알아볼 것이다. 도커를 시스템에 설치하고 이를 관리하기 위한 기본 명령어를 이해하게 될 것이다. 마지막으로 도커 레지스트리에서 도커 이미지를 가져와서 실행할 것이다.

컨테이너 이해

서로 다른 환경에서 정확히 동일한 방식으로 동작하는 애플리케이션을 갖는다는 것은, 특히나 환경이 항상 동일하지 않기 때문에 어려운 도전 과제다. 개발 환경은 운영 서버와 완전히 다를 수 있다. 실제로 신규 서버를 만들 때 복잡한 작업 중 하나는 서버를 구성하고, 운영체제에 패치를 적용하며 네트워크 인터페이스나 사용자를 정의하는 것이다. 이런 문제들을 해결하기 위해 업계에서 **가상 머신**^{VM, Virtual Machine}이 사용됐다.

가상 머신

가상 머신에는 호스트 운영체제를 실행하는 서버와 시스템의 CPU나 메모리 같은 하드웨어와 자원의 가상화를 담당하는 하이퍼바이저라는 컴포넌트가 있다. 하이퍼바이저가 제공하는 자원을 사용하는 가상 머신을 시작하는 것이다. 여기에는 가상 머신을 위한 하드 드라이브 가상화로 사용할 마운트된 디스크 공간이 포함된다.

그런 다음 가상 머신이 시작되면 새 컴퓨터를 켜는 것과 같이 BIOS를 로드하고 설정한 가상 하드 드라이브에서 운영체제를 부팅한다. 그런 다음 운영체제는 가상화 하드웨어에 필요한 모든 컴포넌트를 로드하기 시작한다. 이런 이유로 가상 머신을 시작하는 것은 수분이 걸리는 무거운 프로세스가 필요하다. 가상 머신이 시작되면 서버 구성, 사용자 생성, 네트워크 구성, 소프트웨어 설치 등과 같은 시스템 구성을 해야 한다.

가상 머신을 구성하는 것은 실제 서버를 구성하는 것만큼 복잡하다.

이미지를 정의해서 추가 가상 머신에 사용할 수 있으므로, 모든 설정을 이미지에 저장해서 동일한 이미지로 다른 서버를 만들 수 있다. 그러나 이 새로운 서버는 네트워크 구성이나 시스템의 사용자등이 완전히 동일하므로 필요한 경우 구성을 다시해야 하며, 구성에 여전히 문제가 있다. 가상 머신은 운영체제를 실행해야만 하고 전체를 구성해야 하기 때문에 이전과 동일한 문제가 발생할 수 있다. 즉 VM이 환경마다 정확히 동일하지 않을 수 있다.

마지막으로 가상 머신의 프로비저닝, 구성, 기동은 일련의 자동화 기능을 사용하더라도 더 빠른 속도로 애플리케이션을 생성해야 하는 클라우드 환경에서 실행하기에는 너무 많은 시간이 소요되는 프로세스다. 게다가 가상 머신에 필요한 상당량의 가상화와 전체 운영체제를 포함해 각 상머신에서 실행해야 하는 소프트웨어의 양으로 인해 가상 머신은 리소스를 많이 사용한다. 또한 가상 머신을 호스트할 서버의 요구 사항도 매우 까다로울 것이다.

컨테이너

LXC^{Linux Containers} 사양은 이런 문제를 회피하기 위해 만들어졌다. 전반적인 취지는 동일한 리눅스 커널위에서 커널이 제공하는 기존 운영체제 리소스를 공유할 수 있는 이점을 활용하면서 다른 시스템의 프로세스로서 실행하는 격리되고 컨테이너화된 새로운 리눅스 시스템을 실행하는 것이다. 또한 이 컨테이너가 실패하더라도 커널에 영향을 미치지 않고 프로세스를 시작한 운영체제에도 영향을 주지 않도록 격리 상태를 유지한다.

그래서 가상화 시스템을 하이퍼바이저로 사용하기 위해 하드웨어를 가상화할 필요가 없으며, 컨테이너를 시작할 때는 새로운 서버를 시작하는 것이 아니라 서버 안에 프로세스를 생성하면 된다. 따라서 컨테이너는 어떤 가상 머신보다 가볍고, 시작 속도가 빠르며 그렇기 때문에 리소스 사용량이 적다. 컨테이너는 단 몇 초 안에 시작할 수 있으며, 이는 적시에 인스턴스를 생성하고 제거해야하는 클라우드 애플리케이션에 적합하다.

도커

도커는 원래 LXC 사양을 사용했지만 요즘에는 **오픈 컨테이너 이니셔티브**^{OCI, Open Container Initiative}의 일부인 RunC를 사용하며 기본적으로 LXC가 정의한 것과 동일한 원칙을 공유한다. 도커는 기본 이미지^{base image} 개념을 받아들여, 기존 이미지를 기반으로 컨테이너를 정의할 수 있으며, 필요한 구성 단계를 추가해 애플리케이션을 좀 더 유연하게 만들 수 있다.

예를 들어 애플리케이션에 필요한 자바 런타임이 포함된 컨테이너를 정의한 다음, 이전 컨테이너 기반으로 애플리케이션에 필요한 구성을 추가해 새로운 컨테이너를 정의할 수 있고, 이 두 번째 컨테이너에 필요한 소프트웨어를 추가해 세 번째 컨테이너와 최종 컨테이너를 만들 수 있다. 이런 이미지는 일반적으로 크기가 작고 몇 메가바이트로 구성되며, 최종 결과는 수초만에 시작되는 잘 구성된 애플리케이션이 된다.

도커 설치

이 장을 시작하려면 도커 CE^{Community Edition}을 시스템에 설치해야 한다. 공식 사이트 https://www.Docker.com/community-edition에서 운영체제에 맞는 가장 안정적인 버전을 설치할 수 있다.

도커 CE 대신 이전 버전인 도커 툴박스^{Docker Toolbox}를 웹 사이트 https://docs.docker.com/toolbox/overview/에서 설치할 수 있지만 다음 장의 예제에서는 도커 CE가 필요하다.

도커 CE 대신 도커 툴박스를 설치하면 localhost 대신 도커 머신의 IP 주소로 변경해야 할
수도 있다. 이것은 Docker-machine ip default 명령으로 알 수 있다. 이 명령은 도커 CE
에서는 작동하지 않는데 시스템이 로컬 호스트에 바인드되어 있기 때문이다. 설치가 끝나
면 제대로 작동하는지 확인할 수 있다.

```
docker --version
Docker version 17.09.0-ce, build afdb6d4
```

도커 시작하기

이제 도커 시스템이 준비됐으니 첫 번째 예제로 다음과 같은 간단한 도커 명령을 실행
하자.

```
docker run alpine echo hello from a Docker
```

출력은 다음과 같다.

```
Unable to find image 'alpine:latest' locally
latest: Pulling from library/alpine
b56ae66c2937: Pull complete
Digest:
sha256:d6bfc3baf615dc9618209a8d607ba2a8103d9c8a405b3bd8741d88b4bef36478
Status: Downloaded newer image for alpine:latest
hello from a Docker
```

여기서 한 것은 도커에게 이미지 기반으로 도커 컨테이너를 생성하고 실행하도록 요청 한 것이다. 이 예제에서는 알파인 리눅스^{Alpine Linux} 이미지를 사용했다. 버전을 명시하지 않았으므로 최신 버전의 알파인 리눅스 이미지를 얻을 것이다. 또한 이미지를 실행할 때 일부 매개 변수를 전송한다. 이 경우는 echo hello from Docker를 매개 변수로 전송했다. 이것은 도커를 만들어 시작하고 매개 변수를 보낸 다음 도커를 종료시킨다. 이제 다음 명령을 사용해 양방향 터미널^{interactive terminal}[1]이 있는 도커를 실행해 보겠다.

```
docker run -ti ubuntu /bin/bash
```

이제 다음과 같이 표시된다.

```
Unable to find image 'ubuntu:latest' locally
latest: Pulling from library/ubuntu
ae79f2514705: Pull complete
c59d01a7e4ca: Pull complete
41ba73a9054d: Pull complete
f1bbfd495cc1: Pull complete
0c346f7223e2: Pull complete
Digest:
sha256:6eb24585b1b2e7402600450d289ea0fd195cfb76893032bbbb3943e041ec8a65
Status: Downloaded newer image for ubuntu:latest
root@92665288e3dc:/#
```

이것은 우분투를 기본 이미지로 사용하는 도커 컨테이너를 실행하고 도커 내부에서 일종의 셀 세션의 일종인 /bin/bash 명령을 터미널에 연결한 것이다. 도커 내에서 ls나 cwd와 같은 명령을 실행할 수 있으며 exit 명령을 실행하면 도커가 종료된다.

---

1 −i= 표준 입출력을 키보드와 화면으로 가능하게 한다. −t= 텍스트 기반의 TTY 터미널을 가능하게 한다. − 옮긴이

이 시점에 기억해야 할 흥미로운 컨셉 하나는 Docker run을 실행했을 때 도커 컨테이너가 만들어지고 종료(exit)하면 중지(stop)되지만 도커 컨테이너는 여전히 남아 있기 때문에 필요할 때 다시 시작할 수 있다는 것이다.

먼저 다음 명령을 사용해 중지된 것을 포함한 모든 도커 컨테이너 목록을 나열한다.

```
docker ps -a
```

그러면 기존 도커의 Container ID와 상태 값을 표시하는 목록이 제공된다.

```
CONTAINER ID    IMAGE      COMMAND                  STATUS
99f3ec319d74    ubuntu     "/bin/bash"              Exited (0) 26 seconds ago
2caa58b34dd4    alpine     "echo hello from a..."   Exited (0) About a minute
Ago
```

이제 우분투 이미지를 다음과 같이 다시 시작할 수 있다.

```
docker start -i 99f3ec319d74
root@92665288e3dc:/#
```

다시, 우분투 컨테이너에서 명령줄이 열릴 것이다. 우분투 컨테이너는 우리가 멈춘 지점에서 다시 시작된다.

이미지 가져오기

도커를 실행할 때 실행할 이미지를 지정하면 도커는 먼저 시스템내에서 해당 이미지를 찾는다. 이미지가 존재하지 않으면 도커 리포지토리에서 다운로드할 것이다. 그러나 도커를 실행하기 전에 pull 명령을 사용해 해당 이미지를 다운로드할 수 있다.

예를 들어 다음 코드를 사용해 도커에서 공식 젠킨스^{Jenkins CI} 이미지를 가져와보자.

---

docker pull jenkins

몇 분 후에 다운로드한 젠킨스 이미지를 얻을 수 있다. 이 경우 이미지를 가져오는 게 훨씬 느린데, 이는 젠킨스 이미지가 이전에 사용한 이미지보다 훨씬 복잡하기 때문이다.

```
Using default tag: latest
latest: Pulling from library/jenkins
3e17c6eae66c: Pull complete
fdfb54153de7: Pull complete
a4ca6e73242a: Pull complete
93bd198d0a5f: Pull complete
ca4d78fb08d6: Pull complete
ad3d1bdcab4b: Pull complete
4853d1e6d0c1: Pull complete
49e4624ad45f: Pull complete
bcbcd4c3ef93: Pull complete
684fd378d7b5: Pull complete
022bbe93d4a7: Pull complete
b81594f168ea: Pull complete
9d129b450ba7: Pull complete
4440ce182be6: Pull complete
6740814fee7d: Pull complete
569c9d093c48: Pull complete
3476a17f5aaf: Pull complete
b5f15cfc5e79: Pull complete
f09efd2ee9bd: Pull complete
8e110586720b: Pull complete
Digest:
sha256:f369cdbc48c80535a590ed5e00f4bc209f86c53b715851a3d655b70bb1a67858
Status: Downloaded newer image for jenkins:latest
```

위의 Pull complete라는 각각의 문장은 가져오려고 시도한 도커 이미지의 레이어들이다. 각 레이어는 실제로 이미지를 만드는 데 필요한 각각의 단계다.

이미지 관리

시스템에 어떤 이미지들을 가져 왔는지 알고 싶으면 다음 명령을 사용할 수 있다.

```
docker images
```

사용 가능한 모든 이미지를 생성된 일시 및 크기와 함께 나열되며 언제든지 삭제할 수 있다.

```
REPOSITORY   TAG      IMAGE ID        CREATED       SIZE
ubuntu       latest   20c44cd7596f    3 days ago    123MB
alpine       latest   053cde6e8953    2 weeks ago   3.97MB
```

예를 들어 첫 번째 예제를 실행했을 때 가져왔던 alpine 이미지를 삭제해 보겠다.

```
docker rmi alpine
```

이제 다음과 같은 오류가 발생한다.

```
Error response from daemon: conflict: unable to remove repository reference
"alpine" (must force) - container 2caa58b34dd4 is using its referenced
image 053cde6e8953
```

이는 정지된 경우라도 실제로 이미지를 사용하는 도커 컨테이너가 있는 경우 이미지를 삭제할 수 없기 때문이다. 먼저, 도커 컨테이너를 삭제해야 한다. 중지된 것을 포함한 모든 컨테이너를 나열해보자.

```
docker ps -a
```

목록에서 모든 도커 컨테이너를 확인해야 하며 IMAGE 열에서 기반 이미지를 확인한다.

```
CONTAINER ID   IMAGE    COMMAND               STATUS
99f3ec319d74   ubuntu   "/bin/bash"           Exited (0) 26 seconds ago
2caa58b34dd4   alpine   "echo hello from a..." Exited (0) About a minute
ago
```

apline을 기반으로 한 컨테이너를 삭제해야 한다.

```
docker rm 2caa58b34dd4
2caa58b34dd4
```

이 명령은 전달한 것과 동일한 CONTAINER ID만을 출력하고, 다음 명령을 다시 실행해 이미지를 삭제한다.

```
docker rmi alpine
```

그러면 이미지가 삭제됐다는 확인 메시지가 표시된다.

```
Untagged: alpine:latest
Untagged:
alpine@sha256:d6bfc3baf615dc9618209a8d607ba2a8103d9c8a405b3bd8741d88b4bef36 478
Deleted:
sha256:053cde6e8953ebd834df8f6382e68be83adb39bfc063e40b0fc61b4b333938f1
Deleted:
sha256:2aebd096e0e237b447781353379722157e6c2d434b9ec5a0d63f2a6f07cf90c2
```

이제 이미지를 다시 나열한다.

```
docker images
```

결과적으로 이미지 목록에 더 이상 alpine이 표시되지 않는다.

```
REPOSITORY      TAG        IMAGE ID        CREATED        SIZE
ubuntu          latest     20c44cd7596f    3 days ago     123MB
```

▌마이크로서비스 도커 생성하기

이제 도커를 사용하는 방법에 대해 어느 정도 이해했으므로 이미지를 만들 차례다. 먼저 이번 절에서 사용할 간단한 마이크로서비스를 만든다. 그런 다음 도커 빌드 프로세스에 익숙해지면, 마지막으로 도커에 마이크로서비스를 만들고 실행한다.

예제 마이크로서비스 만들기

마이크로서비스를 만들기 위해 이전 장에서 했던 것처럼 스프링 이니셜라이저 Spring Initializr 를 사용한다.

먼저 URL https://start.spring.io/을 방문하는 것으로 시작한다.

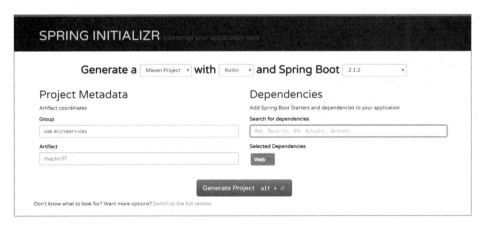

스프링 이니셜라이저

Maven Project를 Kotlin과 Spring boot 2.1.2을 사용해 생성한다. Group을 com.microservices로, Artifact를 chapter07로 선택한다. Dependencies에는 Web을 설정하다. 이제 Generate Project를 클릭해 zip 파일을 다운로드할 수 있다. 압축을 풀고 인텔리제이 IDEA에서 열어 프로젝트 작업을 시작할 수 있다. 잠시 뒤 프로젝트가 준비되고 메이븐 창을 열어서 다양한 라이프사이클 단계 및 메이븐 플러그인과 목표를 볼 수 있다.

 2장, '스프링 부트 2.0 시작하기'에서 스프링 이니셜라이저, 메이븐, 인텔리제이 IDEA를 사용하는 방법을 다뤘다. 이 장에서 다루지 않는 내용을 배우려면 2장을 방문하기 바란다.

이제 간단한 마이크로서비스를 만들기 위해 애플리케이션을 수정한다. 프로젝트 창에서 Chapter07Application.kt 파일을 열고 @RestController를 추가한다.

```kotlin
package com.microservices.chapter07

import org.springframework.boot.autoconfigure.SpringBootApplication
import org.springframework.boot.runApplication
import org.springframework.web.bind.annotation.GetMapping
import org.springframework.web.bind.annotation.RestController

@SpringBootApplication
class Chapter07Application

@RestController
class GreetingsController {
  @GetMapping("/greetings")
  fun greetings() = "hello from a Docker"
}

fun main(args: Array<String>) {
    runApplication<Chapter07Application>(*args)
}
```

이제 마이크로서비스를 시작해보자. 메이븐 창에서 spring-boot 플러그인의 run 목표를 더블클릭하거나 microservice 폴더의 명령줄에서 다음을 수행하면 된다.

```
mvnw spring-boot:run
```

잠시 뒤에 다음과 같은 내용을 포함한 몇 줄의 로그가 표시된다.

```
INFO 11960 --- [ main] o.s.b.w.embedded.tomcat.TomcatWebServer : Tomcat
started on port(s): 8080 (http)
INFO 11960 --- [ main] c.m.chapter07.Chapter07ApplicationKt : Started
Chapter07ApplicationKt in 1.997 seconds (JVM running for 8.154)
```

서비스가 준비되었으며 URL http://localhost:8080/greetings로 이동할 수 있지만, 아직 도커에서 실행되지 않는다. Ctrl + C로 멈추고 다음을 진행한다.

Dockerfile 만들기

도커 이미지를 만들려면 먼저 Dockerfile을 만들어야 한다. Dockerfile에는 이미지를 빌드하기 위해 도커에게 제공할 지침instruction이 포함된다. 이 파일을 만들려면 Project 창 상단에서 chapter07을 마우스 오른쪽 버튼을 클릭한 다음 드롭다운 메뉴에서 New > File을 열고 Dockerfile을 입력한다. 다음 창에서 OK를 클릭하면 파일이 만들어진다.

인텔리제이는 해당 파일을 인식하고 이를 처리할 플러그인을 제공한다. 편집 창 상단에 Plugins supporting Dockerfile files found 메시지가 나타난다. 이 메시지의 오른쪽에는 Install Plugins Ignore Extension이 표시된다. 인텔리제이에서 이 파일을 처리할 수 있게 하려면 Install Plugins을 클릭한다. 이렇게 하려면 IDE를 다시 시작해야 하며 몇 초 후에 다시 실행된다.

이제 다음을 Dockerfile에 추가할 수 있다.

```
FROM openjdk:8-jdk-alpine

ENTRYPOINT ["java","-version"]
```

여기서는 이미지가 알파인 리눅스에 Java OpenJDK 8을 기반으로 할 것이라고 도커에게 알려주고 있다. 그런 다음 도커의 진입점entrypoint과 도커가 실행될 때 java 명령을 -version 매개 변수로 실행되도록 설정한다. Dockerfile의 각 행은 도커의 전체 레이어 중 하나가 될 것이다.

이제 chapter07 디렉토리에서 명령줄을 열고 다음 명령을 실행해 이미지를 빌드한다.

```
docker build . -t chapter07
```

이렇게 하면 다음과 같이 출력된다.

```
Sending build context to Docker daemon 2.302MB
Step 1/2 : FROM openjdk:8-jdk-alpine
8-jdk-alpine: Pulling from library/openjdk
b56ae66c2937: Pull complete
81cebc5bcaf8: Pull complete
9f7678525069: Pull complete
Digest:
sha256:219d9c2e4c27b8d1cfc6daeaf339e3eb7ceb82e67ce85857bdc55254822802bc Status:
Downloaded newer image for openjdk:8-jdk-alpine
---> a2a00e606b82
Step 2/2 : ENTRYPOINT java --version
---> Running in 661d47cd0bbd
---> 3a1d8bea31e7
Removing intermediate container 661d47cd0bbd
Successfully built 3a1d8bea31e7
Successfully tagged chapter07:latest
```

이제 도커가 이미지를 만들었고 -t 옵션을 사용했기 때문에 이미지에 **chapter07** 태그가 추가됐다. 이제 다음과 같이 실행해보자.

```
docker run chapter07
```

다음과 같은 출력을 얻는다.

```
openjdk version "1.8.0_131"
OpenJDK Runtime Environment (IcedTea 3.4.0) (Alpine 8.131.11-r2)
OpenJDK 64-Bit Server VM (build 25.131-b11, mixed mode)
```

이것은 단순히 자바 버전을 표시하는 도커 이미지를 실행한 것이지만 여기에 마이크로서비스를 추가해야 한다. 그 전에 도커에 대한 명확한 이해가 필요하다. Dockerfile은 각각의 레이어를 만드는 명령으로 바이너리 이미지를 만든다. 이 명령들은 빌드 시 실행되며 원하는 이미지를 만들어낸다. 이미지는 이미지를 기동할 때 실행될 명령인 진입점[entry point]를 가진다.

도커는 특정 이미지의 컨테이너화된 인스턴스이다. 일반적으로 그것들을 컨테이너라고 부른다. 실행하면 원본 이미지의 사본이 컨테이너화되고 정의된 진입점을 실행해 실행 결과가 출력된다.

> Dockerfiles 생성에 대해 간략하게만 논했지만, 꼭 마스터해야 하는 기술이다. 도커 페이지 https://docs.Docker.com/engine/reference/builder/에서 Dockerfile reference를 볼 것을 권한다. 그리고 Dockerfile 모범 사례(https://docs.Docker.com/engine/userguide/eng-image/dockerfile_best-practices/)를 참조하라.

마이크로서비스 도커 만들기

마이크로 서비스를 도커로 만들기 위해서는 JAR로 패키징해야 한다. 메이븐에서 패키지 라이프사이클을 사용하자.

```
mvnw package
```

패키지가 생성되면 Dockerfile에서 이것을 사용하도록 수정해야 한다.

```
FROM openjdk:8-jdk-alpine

ADD target/*.jar microservice.jar

ENTRYPOINT ["java","-jar", "microservice.jar"]
```

ADD 명령을 사용해 target 폴더[2]의 마이크로서비스 JAR를 도커 이미지에 포함시킨다. target 디렉토리에서 가져와서 도커에 microservices.jar을 추가한다. 그런 다음 JAR을 실행하기 위해 진입점entry point을 변경한다.

이제 빌드 명령을 이용해 이미지를 다시 빌드한다.

```
docker build . -t chapter07
```

이제 다음과 같은 결과가 나타난다.

```
Sending build context to Docker daemon 21.58MB
Step 1/3 : FROM openjdk:8-jdk-alpine
---> a2a00e606b82
Step 2/3 : ADD target/*.jar microservice.jar
---> 5c385fee6516
```

---

2 메이븐에서 패키징을 하면 target폴더 밑에 jar파일이 생성된다. - 옮긴이

```
Step 3/3 : ENTRYPOINT java -jar microservice.jar
---> Running in 11071fdd0eb2
---> a43186cc4ea0
Removing intermediate container 11071fdd0eb2
Successfully built a43186cc4ea0
Successfully tagged chapter07:latest
```

하지만, 도커 명령은 지능적인 명령이기 때문에 이 빌드는 이전보다 빠르다. FROM 명령에서 변경되지 않은 사항은 캐시되고 다시 빌드되지 않는다.[3]

이제 다음을 사용해 마이크로서비스를 다시 실행할 수 있다.

```
docker run chapter07
```

이제 스프링 부트 애플리케이션이 실행 중임을 확인할 수 있다. 그러나 브라우저에서 접속이 안 되므로 Ctrl + C를 눌러 중지한다.

때로는 Ctrl + C를 눌러도 도커가 터미널로 돌아오지 않을 수도 있다. 완전히 멈추고 싶다면 다음 단계를 활용한다.

먼저 다음을 이용해 도커 목록을 구한다.

```
docker ps
```

여기에 도커 상태가 나오며 도커가 실제로 동작 중임을 알려준다.

CONTAINER	ID IMAGE	COMMAND	STATUS
d6bd15780353	chapter07	"java -jar microse..."	Up About a minute

---

3 캐시하지 않고 매번 새롭게 가지고 오도록 할려면 docker build 시 --no-cache를 사용할 수 있다. – 옮긴이

kill 명령으로 중지시킬 수 있다.

```
docker kill d6bd15780353
```

이제 Docker ps 명령을 다시 반복하면 도커가 표시되지 않지만 Docker ps -a를 수행하면
도커가 표시된다.

```
CONTAINER ID    IMAGE       COMMAND             STATUS
d6bd15780353    chapter07   "java -jar microse..."   Exited (137) 2 minutes ago
```

예상대로 도커의 상태가 up에서 exited로 변경됐다.

마이크로서비스 실행하기

이전 예제를 실행할 때 마이크로서비스에 접근할 수 없었던 이유는 컨테이너에서 실행 중
인 포트를 외부로 노출하지 않았기 때문이다.

따라서 Docker run 명령을 다음과 같이 수정해야 한다.

```
docker run -d -p8080:8080 chapter07
```

이제 URL http://localhost:8080/greetings로 접속하면 다음과 같은 결과가 출력된다.

```
hello from a Docker
```

도커의 내부 포트 8080을 외부에 노출했지만 -p 옵션을 사용하면 다른 포트로도 노출할
수 있다. 도커가 내부적으로 8080 포트에서 실행되더라도 외부에서는 다른 포트로 서비스
할 수 있다. 마이크로서비스를 실행할 때 명령줄을 통해 실행하면 Ctrl + C를 눌러서 종료
해야 한다. 이를 대신해 데몬으로 실행할 수 있다.

데몬은 시스템의 백그라운드에서 실행되는 프로세스이므로 프로세스가 백그라운드에서 계속 실행되는 동안 다른 명령을 계속 실행할 수 있다.

도커를 데몬으로 실행하려면 다음 명령을 사용할 수 있다.

```
docker run -d -p8080:8080 chapter07
```

이렇게 하면 도커가 백그라운드에서 데몬으로 실행되며, 여전히 액세스할 수 있다. 다음 명령을 수행하면 목록에 있어야 한다.

```
docker ps
```

여기서는 실행 중인 도커의 CONTAINER ID를 얻을 수 있다.

```
CONTAINER ID    IMAGE       COMMAND               STATUS
741bf50a0bfc    chapter07   "java -jar microse..."   Up About a minute
```

이제 로그를 보려면 다음 명령을 실행할 수 있다.

```
docker logs 741bf50a0bfc
```

실행 중인 도커의 로그가 표시된다. 그러나 현재 로그를 표시한 후에 종료된다. 더 많은 출력을 기다리려면 Unix tail 명령처럼 다음과 같이 할 수 있다.

```
docker logs 741bf50a0bfc -f
```

도커 게시

도커를 만드는 방법과 실행하는 방법에 대해 배웠으나, 우리가 만든 도커는 우리 시스템에 저장돼 있다. 이제 어디에서든 액세스할 수 있도록 게시 publish 해야 한다. 이번 절에서는 도커 이미지를 게시하는 방법과 메이븐을 도커와 통합해 마이크로서비스에서 동일한 단계를 쉽게 수행할 수 있는 방법을 살펴본다.

저장소 이해

앞의 예에서 도커 이미지를 만들 때 도커 이미지를 로컬 시스템 저장소에 게시해 Docker run을 실행할 수 있었다. 도커가 이 이미지들을 찾을 수 있었다. 하지만 이 로컬 저장소는 우리 시스템에만 존재하며, 우리가 만든 도커 이미지를 실행하고 싶은 어느 곳에서나 접근할 수 있도록 만들 필요가 있다.

예를 들어 빌드 파이프라인을 실행하는 컴퓨터에서 도커 이미지를 생성할 수 있지만 애플리케이션을 스테이징 서버 pre-production server 나 운영 서버에서 실행해야 하므로 모든 시스템에서 도커 이미지를 사용할 수 있어야 한다.

 도커의 가장 큰 장점 중 하나는 이미지를 구축하는 모든 개발자가 어떤 서버에서도 똑같은 이미지를 실행할 수 있다는 것이다. 이는 각 환경에서 서로 다른 무언가가 있거나, 문제의 원인을 찾으려고 할 때 운영 환경을 재현할 수 없는 위험을 최소화한다.

도커는 퍼블릭 저장소인 도커 허브 Docker Hub 를 제공해 이미지를 게시하고 가져올 수 있으며, 프라이빗 도커 저장소로 Sonatype Nexus, VMware Harbor, JFrog Artifactory 같은 프라이빗 도커 저장소를 사용할 수 있다. 추가 저장소 구성 방법은 각각의 설명서를 참조하라.

도커 허브 계정 만들기

도커 이미지를 도커 허브에 게시하려면 Docker.com 계정이 있어야 한다. 계정을 만들려면 도커 허브 홈 페이지를 방문하고 화면 오른쪽 상단의 Sign in 메뉴에서 계정을 등록한다.

도커 허브 회원 가입

등록한 후 도커 이미지를 게시하기 위해 명령줄에 Docker login 명령을 사용해 계정에 로그인한다.

```
docker login
Login with your Docker ID to push and pull images from Docker Hub. If you don't
have a Docker ID, head over to https://hub.Docker.com to create one. Username:
mydockerhubuser
Password:
Login Succeeded
```

도커 이미지를 게시하려면 기존에 작업 중이던 레지스트리에 로그인해야 한다. 도커에 로그인하는 것을 잊지 말자.

도커 게시

이제 도커 이미지를 도커 허브에 게시해보자. 먼저 이미지를 만들어야 한다. 도커 허브에서 계정을 만들면 사용자 이름을 가진 저장소가 생성된다. 이 예제에서는 mydockerhubuser 이다.

이 저장소용 도커 이미지를 빌드하기 위해 microservice 디렉토리에서 다음 명령을 이용한다.

```
docker build .   -t mydockerhubuser/chapter07
```

모든 계층이 캐시되어 있기 때문에 프로세스가 매우 빠를 것이다.

```
Sending build context to Docker daemon 21.58MB
Step 1/3 : FROM openjdk:8-jdk-alpine
---> a2a00e606b82
Step 2/3 : ADD target/*.jar microservice.jar
---> Using cache
---> 4ae1b12e61aa
Step 3/3 : ENTRYPOINT java -jar microservice.jar
---> Using cache
---> 70d76cbf7fb2
Successfully built 70d76cbf7fb2
Successfully tagged mydockerhubuser/chapter07:latest
```

이제 도커 이미지가 빌드됐으므로 다음 명령을 사용해 도커 허브에 푸시한다.

```
docker push mydockerhubuser/chapter07
```

이 명령은 전체 이미지를 업로드해야 하기 때문에 몇 분정도 소요된다. 도커 이미지가 게시되면 이제 다음 명령을 사용해 모든 도커 시스템에서 이 도커 이미지를 실행할 수 있다.

```
docker run mydockerhubuser/chapter07
```

아니면 다음과 같이 데몬으로 실행할 수 있다.

```
docker run -d mydockerhubuser/chapter07
```

도커와 메이븐 통합하기

이제 도커 개념의 대부분을 알았으므로 fabric8에서 만든 Docker-Maven-plugin을 사용해 메이븐과 도커를 통합할 수 있으며, 도커를 메이븐 빌드의 일부로 만들 수 있다. 먼저 Dockerfile을 다른 폴더로 옮긴다. 인텔리제이 Project 창에서 src 폴더를 마우스 오른쪽 버튼을 클릭하고 New > Directory를 선택한 다음 Docker라는 이름의 디렉토리를 만든다. 이제 기존 Dockerfile을 이 새 디렉토리로 끌어놓기 하고 다음과 같이 변경한다.

```
FROM openjdk:8-jdk-alpine

ADD maven/*.jar microservice.jar

ENTRYPOINT ["java","-jar", "microservice.jar"]
```

Dockerfile을 더 잘 관리하기 위해 프로젝트 폴더로 이동시킨다. 플러그인을 사용해 도커를 빌드하면 애플리케이션의 콘텐츠가 Maven이라는 폴더에 만들어지므로 해당 폴더를 참조하도록 Dockerfile을 변경한다.

이제 Maven pom.xml을 수정하고 build > plugins에 Dockerfile-Maven-plugin을 추가한다.

```xml
<build>
....
  <plugins>
....
  <plugin>
    <groupId>io.fabric8</groupId>
    <artifactId>Docker-maven-plugin</artifactId>
    <version>0.23.0</version>
    <configuration>
      <verbose>true</verbose>
      <images>
        <image>
          <name>mydockerhubuser/chapter07</name>
          <build>
            <dockerFileDir>${project.basedir}/src/Docker</dockerFileDir>
              <assembly>
                <descriptorRef>artifact</descriptorRef>
              </assembly>
              <tags>
                <tag>latest</tag>
                <tag>${project.version}</tag>
              </tags>
          </build>
          <run>
            <ports>
              <port>8080:8080</port>
            </ports>
          </run>
        </image>
      </images>
    </configuration>
  </plugin>
  </plugins>
</build>
```

여기서는 도커 이미지를 만드는 방법, Dockerfile 파일의 위치와 생성하는 도커 이미지의 버전을 지정한다. 추가로 도커가 실행될 때 노출되는 포트와 같은 일부 매개 변수를 지정한다. 메이븐 변경 사항을 인텔리제이에 다시 로드하려면 메이븐 Project 창에서 Reimport all maven projects 버튼을 클릭해야 할 수도 있다.

메이븐을 사용해 도커 이미지를 빌드하려면 메이븐 Project 창에서 Docker:build 태스크를 실행하거나 다음 명령을 실행한다.

```
mvnw docker:build
```

이렇게 하면 도커 이미지가 생성되지만 패키징을 먼저 할 필요가 있기 때문에 다음 명령을 수행할 수 있다.

```
mvnw package docker:build
```

메이븐을 이용해서 도커 이지미를 게시하려면 메이븐 Project 창에서 Docker:push 태스크를 실행하거나 다음 명령을 실행한다.

```
mvnw docker:push
```

이것은 도커 이미지를 도커 허브로 푸시하지만 한 가지 명령으로 모든 것을 처리하려면 다음 명령을 사용할 수 있다.

```
mvnw package docker:build docker:push
```

마지막으로 플러그인은 Docker:run, Docker:start, Docker:stop과 같은 태스크를 제공하며 명령줄에서 이미 배웠던 명령들을 사용할 수 있다.

┃ 정리

이 장을 통해 컨테이너가 무엇인지 이해하고 컨테이너의 장점과 가상 머신 간의 주요 차이점에 대해서 이해할 수 있었다. 도커를 사용해 마이크로서비스를 컨테이너화하는 방법과 이것이 애플리케이션에 이점이 되는 이유를 배웠다. 마지막으로 도커와 메이븐 빌드 시스템을 어떻게 통합할 수 있는지에 대한 몇 가지 예제를 살펴봤다.

8장에서는 마이크로서비스 확장 방법을 알아보고, 개념 이해를 위해 도커 스웜^{Docker Swarm}을 사용해 개인용 클라우드를 만들어본다.

08

마이크로서비스 확장

7장에서 마이크로서비스 아키텍처의 장점 중 하나로 독립적으로 확장할 수 있다는 점을 설명했다. 이는 클라우드 컴퓨팅의 장점을 활용한 애플리케이션을 만들 때 좋은 자산이 될 것이다. 최신 아키텍처에서는 더 이상 정적인 인프라가 아니라, 클라우드에 마이크로서비스를 배포한다. 이렇게 함으로써 필요에 따라 마이크로서비스 인스턴스 수를 최적으로 유연하게 사용할 수 있으며, 클라우드 기반 마이크로서비스를 원활하게 구축할 수 있다. 이 내용은 6장, '클라우드 네이티브 마이크로서비스 만들기'에서 이미 논의했다. 이 장에서 사용하는 개념을 한 번 더 살펴보고 싶다면 6장을 다시 읽어보기를 권한다. 클라우드 네이티브 마이크로서비스를 사용하려면 실제로 확장 가능한 방법과 제어 방법을 관리할 수 있는 클라우드가 필요하다.

이 장에서는 애플리케이션의 요구 사항에 맞게 인프라를 조정하기 위해 마이크로서비스를 어떻게 확장하는지에 대해 배우게 될 것이다. 마이크로서비스를 확장하는 데 사용될 클라우드를 시스템에 설정하고 이를 구성하고 관리하는 방법에 대해 알아보겠다.

8장에서 다루는 내용은 다음과 같다.

- 확장 가능한 아키텍처
- 도커 스웜Docker Swarm
- 서비스

▌ 확장 가능한 아키텍처

마이크로서비스를 확장할 경우, 실제로 확장 가능한 방식으로 디자인돼야 하고 아키텍처가 이런 요구 사항을 처리할 수 있어야 한다. 이번 절에서는 확장 가능한 아키텍처를 만드는 데 필요한 주요 개념과 마이크로서비스에 이를 적용하는 방법에 대해 알아보겠다.

확장의 방향성

애플리케이션은 변경 불가능한 것이 아니며, 애플리케이션이 사용되는 기간 동안 애플리케이션의 요구 사항에서부터 이를 사용하는 사용자 수에 이르기까지 변경될 수 있다. 더 복잡한 알고리즘, 자원 또는 데이터 소스를 필요로 하는 많은 기능을 구현하는 애플리케이션을 사용할 경우 기존에 사용했던 방식으로 처리하지 못할 수도 있다.

또한 애플리케이션을 사용하는 사용자 수가 증가하거나 사용 빈도가 증가해 애플리케이션 사용이 증가할 수 있다. 이런 시나리오에서는 분당 100건의 트랜잭션을 처리하던 것이 200건의 트랜잭션을 처리해야 한다거나, 동시 사용자 50명을 처리하던 것이 75명을 처리할 수도 있다. 이와 같은 경우 애플리케이션을 확장할 필요가 있다. 확장은 수평 또는 수직 방향 중 하나로 할 수 있다.

수직적 확장

애플리케이션을 확장할 때 CPU, 메모리, 디스크 공간을 추가해 애플리케이션이 사용하는 시스템의 용량을 늘릴 수 있다. 기본적으로 서버를 더 크게 만드는 것이다. 이를 수직적Vertical 확장이라고 한다.

물론, 이런 아키텍처를 사용할 수도 있지만 여기에는 몇 가지 단점이 있다.

- 확장은 일정 규모로 고정된다. 예를 들어, RAM을 더 추가했다고 하면 사용 여부에 관계없이 RAM은 항상 그 서버에 고정적으로 있게 된다.
- 수직 확장은 매우 강력한 CPU를 가진 서버에 CPU를 두 배로 늘리는 것과 같이, 이미 충분한 리소스를 가진 서버에 리소스를 부분적으로 늘리는 것이, 높은 사용률에 비해 비용이 비효율적인 한계점에 도달하게 된다.
- 특정 용도로 설계된 맞춤형 하드웨어에서 애플리케이션의 모든 요청을 처리하는 막대한 데이터베이스 시스템을 구입하는 경우처럼 최적의 솔루션과는 거리가 먼, 특정 벤더의 솔루션에 종속적인 것이 될 수 있다.

수평적 확장

애플리케이션을 확장할 때 확장 요구 사항을 처리하는 서버를 추가할 수 있다. 기본적으로 더 많은 서버를 추가하는데, 이를 수평적 확장이라고 한다.

이는 다음과 같은 몇 가지 장점을 제공한다.

- 동적으로 확장할 수 있다. 당장 서버를 추가하더라도 다음날 필요가 없으면 제거할 수 있다.
- 확장 비용이 더 효과적이다. 요구 사항에 맞게 서버를 추가할 수 있다.
- 독점 대형 하드웨어 솔루션 대신 값싼 표준 하드웨어를 사용하는 솔루션을 만들 수 있으며, 유지관리 비용도 일반적으로 더 저렴하다.

하지만 다음과 같은 몇 가지 과제도 있다.

- 여러 서버에서 실행되도록 설계되지 않은 애플리케이션은 쉽게 확장할 수 없다.
- 확장 요구 사항을 관리하는 소프트웨어나 하드웨어 도구가 필요하다.

이런 수평적 확장을 위해서 클라우드가 많은 도움이 될 수 있다.

확장 설계

애플리케이션의 각 개별 컴포넌트를 살펴볼 때 확장을 감안해 설계됐는지 여부를 고려해야 한다.

각 컴포넌트에 대해 다음과 같이 질문할 수 있다.

- 이 컴포넌트는 실행 중인 서버에 있는 특정 값을 저장하고 검색해야만 하는가? 예를 들어, 파일 시스템에 파일을 쓰거나 읽는 작업을 할 수 있는가?
- 이 컴포넌트는 다른 컴포넌트와 동기화해야 하는가?
- 이 컴포넌트는 이전에 호출했을 때의 정보가 필요한가? 특정 인스턴스가 항상 동일한 고객/사용자/시스템의 요청을 처리해야 한다고 가정해보자.
- 다른 컴포넌트나 실행 중인 요청에 영향을 주지 않고 언제든지 이 컴포넌트를 중지할 수 있는가?

이런 질문에 답할 때는 각 상황을 어떻게 처리할 수 있는지 생각해야 한다.

이 문제를 해결하는 한 가지 방법은 상태 비저장 컴포넌트stateless component를 만드는 것이다. 컴포넌트가 동작하는 데 상태가 필요하지 않고, 각 요청은 매개 변수를 받아 처리 후 결과를 반환해 시스템에 어떤 상태도 유지할 필요가 없다. 일부 애플리케이션은 외부 시스템인 데이터베이스를 상태 저장 컴포넌트stateful component로 사용할 수 있다.

그렇다면 상태 저장 컴포넌트는 어떻게 확장할 수 있을까?

최신 데이터베이스는 클러스터링으로 데이터 전체를 여러 서버로 동기화하거나, 여러 서버에 데이터의 일부분만을 클러스터링 또는 샤딩하는 방법으로 데이터를 확장할 수 있다. 어느 쪽이든, 데이터베이스와 같은 상태 저장 컴포넌트가 확장 가능하고 설정이 가능한지 확인해야 한다.

독립적 확장

아키텍처의 각 컴포넌트는 독립적으로 확장이 가능해야 한다. 즉, 하나의 마이크로서비스에 더 많은 인스턴스가 필요한 경우, 애플리케이션의 다른 부분을 확장하지 않고도 독립적으로 확장할 수 있어야 한다. 예를 들어 동일한 서버에 데이터베이스와 마이크로서비스가 함께 있는 경우, 필요하지 않더라도 항상 함께 같이 확장해야 한다. 하지만 각 컴포넌트별로, 마이크로서비스를 제외하고 데이터베이스만 확장하는 방식으로 확장하는 것이 가장 좋다. 이것은 1장, '마이크로서비스 이해'의 '마이크로서비스 원칙' 절을 봤다면 이미 알고 있을 것이다.

축소

확장은 단지 증가가 아니라는 점을 기억해야 한다. 예를 들어, 블랙 프라이데이^{Black Friday}나 크리스마스와 같은 특정 시즌에 추가 부하가 발생한다는 사실을 알고 있는 온라인 애플리케이션 인프라를 준비한다고 가정해보자.

해당 날짜까지만 확장하도록 아키텍처를 설계하겠지만, 날짜에 상관없이 필요할 때 축소하거나 최적으로 확장할 수 있어야 한다. 이를 수행하는 방법은 빠른 시작과 정상 종료를 하는 것이다. 이것은 스프링이 스프링 클라우드를 만들 때 이미 고려한 것이다.

다음 개념을 살펴보자.

- **빠른 시작**Fast startups: 이는 즉각적인 준비가 가능하다는 것을 의미한다. 도커와 같은 컨테이너는 이를 위해 매우 유용하며, 확장을 처리하기 위해 새로운 서비스 인스턴스를 빠르게 만들 수 있다.
- **정상 종료**Graceful shutdown: 인스턴스를 중지할 때 시스템의 나머지 부분을 계속 유지하는 만큼 속도가 빠르지 않다. 예를 들어, 상태 저장 컴포넌트가 있다면 자신이 가지고 있는 상태를 처리할 수 있도록 종료되고 있다는 것을 주변에 알릴 수 있다. 인스턴스가 서비스 레지스트리Service Registry에 등록돼 있는 경우, 서비스 레지스트리에 인스턴스가 종료되고 있음을 알려야 서비스 레지스트리가 사용 가능한 서비스 인스턴스 목록에서 해당 인스턴스를 제거할 수 있다.

클라우드 만들기

이제 확장을 처리하는 방법에 대한 개념을 이해했다면 확장 가능한 마이크로서비스를 구축하는 데 사용할 클라우드가 필요하다. 이번 절에서는 도커 스웜을 사용해 개인용 클라우드를 만드는 방법을 알아보자.

 이 장을 계속하려면 윈도우 또는 맥용 도커가 필요하다. 7장에서 설명한 단계를 수행할 수 있으며 이 장에서 사용할 도커 명령에 대한 자세한 정보를 찾을 수 있다.

스웜 만들기

도커 스웜은 도커가 제공하는 도구로, 쿠버네티스Kubernetes 같은 다른 도구와 비슷한 방법으로 클라우드를 만들 수 있다. 현재 버전에서 스웜은 도커의 일부로 포함돼 있으며, 도커 인스턴스를 만들 때 사용할 수 있는 도커 클러스터이기 때문에 먼저 새로운 스웜을 만들어야 한다. 다음 명령으로 도커 스웜을 만들 수 있다.

```
Docker swarm init
```

스웜이 준비되었음을 아래 메시지로 알 수 있다.

```
Swarm initialized: current node (kqhbzwiih5ynqonf2we16cqpn) is now a manager.

To add a worker to this swarm, run the following command:

    docker swarm join --token
SWMTKN-1-437vu5usnkkvnlb157kmb46gys9784hsnifg79a4lbeu7imv49-85uj1ta34bsu82e
jq0cf1tizc 192.168.65.2:2377

To add a manager to this swarm, run 'docker swarm join-token manager' and
follow the instructions.
```

이제 다음 명령으로 스웜이 준비됐는지 확인할 수 있다.

```
docker info
```

이 명령은 도커 스웜 세부 정보를 비롯해 도커 시스템의 많은 세부 정보를 알려준다.

```
Swarm: active
  NodeID: kqhbzwiih5ynqonf2we16cqpn
  Is Manager: true
  ClusterID: q5mnpql17drcymadbsy0ri2h5
  Managers: 1
  Nodes: 1
  Orchestration:
    Task History Retention Limit: 5
  Raft:
```

```
      Snapshot Interval: 10000
      Number of Old Snapshots to Retain: 0
      Heartbeat Tick: 1
      Election Tick: 3
    Dispatcher:
      Heartbeat Period: 5 seconds
    CA Configuration:
      Expiry Duration: 3 months
      Force Rotate: 0
    Autolock Managers: false
    Root Rotation In Progress: false
    Node Address: 192.168.65.2
    Manager Addresses:
      192.168.65.2:2377
```

자, 스웜이 준비됐다.

서비스 추가

도커 서비스는 클라우드의 도커를 제어할 수 있는 방법이다. 서비스는 도커를 관리하기 위한 도커 이미지의 인스턴스 집합이다. 다음 명령을 사용해 도커 알파인^{alpine} 이미지를 기반으로 하는 새로운 서비스를 만들 수 있다.

```
docker service create --replicas 1 --name helloworld alpine ping google.com
```

다음 명령을 사용해 클라우드의 서비스 인스턴스 수를 확인할 수 있다.

```
docker service ls
```

이 명령어는 다음과 같은 출력을 보여준다.

```
ID              NAME          MODE          REPLICAS      IMAGE
c9f635ec38fb    helloworld    replicated    1/1           alpine:latest
```

원한다면 다음 명령으로 서비스의 상세 정보를 확인할 수 있다.

```
docker service inspect --pretty helloworld
```

다음과 같이 출력돼야 한다.

```
ID:   kmvykoktb614awumprsmlbiij
Name:  helloworld
Service Mode:  Replicated
  Replicas:  1
Placement:
UpdateConfig:
  Parallelism:  1
  On failure:  pause
  Monitoring Period: 5s
  Max failure ratio: 0
  Update order:  stop-first
RollbackConfig:
  Parallelism:  1
  On failure:  pause
  Monitoring Period:  5s
  Max failure ratio:  0
  Rollback order:  stop-first
ContainerSpec:
  Image:
alpine:latest@sha256:e1871801d30885a610511c867de0d6baca7ed4e6a2573d506bbec7fd3b0
3873f
  Args:  ping google.com
Resources:
Endpoint Mode:  vip
```

여기서는 서비스에 대한 기본 설정을 확인할 수 있다.

서비스의 로그 확인하기

스웜에서 서비스가 실행되고 있으면 그 로그를 검색할 수도 있다. 다음 명령을 사용해 이를 수행할 수 있다.

```
docker service logs -f helloworld
```

다음과 같이 Ctrl + C를 누를 때까지 전체 내용이 출력된다.

```
helloworld.1.ibpnops8gddp@moby | 64 bytes from 216.58.206.78: seq=421
ttl=37 time=10.157 ms
helloworld.1.ibpnops8gddp@moby | 64 bytes from 216.58.206.78: seq=422
ttl=37 time=10.221 ms
helloworld.1.ibpnops8gddp@moby | 64 bytes from 216.58.206.78: seq=423
ttl=37 time=10.158 ms
helloworld.1.ibpnops8gddp@moby | 64 bytes from 216.58.206.78: seq=424
ttl=37 time=10.559 ms
helloworld.1.ibpnops8gddp@moby | 64 bytes from 216.58.206.78: seq=425
ttl=37 time=10.208 ms
helloworld.1.ibpnops8gddp@moby | 64 bytes from 216.58.206.78: seq=426
ttl=37 time=9.969 ms
helloworld.1.ibpnops8gddp@moby | 64 bytes from 216.58.206.78: seq=427
ttl=37 time=13.793 ms
helloworld.1.ibpnops8gddp@moby | 64 bytes from 216.58.206.78: seq=428
ttl=37 time=10.782 ms
helloworld.1.ibpnops8gddp@moby | 64 bytes from 216.58.206.78: seq=429
ttl=37 time=9.776 ms
helloworld.1.ibpnops8gddp@moby | 64 bytes from 216.58.206.78: seq=430
ttl=37 time=11.205 ms
helloworld.1.ibpnops8gddp@moby | 64 bytes from 216.58.206.78: seq=431
ttl=37 time=10.293 ms
helloworld.1.ibpnops8gddp@moby | 64 bytes from 216.58.206.78: seq=432
```

```
ttl=37 time=10.612 ms
helloworld.1.ibpnops8gddp@moby | 64 bytes from 216.58.206.78: seq=433
ttl=37 time=10.413 ms
helloworld.1.ibpnops8gddp@moby | 64 bytes from 216.58.206.78: seq=434
ttl=37 time=10.080 ms
helloworld.1.ibpnops8gddp@moby | 64 bytes from 216.58.206.78: seq=435
ttl=37 time=10.448 ms
helloworld.1.ibpnops8gddp@moby | 64 bytes from 216.58.206.78: seq=436
ttl=37 time=9.845 ms
helloworld.1.ibpnops8gddp@moby | 64 bytes from 216.58.206.78: seq=437
ttl=37 time=10.761 ms
helloworld.1.ibpnops8gddp@moby | 64 bytes from 216.58.206.78: seq=438
ttl=37 time=10.072 ms
```

여기서 흥미로운 점은 이 서비스의 모든 인스턴스를 종합적으로 볼 수 있다는 것이다.

서비스 삭제

서비스를 제거할 때는 다음 명령을 사용한다.

```
docker service rm helloworld
```

서비스를 제거한 후 다음 명령을 사용해 확인해보면 더이상 표시되지 않는다.

```
docker service ls
```

마이크로서비스를 서비스로 퍼블리시

이제 스웜이 준비됐으므로 확장을 위해서 스웜을 사용할 수 있다. 그러나 우선 스웜에 공유 레지스트리를 만들 것이다. 그런 다음 마이크로서비스를 도커로 배포하고, 마지막으로 마이크로서비스를 확장하는 방법과 제어하는 방법을 배운다.

레지스트리 만들기

스웜에 서비스를 만들 때 사용할 이미지를 지정했다. 도커에게 서비스 인스턴스를 만들도록 요청하면 스웜의 마스터 노드에서 이 작업이 수행된다.

도커 이미지를 개발 장비에 만들었다면 스웜의 마스터 노드에서는 사용할 수 없다. 따라서 서비스를 만들 때, 이미지를 배포할 레지스트리 서비스를 만들 것이다.

먼저 레지스트리 서비스를 만들자.

```
docker service create --name registry --publish 5000:5000 registry
```

이제 서비스를 확인하면 레지스트리가 생성된 것을 볼 수 있다.

```
docker service ls
ID              NAME      MODE        REPLICAS  IMAGE             PORTS
13qayzhgql0j    registry  replicated  1/1       registry:latest   *:5000->5000/tcp
```

그리고 http://localhost:5000/v2/_catalog를 요청하면 다음이 표시된다.

```
{"repositories":[]}
```

이 도커 레지스트리는 한시적이다. 즉, 서비스를 중지하고 다시 시작하면 등록한 이미지가 사라진다. 따라서 개발 용도로만 사용하는 것이 좋다. 실 환경에서 사용할 경우 7장, '도커 만들기'에서 이야기했던 것처럼 외부 서비스의 레지스트리를 사용할 수 있다.

마이크로서비스 만들기

마이크로서비스를 만들기 위해 이전 장에서 했던 것처럼 스프링 이니셜라이저를 사용한다.

https://start.spring.io/을 요청해 시작하자.

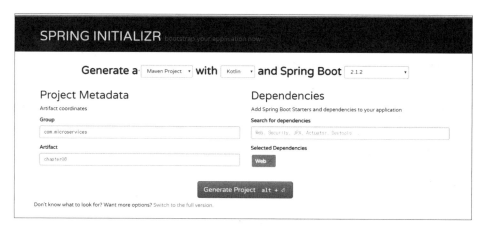

스프링 이니셜라이저로 프로젝트 만들기

Kotlin과 Spring boot 2.1.2을 사용하는 Maven project를 생성한다고 하자. group은 com.microservices와 Artifact는 chapter08로 한다. Dependencies에 Web을 선택한다.

Generate Project를 클릭해 ZIP 파일을 다운로드하고, 압축을 풀면 인텔리제이 IDEA로 열어서 프로젝트를 시작할 수 있다.

잠시 뒤 프로젝트 준비가 끝나면 메이븐 프로젝트 창을 열어 다양한 라이프사이클 단계와 메이븐 플러그인 및 목표를 볼 수 있다.

 2장에서 스프링 이니셜라이저, 메이븐, 인텔리제이 IDEA의 사용 방법을 자세히 다뤘다. 이 장에서 다루지 않는 내용은 2장을 참고하자.

이제 인텔리제이 IDEA의 **Project** 창에서 RestController를 추가할 것이다. com.micro services.chapter08 패키지를 마우스 오른쪽 버튼을 클릭한 후 **New > Kotlin File/Class** 팝업 창에서 이름을 HelloController로 설정하고 **Kind** 드롭다운에서 **Class**를 선택한다.

새로 생성된 컨트롤러를 수정해보자.

```kotlin
package com.microservices.chapter08

import org.springframework.web.bind.annotation.GetMapping
import org.springframework.web.bind.annotation.RestController
import java.util.*
import java.util.concurrent.atomic.AtomicInteger

@RestController
class HelloController {
  private val id: String = UUID.randomUUID().toString()

  companion object {
    val total: AtomicInteger = AtomicInteger()
  }

  @GetMapping("/hello")
  fun hello() = "Hello I'm $id and I have been called
${total.incrementAndGet()} time(s)"
}
```

이 컨트롤러는 URL /hello의 GET 요청에 대해 메시지를 표시한다. 객체가 생성될 때 지정되는 고유 ID를 메시지로 표시하며 호출된 횟수를 표시한다. AtomicInteger를 사용해 다른 사용자의 요청으로 인해 요청 횟수가 수정되지 않도록 보장한다.

마지막으로 application 폴더에서 application.properties 파일을 클릭하고 Shift + F6을 눌러 application.yml로 이름을 바꾼 다음 편집한다.

```
logging.level.org.springframework.web: DEBUG
```

스프링 웹 프레임워크의 로깅 수준을 디버그로 해서 로그를 확인한다. 향후 필요한 경우 로그에서 필요한 정보를 볼 수 있다. 이제 인텔리제이 IDEA의 Maven Projects 창에서 springboot:run 타겟을 사용하거나 명령줄에서 다음과 같이 마이크로서비스를 실행할 수 있다.

```
mvnw spring-boot:run
```

어느 쪽으로 시작하든 URL http://localhost:8080/hello를 요청하면 다음과 같이 표시된다.

```
Hello I'm a0193477-b9dd-4a50-85cc-9d9405e02299 and I have been called 1 time(s)
```

연속으로 요청을 하면 번호가 증가한다. 마지막으로 로그에서 다음을 볼 수 있다.

```
DEBUG 5316 --- [nio-8080-exec-7] o.s.web.servlet.DispatcherServlet :
Successfully completed request
```

이제 도커를 만들기 위해 마이크로서비스를 중지한다.

도커 만들기

마이크로서비스가 정상적으로 실행하므로 도커를 만들어야 한다. 프로세스의 단순화를 위해 Dockerfile을 사용한다. Project 창의 맨 위에 이 파일을 만들려면 chapter08을 마우스 오른쪽 버튼으로 클릭해 New > File을 선택하고 드롭다운 메뉴에 Dockerfile을 입력한다. 다음 창에서 OK를 클릭하면 파일이 만들어진다.

이제 다음을 Dockerfile에 추가할 수 있다.

```
FROM openjdk:8-jdk-alpine

ADD target/*.jar app.jar

ENTRYPOINT ["java","-Djava.security.egd=file:/dev/./urandom","-jar", "app.jar"]
```

 위의 경우 ID 생성에 필요한 임의의 숫자를 생성하기 위해 /dev/random 대신 /dev/urandom을 사용하도록 JVM에 정의했다. 이렇게 하면 작업이 훨씬 빨라진다. urandom이 random보다는 덜 안전하다고 생각할지도 모르지만, 다음 정보를 읽어보기 바란다. https://www.2uo.de/myths-about-urandom/

마이크로서비스 디렉토리에서 다음 명령을 사용해 패키지를 생성한다.

```
mvnw package
```

그런 다음 도커를 만든다.

```
docker build . -t hello
```

다음 명령을 사용해 공유 레지스트리 서비스의 이미지에 태그를 지정한다.

```
docker tag hello localhost:5000/hello
```

그런 다음 이미지를 공유 레지스트리 서비스로 푸시한다.

```
docker push localhost:5000/hello
```

서비스 만들기

마지막으로, 8080 포트로 서비스하는 마이크로서비스를 스웜에 서비스로 추가한다.

```
docker service create --name hello-service --publish 8080:8080
localhost:5000/hello
```

이제 URL http://localhost:8888/application/default를 요청하면 이전과 동일한 결과를 얻을 수 있지만, 지금은 도커 스웜에서 마이크로서비스가 실행 중이다.

▌ 서비스 제어하기

마이크로서비스를 서비스로 갖는 개인용 클라우드를 실행할 수 있게 됐으므로, 이를 제어하는 방법을 배워야 한다. 먼저 인스턴스를 확장하는 방법, 로그에 액세스하는 방법, 그리고 마지막으로 인스턴스를 독립적으로 제어할 수 있는 방법에 대해 알아보자.

인스턴스 확장

먼저 다음 명령을 사용해 실행하는 서비스를 살펴보자.

```
docker service ls
```

그러면 서비스 인스턴스가 표시된다.

```
ID              NAME           MODE          REPLICAS  IMAGE
PORTS
syqgugo598xn    hello-service  replicated    1/1       localhost:5000/hello:latest
*:8080->8080/tcp
os5j0iw1p4q1    registry       replicated    1/1       registry:latest
*:5000->5000/tcp
```

여기서 hello-service에 대한 replica 1개가 있음을 알 수 있다. 다음 명령을 사용해 인스턴스 수를 늘릴 수 있다.

```
docker service scale hello-service=3
```

몇 초 후에 인스턴스를 다시 볼 수 있다.

```
docker service ls
```

다음과 같이 표시된다.

```
ID              NAME           MODE          REPLICAS  IMAGE
PORTS
syqgugo598xn    hello-service  replicated    3/3       localhost:5000/hello:latest
*:8080->8080/tcp
os5j0iw1p4q1    registry       replicated    1/1       registry:latest
*:5000->5000/tcp
```

이제 cURL을 사용해 다음과 같이 요청을 요청을 반복한다.

```
for i in `seq 1 21`; do curl http://localhost:8080/hello; echo . ; done
```

그러면 다음이 출력돼야 한다.

```
Hello I'm c2df911e-b23f-4d5c-abb7-3c0af1075171 and I have been called 1 time(s).
Hello I'm c03dd8f9-ad81-406f-b8d4-9c9afb30f09b and I have been called 1 time(s).
Hello I'm 23b3fc20-e565-46f2-a19a-178b6310de71 and I have been called 1 time(s).
Hello I'm c2df911e-b23f-4d5c-abb7-3c0af1075171 and I have been called 2 time(s).
Hello I'm c03dd8f9-ad81-406f-b8d4-9c9afb30f09b and I have been called 2 time(s).
Hello I'm 23b3fc20-e565-46f2-a19a-178b6310de71 and I have been called 2 time(s).
Hello I'm c2df911e-b23f-4d5c-abb7-3c0af1075171 and I have been called 3 time(s).
Hello I'm c03dd8f9-ad81-406f-b8d4-9c9afb30f09b and I have been called 3 time(s).
Hello I'm 23b3fc20-e565-46f2-a19a-178b6310de71 and I have been called 3 time(s).
Hello I'm c2df911e-b23f-4d5c-abb7-3c0af1075171 and I have been called 4 time(s).
Hello I'm c03dd8f9-ad81-406f-b8d4-9c9afb30f09b and I have been called 4 time(s).
Hello I'm 23b3fc20-e565-46f2-a19a-178b6310de71 and I have been called 4 time(s).
Hello I'm c2df911e-b23f-4d5c-abb7-3c0af1075171 and I have been called 5 time(s).
Hello I'm c03dd8f9-ad81-406f-b8d4-9c9afb30f09b and I have been called 5 time(s).
Hello I'm 23b3fc20-e565-46f2-a19a-178b6310de71 and I have been called 5 time(s).
Hello I'm c2df911e-b23f-4d5c-abb7-3c0af1075171 and I have been called 6 time(s).
Hello I'm c03dd8f9-ad81-406f-b8d4-9c9afb30f09b and I have been called 6 time(s).
Hello I'm 23b3fc20-e565-46f2-a19a-178b6310de71 and I have been called 6 time(s).
Hello I'm c2df911e-b23f-4d5c-abb7-3c0af1075171 and I have been called 7 time(s).
Hello I'm c03dd8f9-ad81-406f-b8d4-9c9afb30f09b and I have been called 7 time(s).
Hello I'm 23b3fc20-e565-46f2-a19a-178b6310de71 and I have been called 7 time(s).
```

결과를 보면 세 개의 마이크로서비스 인스턴스가 라운드 로빈 방식으로 호출되고 있다는 것을 알 수 있다.

브라우저를 사용해 cURL을 사용한 것과 동일한 요청을 반복하면 라운드 로빈 대신 항상 동일한 마이크로서비스 인스턴스에서 결과를 얻을 것이다. 이것은 도커 스웜이 브라우저, 클라이언트, 응답하는 인스턴스간에 선호도(affinity)를 생성하기 때문이다. 따라서 같은 브라우저에서 반복되는 요청은 동일한 인스턴스에서 가져온다.

마이크로서비스에서 모든 인스턴스를 중지하려면 다음 명령을 사용해 인스턴스를 0으로 확장하면 된다.

```
docker service scale hello-service=0
```

서비스 로그 가져오기

인스턴스의 로그를 얻으려면 다음 명령을 사용할 수 있다.

```
docker service logs hello-service
```

또는 tail 명령어처럼 로그를 계속 보려면 다음의 명령을 수행할 수 있다.

```
docker service logs -f hello-service
```

어느 쪽이든 로그는 다음과 같을 것이다.

```
hello-service.3.sqmo44zoaqnc@moby ...
hello-service.2.enhf89re1kz9@moby ...
hello-service.2.enhf89re1kz9@moby ...
hello-service.1.suqe3o61n38e@moby ...
hello-service.2.enhf89re1kz9@moby ...
hello-service.2.enhf89re1kz9@moby ...
hello-service.2.enhf89re1kz9@moby ...
```

```
hello-service.2.enhf89re1kz9@moby ...
hello-service.2.enhf89re1kz9@moby ...
```

각 행의 시작은 로그가 나오는 곳을 나타낸다. 첫 번째 요소는 인스턴스 ID이며, 특정 인
스턴스에서 로그를 가져오기 위해 사용할 수 있다.

예를 들어, hello-service.3.**sqmo44zoaqnc**@moby으로 시작하면 다음 명령을 사용해 해당
인스턴스의 로그를 얻을 수 있다.

```
docker service logs -f sqmo44zoaqnc
```

그러면 세 번째 인스턴스의 로그가 출력된다.

서비스 제어하기

다음 명령을 사용해 하나의 서비스 정보를 가져올 수 있다.

```
docker service ps hello-service
```

그러면 다음과 같은 내용이 표시된다.

```
ID              NAME            IMAGE                       NODE
DESIRED STATE         CURRENT STATE         ERROR         PORTS
suqe3o61n38e    hello-service.1    localhost:5000/hello:latest
instance-20180606-2146    Running    Running 4 minutes ago
enhf89re1kz9    hello-service.2    localhost:5000/hello:latest
instance-20180606-2146    Running    Running 4 minutes ago
sqmo44zoaqnc    hello-service.3    localhost:5000/hello:latest
instance-20180606-2146    Running    Running 4 minutes ago
```

다음 명령을 사용해 해당 컨테이너의 셸shell 세션을 열 수 있다.

```
docker exec -it hello-service.2.enhf89re1kz9cieyvdgmnl9l1 /bin/sh
```

이렇게 하면 도커 컨테이너의 터미널이 열리고, 터미널을 종료하려면 exit 명령을 사용한다.

마지막으로 다음 명령을 사용해 서비스를 삭제할 수 있다.

```
docker service rm hello-service
```

이 마지막 명령을 사용하면 모든 서비스 인스턴스가 종료되고 서비스가 제거된다.

 이는 도커 스웜으로 할 수 있는 것들 중 일부일 뿐이지만, 컨테이너 관리 툴이 무엇을 할 수 있는지 이해하기 위해 다음 문서를 참조하라. 공식 문서는 https://docs.docker.com/engine/swarm/에서 제공된다.

▮ 정리

확장 가능한 아키텍처가 무엇인지 이해하고 그로부터 얻을 수 있는 장점을 알아봤다.

도커 스웜을 사용해서 자체적으로 개인용 클라우드를 만드는 방법을 배웠다. 마지막으로 클라우드에서 실행되는 마이크로서비스를 확장하는 방법을 살펴봤다.

9장에서는 운영 환경으로 나아갈 것이며, 첫 단계로 JUnit을 사용해 마이크로서비스를 테스트하고 스프링 프레임워크에서 지원하는 방법을 살펴본다.

09

스프링 마이크로서비스
테스트

테스트는 소프트웨어 개발에 있어 필수적인 부분이다. 왜냐하면 테스트는 구현이 정확하게 됐는지 확인할 수 있을 뿐만 아니라 테스트를 올바르게 수행하면 요구 사항을 만족시키는지를 알 수 있고 코드에 대한 살아 있는 문서를 제공하기 때문이다.

잘 작성된 테스트는 복잡한 소프트웨어를 이해하기 쉽게 만든다. 테스트에 도메인 유비쿼터스 언어를 사용하면 도메인 전문가를 포함한 팀 전체가 마이크로서비스에 대한 구현을 이해하게 만들 수 있으며, 이는 마이크로서비스에 엄청난 가치를 부여한다. 1장에서 도메인 주도 설계와 유비쿼터스 언어에 대해 배웠다. 앞으로 사용할 개념이므로 기억을 되살리기 위해 1장을 다시 읽어볼 것을 권한다.

마이크로서비스 구축에 스프링 프레임워크를 사용할 것이므로 스프링이 테스트를 위해 제공하는 컴포넌트에 대해 알아보고 단위 테스트를 위한 업계 표준 프레임워크인 JUnit을 사용한다. 이 책에서는 마이크로서비스 URL을 테스트하기 위해서 스프링 MockMvc를 어떻게 사용하는지 배우게 될 것이다.

그러나 복잡한 소프트웨어(특히 다른 시스템에 의존성을 가진 경우)를 테스트하는 것은 어려운 작업이다. 이 문제를 해결하기 위해 Mockito를 사용해 의존성이나 스프링 빈의 모의 테스트 방법을 배운다. 마지막으로 Kluent를 사용해 코틀린에서 마이크로서비스를 더욱 서술적이고 플루언트 테스트fluent test하는 방법을 배운다.

9장에서 다루는 내용은 다음과 같다.

- 스프링 부트 테스트Spring Boot Test
- JUnit
- MockMvc
- Mockito
- MockBean
- Kluent

▌ SpringBootTest 이해

지금까지 스프링 프레임워크를 사용해 마이크로서비스를 만드는 것이 얼마나 쉬운지 알 수 있었다. 이제 마이크로서비스를 테스트하는 방법과 스프링이 테스트에 어떤 도움이 되는지 살펴본다. 먼저, 테스트용으로 사용할 간단한 마이크로서비스를 만들 것이다. 그런 다음 SpringBootTest의 개념과 JUnit을 사용해 빈Bean을 테스트하는 방법을 이해할 것이다. 마지막으로 MockMvc를 사용해 컨트롤러를 테스트할 수 있는 방법을 배운다.

간단한 마이크로 서비스 만들기

마이크로서비스를 만들기 위해 이전 장에서 했던 것처럼 스프링 이니셜라이저를 사용한다.

먼저 https://start.spring.io/을 방문하는 것으로 시작한다.

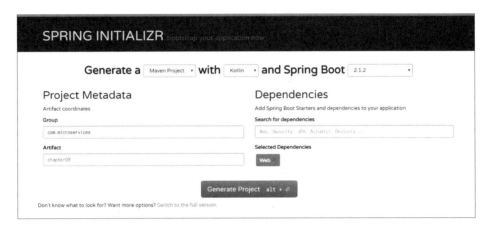

스프링 이니셜라이저

Maven Project를 Kotlin과 Spring Boot 2.1.2을 사용해 생성한다. Group을 `com.microservices`로, Artifact를 `chapter09`로 선택한다. Dependencies에는 Web을 설정한다. 이제는 Generate Project를 클릭해 zip 파일을 다운로드할 수 있다. 압축을 풀고 인텔리제이 IDEA에서 열어 프로젝트 작업을 시작할 수 있다. 잠시 뒤 프로젝트 준비가 끝나면 메이븐 프로젝트 창을 열어 다양한 라이프사이클 단계와 메이븐 플러그인, 목표를 볼 수 있다.

 2장, '스프링 부트 2.0 시작하기'에서 스프링 이니셜라이저, 메이븐, 인텔리제이 IDEA를 사용하는 방법을 다뤘다. 이 장에서 다루지 않는 내용을 배우려면 2장을 방문하기 바란다.

이제 `Customer` 클래스를 프로젝트에 추가한다. 인텔리제이 IDEA의 Project 창에서 `com.microservices.chapter09` 패키지를 마우스 오른쪽 버튼으로 클릭하고 New > Kotlin File/

Class를 선택한다. 팝업 창에서 이름을 Customer로 설정하고 **Kind** 드롭다운 메뉴에서
Class를 선택한다.

```
package com.microservices.chapter09

data class Customer(val id: Int, val name: String)
```

이 클래스를 사용해 고객 정보를 처리한다. 이제 다음 단계를 반복하면서 **Class** 대신
Interface를 선택해 새 인터페이스를 만들어 보겠다. 그것을 CustomerService라고 명명
할 것이다.

```
package com.microservices.chapter09

interface CustomerService {
  fun getCustomer(id: Int): Customer?
  fun getAllCustomers(): List<Customer>
}
```

이것은 고객 정보 검색을 담당하는 서비스의 인터페이스다. 이제 이전 단계를 반복해
CustomerServiceImpl란 이름의 새 클래스를 만들고 구현을 추가한다.

```
package com.microservices.chapter09

import org.springframework.stereotype.Service
import java.util.concurrent.ConcurrentHashMap

@Service
class CustomerServiceImpl : CustomerService {

  companion object {
    private val initialCustomers = arrayOf(Customer(1, "Kotlin"),
        Customer(2, "Spring"),
        Customer(3, "Microservice")
```

```
    )
    private val customers = ConcurrentHashMap<Int,
Customer>(initialCustomers.associateBy(Customer::id))
  }

  override fun getCustomer(id: Int) = customers[id]
  override fun getAllCustomers() = customers.map(Map.Entry<Int,
Customer>::value).toList()
}
```

이것은 ConcurrentHashMap에서 값을 가져오는 CustomerService 인터페이스의 단순한 구현이다.

마지막으로 CustomerService를 사용해 고객 정보를 반환하는 두 개의 GET 요청을 Rest Controller로 만든다. CustomerController라는 새 클래스를 만들려면 다음 단계를 반복한다.

```
package com.microservices.chapter09

import org.springframework.beans.factory.annotation.Autowired
import org.springframework.web.bind.annotation.GetMapping
import org.springframework.web.bind.annotation.PathVariable
import org.springframework.web.bind.annotation.RestController

@RestController
class CustomerController {
  @Autowired
  lateinit var customerService: CustomerService

  @GetMapping("/customer/{id}")
  fun getCustomer(@PathVariable id: Int) = customerService.getCustomer(id)

  @GetMapping("/customers")
  fun getCustomers() = customerService.getAllCustomers()
}
```

이제 인텔리제이 IDEA 메이븐 Project 창에서 spring-boot : run 타겟을 실행하거나 명령줄에서 다음을 실행해 마이크로서비스를 실행할 수 있다.

```
mvnw spring-boot:run
```

어느 쪽이든 http://localhost:8080/customers를 접속하면 다음과 같은 내용을 볼 수 있다.

```
[
  { "id":1,
  "name":"Kotlin"
  },
  { "id":2,
  "name":"Spring"
  },
  { "id":3,
  "name":"Microservice"
  }
]
```

또한 http://localhost:8080/customer/1을 접속하면 다음을 얻을 수 있다.

```
{
  "id":1,
  "name":"Kotlin"
}
```

 예제에서 사용한 많은 내용을 2장과 3장에서 다뤘다. 정보를 좀 더 알고 싶다면 내용을 다시 보기 바란다.

SpringBootTest 이해

스프링 이니셜라이저를 사용해 스프링 부트 애플리케이션을 만들면 SpringBootTest를 사용하는 테스트가 이미 포함돼 있다. 이 예제에서는 src/test/kotlin/com/microservices/chapter09 경로 아래에 있는 Chapter09ApplicationTests 파일이며 열어서 확인할 수 있다.

```kotlin
package com.microservices.chapter09

import org.junit.Test
import org.junit.runner.RunWith
import org.springframework.boot.test.context.SpringBootTest
import org.springframework.test.context.junit4.SpringRunner

@RunWith(SpringRunner::class)
@SpringBootTest
class Chapter09ApplicationTests {

  @Test
  fun contextLoads() {
  }

}
```

이것은 SpringBootTest를 사용해 스프링 애플리케이션이 실행되는지 테스트하는 JUnit 테스트다. 자세히 살펴보자. 먼저, @RunWith 애노테이션을 추가하고 사용할 러너를 JUnit에 지정한다. 스프링은 SpringRunner라는 이름의 JUnit 러너를 제공한다. 이렇게 하면 테스트가 실행될 때 스프링이 스프링 부트 애플리케이션을 시작하고, 스프링 애플리케이션 컨텍스트가 로드되면서 빈이 생성된다. 기본적으로 테스트를 위해서 마이크로서비스가 실행된다.

다음으로 @Test 애노테이션을 사용해 메소드를 테스트로 정의한 것을 볼 수 있는데, contextLoads라는 이름의 테스트는 아무것도 수행하지 않는다. 이는 SpringBootTest를 사용한 간단한 테스트이기 때문이다. 어떤 이유에서든 컨텍스트를 로드할 수 없거나 애플리케이션을 시작할 수 없는 경우 해당 테스트는 실패한다. 비어 있는 테스트를 하는 것이 이상하게 보일 수 있지만 서비스에서 뭔가를 변경하면 (예: 잘못된 빈을 만들거나, 잘못된 구성 등) 해당 테스트는 실패한다. 이를 이용하면 스프링 애플리케이션이 올바르게 설정됐는지를 점검할 수 있다. 이제 인텔리제이 IDEA 메이븐 Project 창에서 test 라이프사이클을 사용하거나 명령줄에 다음 명령을 사용해 테스트를 실행할 수 있다.

```
mvnw test
```

어느 쪽이든, 로그의 마지막에 실행된 테스트의 통계를 볼 수 있다.

```
[INFO]
[INFO] Results:
[INFO]
[INFO] Tests run: 1, Failures: 0, Errors: 0, Skipped: 0
[INFO]
```

인텔리제이 IDEA에서는 테스트를 빠르게 실행할 수 있는 인터페이스를 제공한다. 테스트 파일을 연 상태에서 Chapter09ApplicationTests 클래스 또는 contextLoads 메소드의 녹색 화살표를 클릭하면 동일한 테스트를 실행할 수 있다.

IntelliJ 테스트 화살표 실행

화면 하단 중앙에 있는 화살표를 클릭하면 테스트 결과 창에 녹색으로 표시된 성공한 테스트와 빨간색으로 표시된 실패한 테스트가 나오며, 이에 대한 각각의 로그가 표시된다.

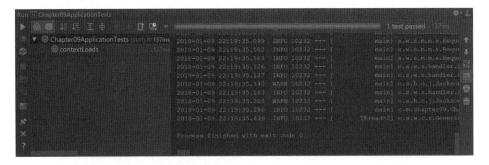

테스트 결과 창

테스트가 실패한 경우 테스트 이름을 더블클릭해 실패한 라인으로 이동할 수 있다. 또한 테스트 결과 창에서 해당 테스트의 실행 로그를 볼 수 있다.

 프로젝트의 모든 테스트를 실행하려면 Project 창의 src/test/Kotlin 폴더를 마우스 오른쪽 버튼으로 클릭하고 Run All Tests를 선택하면 된다. 변경으로 인해 다른 테스트가 실패할 수 있으므로 작업 중인 테스트만 실행하지 말고 틈틈이 전체 테스트를 수행해야 한다.

빈 테스트

스프링 마이크로서비스에서는 애플리케이션 내에서 다른 컴포넌트가 사용할 빈을 만들고, 테스트가 필요할 때 이를 사용하는 JUnit 테스트를 생성할 수 있다. 우리 예제에서는 `CustomerService`라는 이름의 인터페이스를 만들고, `CustomerServiceImpl` 클래스를 구현해 `@Service` 애노테이션을 추가했다. 이것은 테스트할 컨텍스트에서 빈을 생성한다.

먼저 CustomerServiceImpl 클래스 파일을 열어 클래스 이름을 선택하고 Shift + Ctrl + T를 누른다. 새 창에 Choose Test for CustomerServiceImpl와 Create New Test 옵션이 나온다. 옵션을 선택하면 Create Test 창이 뜬다.

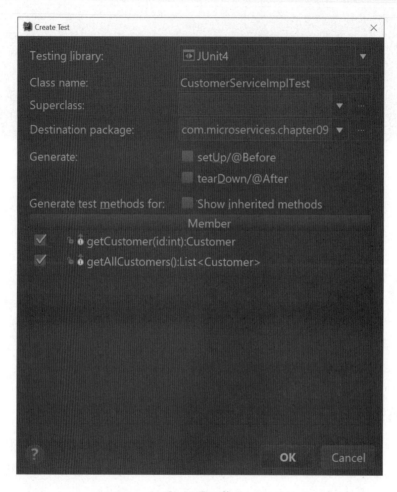

Create Test 창

기본적으로 이 창은 테스트 라이브러리가 JUnit4이고 클래스 이름이 CustomerService ImplTest로 표시된다. 테스트할 메소드인 getCustomer와 getAllCustomers를 선택하고 OK를 클릭한다. 이렇게 하면 src/test/kotlin/com/microservices/chapter09 경로에 새 CustomerServiceImplTest 클래스가 생성된다. 이 파일을 열어보자.

```kotlin
package com.microservices.chapter09

import org.junit.Test

class CustomerServiceImplTest {
  @Test
  fun getCustomer() {
  }

  @Test
  fun getAllCustomers() {
  }
}
```

이전과 마찬가지로 CustomerImplTest 클래스의 왼쪽에 있는 녹색 화살표를 클릭해 테스트를 실행할 수 있으며, 두 개의 테스트가 녹색 상태로 실행된다. 그것은 JUnit 테스트로 SpringBootTest가 아니기 때문에 다음과 같이 수정한다.

```kotlin
package com.microservices.chapter09

import org.junit.Test
import org.junit.runner.RunWith
import org.springframework.boot.test.context.SpringBootTest
import org.springframework.test.context.junit4.SpringRunner

@RunWith(SpringRunner::class)
@SpringBootTest
class CustomerServiceImplTest {
  @Test
```

```
  fun getCustomer() {
  }

  @Test
  fun getAllCustomers() {
  }
}
```

테스트 결과 창에서 녹색 화살표를 클릭하거나 앞에서와 마찬가지로 메인 편집기의 클래스 이름에 있는 화살표를 클릭해서 테스트를 다시 실행할 수 있다. 어떻게 실행하든 결과는 녹색이어야 한다.

 모든 테스트가 SpringBootTest일 필요는 없지만, 스프링 컴포넌트를 테스트할 때는 SpringBootTest로 만들어야 한다. 그러나 스프링 컨텍스트나 스프링 애플리케이션에 의존성이 없는 일반 클래스에 SpringBootTest를 사용할 필요는 없다.

이제 이 테스트에서 서비스를 사용해야 한다. SpringBootTest이므로 주입을 통해서 서비스를 얻을 수 있다.

```
package com.microservices.chapter09

import org.junit.Test
import org.junit.runner.RunWith
import org.springframework.beans.factory.annotation.Autowired
import org.springframework.boot.test.context.SpringBootTest
import org.springframework.test.context.junit4.SpringRunner

@RunWith(SpringRunner::class)
@SpringBootTest
class CustomerServiceImplTest {
  @Autowired
  lateinit var customerServiceImpl: CustomerServiceImpl
```

```
  @Test
  fun getCustomer() {
    customerServiceImpl.getCustomer(1)

  }

  @Test
  fun getAllCustomers() {
    customerServiceImpl.getAllCustomers()
  }
}
```

좀 더 진행하기 전에, 테스트하려는 것이 서비스 구현인지 아니면 서비스 인터페이스인
지를 고려해야 한다.

구현을 테스트할 때 구현이 변경되면 테스트를 다시 작성하거나 변경해야 한다. 구현에 관
계없이 인터페이스를 테스트하면 구현이 변경되더라도 테스트는 여전히 유효하다. 하지
만 구현의 구체적인 세부 사항의 테스트를 별도로 유지해야 한다.

따라서, 이 테스트를 변경해 인터페이스를 테스트할 것이다. 먼저 편집기 창에서 Customer
ServiceImplTest 클래스를 선택하고 Shift + F6을 클릭해 CustomerServiceTest로 이름을
바꾼 다음, 아래와 같이 변경한다.

```
package com.microservices.chapter09

import org.junit.Test
import org.junit.runner.RunWith
import org.springframework.beans.factory.annotation.Autowired
import org.springframework.boot.test.context.SpringBootTest
import org.springframework.test.context.junit4.SpringRunner

@RunWith(SpringRunner::class) @SpringBootTest
class CustomerServiceTest {
  @Autowired
  lateinit var customerService: CustomerService
```

```
  @Test
  fun getCustomer() {
    customerService.getCustomer(1)


  }

  @Test
  fun getAllCustomers() {
    customerService.getAllCustomers()
  }
}
```

이제 다시 테스트를 실행하면 제대로 동작할 것이다. 그러나 서비스의 메소드를 단순히 호출하는 것 외에는 하는 게 없다. 이제 예상 결과를 검증할 필요가 있고 이를 위해 어설션^{assertion}을 사용할 수 있다.

```
package com.microservices.chapter09

import org.junit.Assert
import org.junit.Test
import org.junit.runner.RunWith
import org.springframework.beans.factory.annotation.Autowired
import org.springframework.boot.test.context.SpringBootTest
import org.springframework.test.context.junit4.SpringRunner

@RunWith(SpringRunner::class)
@SpringBootTest
class CustomerServiceTest {
  @Autowired
  lateinit var customerService: CustomerService

  @Test
  fun getCustomer() {
    val customer = customerService.getCustomer(1)
    Assert.assertNotNull(customer)
```

```kotlin
    Assert.assertEquals(customer?.name, "Kotlin")
  }

  @Test
  fun getAllCustomers() {
    val customers = customerService.getAllCustomers()
    Assert.assertEquals(customers.size, 3)
  }
}
```

 Assert는 어설션 메시지를 지정할 수 있다. 예를 들어 assertNotNull (customer, "customer is null")으로 assert를 변경할 수 있다. 이와 같은 방식으로 테스트가 실패할 때 더 의미 있는 메시지를 얻을 수 있다.

먼저 테스트에 몇 가지 어설션을 추가했다. 고객을 얻어, 고객의 이름이 Kotlin임을 확인하고, 다음 메소드에서는 3명의 고객을 반환하는 것을 확인한다. 하지만 코드를 더 명확하게 하기 위해 assert 메소드의 static import를 변경하고, 테스트 이름을 바꿔서 '테스트를 어떻게 하는가'가 아니라 '어떤 테스트를 하려는가'를 나타내는 식으로 더 의미 있는 이름을 갖도록 할 수 있다.

```kotlin
package com.microservices.chapter09

import junit.framework.Assert.assertEquals
import junit.framework.Assert.assertNotNull
import org.junit.Test
import org.junit.runner.RunWith
import org.springframework.beans.factory.annotation.Autowired
import org.springframework.boot.test.context.SpringBootTest
import org.springframework.test.context.junit4.SpringRunner

@RunWith(SpringRunner::class)
@SpringBootTest
```

```kotlin
class CustomerServiceTest {
  @Autowired
  lateinit var customerService: CustomerService

  @Test
  fun `we should get a customer with a valid id`() {
    val customer = customerService.getCustomer(1)
    assertNotNull(customer)
    assertEquals(customer?.name, "Kotlin")
  }

  @Test
  fun `we should get all customers`() {
    val customers = customerService.getAllCustomers()
    assertEquals(customers.size, 3)
  }
}
```

이제 실행하면 테스트 결과 창이 표시된다.

테스트 창에 더 풍부한 표현의 결과들

assert를 오류가 나도록 변경하면 어떻게 될까? 예를 들어, assert를 assertEquals (customer?.name, "Java")로 변경하면 어떻게 될까? 테스트를 실행하면 다음과 같이 표시된다.

테스트 실패

다시 되돌려 놓고 컨트롤러를 계속 테스트해본다.

 이 테스트에서는 존재하지 않는 ID를 테스트하는 것과 같은 유효하지 않은 시나리오는 다루지 않았지만 전체 테스트에서는 이런 시나리오까지 고려돼야 하며, 테스트명을 적절히 명명하면 각 테스트의 의도를 쉽게 이해할 수 있다.

MockMvc 사용하기

지금까지는 빈을 테스트했다. 이제 컨트롤러가 HTTP 요청에 어떻게 응답하는지를 테스트할 것이다. 예를 들어 URL /customers에서 HTTP GET 요청을 하면 어떻게 될까? 이것을 테스트하려면 각 요청을 테스트할 방법이 필요하다. 스프링은 MockMvc라는 클래스를 제공해, 각 요청을 테스트할 수 있도록 서버 동작을 시뮬레이션한다.

먼저 Project 창에서 CustomerController 클래스를 선택하고 편집기에서 클래스 이름을 선택한다. Shift + Ctrl + T를 누르고 Create New Test를 선택한다. 이 이름은 자동으로 CustomerControllerTest로 지정된다. Create Test 창에서 옵션을 선택할 필요 없이 OK를 클릭한다.

이제 MockMvc 객체를 클래스에 추가해야 한다.

```
package com.microservices.chapter09

import org.junit.Test
import org.junit.runner.RunWith
import org.springframework.beans.factory.annotation.Autowired
import org.springframework.boot.test.autoconfigure.web.servlet.
AutoConfigureMockMvc
import org.springframework.boot.test.context.SpringBootTest
import org.springframework.test.context.junit4.SpringRunner
import org.springframework.test.web.servlet.MockMvc
```

```
@RunWith(SpringRunner::class)
@SpringBootTest
@AutoConfigureMockMvc
class CustomerControllerTest {
  @Autowired
  lateinit var mockMvc: MockMvc

  @Test
  fun `mock mvc should be configured`() {
  }
}
```

먼저 테스트 클래스는 SpringRunner를 사용하는 SpringBootTest가 되도록 설정한다. 그런 다음 MockMvc를 주입한다. 첫 번째 테스트를 실행하면 오류가 발생하지 않는다. 이 첫 번째 테스트는 필요하지 않기 때문에 삭제해도 된다.

이제 CustomerControllerTest 클래스에 테스트를 추가해 URL /customer에서 GET 요청을 처리하는 테스트를 만든다.

```
package com.microservices.chapter09

import org.junit.Test
import org.junit.runner.RunWith
import org.springframework.beans.factory.annotation.Autowired
import
org.springframework.boot.test.autoconfigure.web.servlet.AutoConfigureMockMvc
import org.springframework.boot.test.context.SpringBootTest
import org.springframework.test.context.junit4.SpringRunner
import org.springframework.test.web.servlet.MockMvc
import org.springframework.test.web.servlet.request.MockMvcRequestBuilders.get
import org.springframework.test.web.servlet.result.MockMvcResultMatchers.status
import org.springframework.test.web.servlet.result.MockMvcResultHandlers.print

@RunWith(SpringRunner::class)
@SpringBootTest
@AutoConfigureMockMvc
```

```
class CustomerControllerTest {
  @Autowired
  lateinit var mockMvc: MockMvc

  @Test
  fun `mock mvc should be configured`() {
  }

  @Test
  fun `we should GET a customer by id`() {
    mockMvc.perform(get("/customer/1"))
        .andExpect(status().isOk)
        .andDo(print())
  }
}
```

mockMvc를 사용해 URL /customer/1에 GET 요청을 수행한 다음 HTTP 응답 상태로 200 OK를 얻는지 확인한다. 마지막으로 mockMvc에 요청과 응답을 로그에 출력하도록 요청해야 한다. 테스트를 실행하면 로그 라인에 다음을 볼 수 있다.

```
MockHttpServletResponse:
           Status = 200
    Error message = null
          Headers = {Content-Type=[application/json;charset=UTF-8]}
     Content type = application/json;charset=UTF-8
             Body = {"id":1,"name":"Kotlin"}
    Forwarded URL = null
   Redirected URL = null
          Cookies = []
```

그러나 실제 응답 내용을 점검하지는 않았다. jsonPath 메소드를 사용해 출력 JSON에서 XPath와 유사한 쿼리를 수행하도록 한다.

```kotlin
package com.microservices.chapter09

import org.junit.Test
import org.junit.runner.RunWith
import org.springframework.beans.factory.annotation.Autowired
import org.springframework.boot.test.autoconfigure.web.servlet.
AutoConfigureMockMvc
import org.springframework.boot.test.context.SpringBootTest
import org.springframework.test.context.junit4.SpringRunner
import org.springframework.test.web.servlet.MockMvc
import org.springframework.test.web.servlet.request.MockMvcRequestBuilders.get
import org.springframework.test.web.servlet.result.MockMvcResultHandlers.print
import org.springframework.test.web.servlet.result.MockMvcResultMatchers.jsonPath
import org.springframework.test.web.servlet.result.MockMvcResultMatchers.status

@RunWith(SpringRunner::class)
@SpringBootTest
@AutoConfigureMockMvc
class CustomerControllerTest {
  @Autowired
  lateinit var mockMvc: MockMvc

  @Test
  fun `mock mvc should be configured`() {
  }

  @Test
  fun `we should GET a customer by id`() {
    mockMvc.perform(get("/customer/1"))
        .andExpect(status().isOk)
        .andExpect(jsonPath("\$.id").value(1))
        .andExpect(jsonPath("\$.name").value("Kotlin"))
        .andDo(print())
  }
}
```

여기서는 먼저 `$.id` 경로를 사용해 고객 `id`를 얻는다. $가 코틀린 문자열 보간법^{String interpolation}에서 사용되기 때문에 \$를 사용해 $ 문자를 이스케이프해야 한다는 것을 기억하자.

그런 다음 값을 비교하기 위해 value 메소드를 사용한다.

이제 새로운 테스트를 추가해서 고객 목록을 가져오는 URL /customers를 테스트한다.

```
package com.microservices.chapter09

import org.junit.Test
import org.junit.runner.RunWith
import org.springframework.beans.factory.annotation.Autowired
import org.springframework.boot.test.autoconfigure.web.servlet.
AutoConfigureMockMvc
import org.springframework.boot.test.context.SpringBootTest
import org.springframework.test.context.junit4.SpringRunner
import org.springframework.test.web.servlet.MockMvc
import org.springframework.test.web.servlet.request.MockMvcRequestBuilders.get
import org.springframework.test.web.servlet.result.MockMvcResultHandlers.print
import org.springframework.test.web.servlet.result.MockMvcResultMatchers.jsonPath
import org.springframework.test.web.servlet.result.MockMvcResultMatchers.status

@RunWith(SpringRunner::class)
@SpringBootTest
@AutoConfigureMockMvc
class CustomerControllerTest {
  @Autowired
  lateinit var mockMvc: MockMvc

  @Test
  fun `mock mvc should be configured`() {
  }

  @Test
  fun `we should GET a customer by id`() {
    mockMvc.perform(get("/customer/1"))
```

```
        .andExpect(status().isOk)
        .andExpect(jsonPath("\$.id").value(1))
        .andExpect(jsonPath("\$.name").value("Kotlin"))
        .andDo(print())
    }

    @Test
    fun `we should GET a list of customers`() {
      mockMvc.perform(get("/customers"))
        .andExpect(status().isOk)
        .andExpect(jsonPath("\$").isArray)
        .andExpect(jsonPath("\$[0].id").value(1))
        .andExpect(jsonPath("\$[0].name").value("Kotlin"))
        .andExpect(jsonPath("\$[1].id").value(2))
        .andExpect(jsonPath("\$[1].name").value("Spring"))
        .andExpect(jsonPath("\$[2].id").value(3))
        .andExpect(jsonPath("\$[2].name").value("Microservice"))
        .andDo(print())
    }
}
```

이 마지막 테스트에서는 결과에 배열이 실제로 있는지와 각 요소의 값이 예상했던 결과
인지를 확인한다.

▌ 모의 빈 사용하기

복잡한 시스템을 테스트하는 것은 어려운 일이다. 특히 의존성을 다루는 경우 더욱 그렇
다. 소프트웨어가 데이터베이스나 혹은 다른 서비스 백엔드와 같은 외부 시스템에 의존하
는 경우, 통제권 밖의 예측 불가능한 결과를 가지고 테스트한다는 것은 어려운 일이다. 이
런 외부 요인에 영향을 받지 않도록 하는 메커니즘을 사용해볼 수 있다. 다른 시스템의 예
상 결과를 모방하는 목mock을 사용할 수 있다.

380

왜 목을 사용하는가

CustomerControllerTest 클래스에서 CustomerController를 테스트했던 이전 테스트로 돌아가서 /customers 테스트를 검토해본다.

```
@Test
fun `we should GET a list of customers`() {
  mockMvc.perform(get("/customers"))
      .andExpect(status().isOk)
      .andExpect(jsonPath("\$").isArray)
      .andExpect(jsonPath("\$[0].id").value(1))
      .andExpect(jsonPath("\$[0].name").value("Kotlin"))
      .andExpect(jsonPath("\$[1].id").value(2))
      .andExpect(jsonPath("\$[1].name").value("Spring"))
      .andExpect(jsonPath("\$[2].id").value(3))
      .andExpect(jsonPath("\$[2].name").value("Microservice"))
      .andDo(print())
}
```

고객 정보가 데이터베이스에 있다고 가정해보자. 위의 테스트는 실제로 특정한 고객 목록을 얻지 못하면 실패하게 된다. 그러나 데이터베이스는 외부에서 데이터의 수정이 가능하다. 이 문제를 최소화하기 위해 테스트만을 위한 독립적인 자체 데이터베이스를 구축할 수 있지만 테스트하는 도중에 데이터가 변경되면 어떻게 될까?

고객 정보를 저장하고 삭제하는 테스트의 경우 테스트를 실행하는 순서에 따라 결과가 달라질 수 있다. 그러나 테스트는 반복 가능해야 하며 항상 동일한 결과를 얻어야 한다. 매번 테스트 전에 데이터베이스에 필요한 데이터를 추가하거나 삭제해서 문제를 해결할 수도 있지만 다음을 생각해보자.

이 컨트롤러 테스트는 컨트롤러가 무엇을 하는지를 테스트하려는 것이다. 어떤 식으로든 테스트하기 전에 데이터베이스의 데이터를 가지는 역할을 대신하면 서비스 구현에서 했던 것을 컨트롤러 테스트에서 하게 된다. 서비스 구현으로 인해 우리가 데이터베이스를 사용한다는 것을 알게 되는 것이다. 이는 다른 곳에서 구현하지 말아야 한다.

만약 내일 다른 데이터베이스를 사용하도록 구현을 변경해야 하다면 데이터를 다르게 추가하기 위해서 테스트를 변경할 것인가?

테스트에서는 서비스의 구현에 관계없이 서비스에 예상되는 바를 기술해야 한다. 이를 위해 목을 사용할 수 있다.

> 잘 작성된 소프트웨어에 목(mock) 객체가 필요한가에 대한 많은 논쟁이 업계에 있어 왔고, 이는 그리 사소한 논쟁거리가 아니다. 소프트웨어에서 목을 과도하게 사용한다는 것은 잘못 설계된 애플리케이션임을 암시하는 것이 사실이지만 이는 시간과 경험을 통해 마스터해야 할 문제다.

목 설치

스프링은 JVM에서 목 객체를 위해 가장 널리 사용되는 자바 라이브러리인 Mockito를 사용하며, 스프링 컨텍스트에서 쉽게 사용할 수 있는 애노테이션을 제공한다. 먼저 CustomerControllerTest 클래스를 수정해 CustomerService 빈에 목을 추가한다.

```
package com.microservices.chapter09

import org.junit.Test
import org.junit.runner.RunWith
import org.springframework.beans.factory.annotation.Autowired
```

```
import org.springframework.boot.test.autoconfigure.web.servlet.
AutoConfigureMockMvc
import org.springframework.boot.test.context.SpringBootTest
import org.springframework.boot.test.mock.mockito.MockBean
import org.springframework.test.context.junit4.SpringRunner
import org.springframework.test.web.servlet.MockMvc
import org.springframework.test.web.servlet.request.MockMvcRequestBuilders.get
import org.springframework.test.web.servlet.result.MockMvcResultHandlers.print
import org.springframework.test.web.servlet.result.MockMvcResultMatchers.jsonPath
import org.springframework.test.web.servlet.result.MockMvcResultMatchers.status

@RunWith(SpringRunner::class)
@SpringBootTest
@AutoConfigureMockMvc
class CustomerControllerTest {
  @Autowired
  lateinit var mockMvc: MockMvc

  @MockBean
  lateinit var customerService: CustomerService

  .....
}
```

이번 변경에서 @MockBean 스프링 애노테이션을 사용해 SpringBootTest인 Customer ControllerTest에 CustomerService를 위한 MockBean을 스프링 컨텍스트에 주입했다. 테스트를 실행하고 애플리케이션의 컴포넌트가 CustomerService 빈을 요청할 때, 예를 들어 CustomerController가 @Autowired를 사용하면 실제 객체 대신 방금 정의한 목 객체를 얻을 수 있다.

모의 값 반환하기

이제 CustomerService를 목객체로 만들었으므로, 테스트를 위해 반환할 값을 정의한다.

고객 목록을 얻도록 테스트를 수정한다.

```kotlin
package com.microservices.chapter09

import org.junit.Test
import org.junit.runner.RunWith
import org.mockito.BDDMockito.given
import org.mockito.Mockito.reset
import org.springframework.beans.factory.annotation.Autowired
import org.springframework.boot.test.autoconfigure.web.servlet.
AutoConfigureMockMvc
import org.springframework.boot.test.context.SpringBootTest
import org.springframework.boot.test.mock.mockito.MockBean
import org.springframework.test.context.junit4.SpringRunner
import org.springframework.test.web.servlet.MockMvc
import org.springframework.test.web.servlet.request.MockMvcRequestBuilders.get
import org.springframework.test.web.servlet.result.MockMvcResultHandlers.print
import org.springframework.test.web.servlet.result.MockMvcResultMatchers.jsonPath
import org.springframework.test.web.servlet.result.MockMvcResultMatchers.status

@RunWith(SpringRunner::class)
@SpringBootTest
@AutoConfigureMockMvc
class CustomerControllerTest {
    ...............

    @Test
    fun `we should GET a list of customers`() {
        given(customerService.getAllCustomers())
            .willReturn(listOf(Customer(1, "test"), Customer(2, "mocks")))

        mockMvc.perform(get("/customers"))
            .andExpect(status().isOk)
            .andExpect(jsonPath("\$").isArray)
            .andExpect(jsonPath("\$[0].id").value(1))
            .andExpect(jsonPath("\$[0].name").value("test"))
            .andExpect(jsonPath("\$[1].id").value(2))
            .andExpect(jsonPath("\$[1].name").value("mocks"))
```

```
        .andDo(print())

   reset(customerService)
  }
}
```

여기서는 Mockito BDD[1] 스타일 함수를 사용해 목을 설정한다. customerService 빈을 사용해 getAllCustomers 메소드를 호출하면 특정 고객 목록을 반환한다고 설정했다. 그런 다음 테스트를 통해 이런 특정 값을 확인할 수 있다. 마지막으로 목을 리셋해서 다른 테스트가 이 설정에 영향을 받지 않도록 한다. 이제 특정 고객에 대한 테스트를 수정해 입력 매개 변수에 따라 값을 반환하도록 설정해본다.

```
@Test
fun `we should GET a customer by id`() {
  given(customerService.getCustomer(1))
      .willReturn(Customer(1, "mock customer"))

  mockMvc.perform(get("/customer/1"))
      .andExpect(status().isOk)
      .andExpect(jsonPath("\$.id").value(1))
      .andExpect(jsonPath("\$.name").value("mock customer"))
      .andDo(print())

  reset(customerService)
}
```

이 테스트에서는 매개 변수, 즉 id가 1인 경우에만 모의 고객 정보를 반환하도록 목을 설정한다. 그런 다음 올바른 고객 값을 얻는지 확인한다.

---

1 Behavior-Driven Development이다. – 옮긴이

컨트롤러에서 이런 요청들을 테스트하면 서비스의 세부적 구현에 관계없이, 컨트롤러가 어떻게 동작하는지, 서비스의 결과를 어떻게 얻어오는지와 이 결과를 어떻게 HTTP 응답으로 변환하는지를 테스트하게 된다.

목 호출 검증하기

Mockito를 사용하면 목 객체의 호출을 검증할 수 있다. 이를 통해 컨트롤러가 서비스 메소드를 호출했는지를 확인하고 사용된 매개 변수를 알 수 있다.

먼저 고객 목록 테스트를 검증한다.

```
package com.microservices.chapter09

import org.junit.Test
import org.junit.runner.RunWith
import org.mockito.BDDMockito.given
import org.mockito.BDDMockito.then
import org.mockito.Mockito.reset
import org.mockito.Mockito.times
import org.springframework.beans.factory.annotation.Autowired
import org.springframework.boot.test.autoconfigure.web.servlet.
AutoConfigureMockMvc
import org.springframework.boot.test.context.SpringBootTest
import org.springframework.boot.test.mock.mockito.MockBean
import org.springframework.test.context.junit4.SpringRunner
import org.springframework.test.web.servlet.MockMvc
import org.springframework.test.web.servlet.request.MockMvcRequestBuilders.get
import org.springframework.test.web.servlet.result.MockMvcResultHandlers.print
import org.springframework.test.web.servlet.result.MockMvcResultMatchers.jsonPath
import org.springframework.test.web.servlet.result.MockMvcResultMatchers.status

@RunWith(SpringRunner::class)
@SpringBootTest
```

```
@AutoConfigureMockMvc
class CustomerControllerTest {
.........
  @Test
  fun `we should GET a list of customers`() {
    given(customerService.getAllCustomers())
        .willReturn(listOf(Customer(1, "test"), Customer(2, "mocks")))

    mockMvc.perform(get("/customers"))
        .andExpect(status().isOk)
        .andExpect(jsonPath("\$").isArray)
        .andExpect(jsonPath("\$[0].id").value(1))
        .andExpect(jsonPath("\$[0].name").value("test"))
        .andExpect(jsonPath("\$[1].id").value(2))
        .andExpect(jsonPath("\$[1].name").value("mocks"))
        .andDo(print())

    then(customerService).should(times(1)).getAllCustomers()
    then(customerService).shouldHaveNoMoreInteractions()

    reset(customerService)
  }
}
```

여기서, Mockito에 getAllCustomers 서비스 메소드가 한 번만 호출되었는지 확인한다. 그리고 그 후에 고객 서비스와 더 이상의 어떤 상호작용도 없었다는 것을 검증한다.

마지막으로 ID에 해당하는 고객 정보를 반환하는 테스트에 비슷한 검증을 적용할 수 있다.

```
@Test
fun `we should GET a customer by id`() {
  given(customerService.getCustomer(1))
      .willReturn(Customer(1, "mock customer"))

  mockMvc.perform(get("/customer/1"))
      .andExpect(status().isOk)
      .andExpect(jsonPath("\$.id").value(1))
```

```
        .andExpect(jsonPath("\$.name").value("mock customer"))
        .andDo(print())

    then(customerService).should(times(1)).getCustomer(1)
    then(customerService).shouldHaveNoMoreInteractions()

    reset(customerService)
}
```

여기서 흥미로운 점은 getCustomer가 호출되었는지 검증할 때 어떤 매개 변수가 사용되었는지 확인할 수 있다는 것이다. 이 예제에서는 요청 매개 변수를 서비스 매개 변수로 직접 매핑했기 때문에 별로 중요하지 않게 보일지 모르지만 나중에 중요한 부분이 될 수 있다.

예를 들어 요청에서 일부 매개 변수를 받은 다음 다른 값을 사용해 서비스의 다른 메소드를 호출하고 서비스가 다른 매개 변수로 또 다른 메소드를 호출하는 경우에도 목 검증의 전체 실행을 얻을 수 있다. 마지막으로 여기서 우리가 테스트하려고 하는 것은 컨트롤러가 원래 계획한 대로 서비스를 사용하는지, 적절한 매개 변수로 올바른 메소드를 호출하는 등의 작업을 테스트하는 것이다.

▌ 플루언트 테스트

이런 테스트를 수행할 때 중요한 것은 모든 사람이 이해할 수 있는 방식으로 테스트를 수행하는 것이며, 테스트를 읽기 쉽게 하는 것이 무엇보다 중요하다. 이전에 언급했듯이, 도메인 전문가를 포함해 팀의 모든 사람이 이해할 수 있도록 테스트에 유비쿼터스 언어를 사용할 수 있다. 코틀린에는 Kluent[2]라는 라이브러리가 있어서 코틀린 프로그래밍 언어의 이점을 활용한 플루언트 테스트fluent test를 수행할 수 있다. 자세한 내용은 https://markusamshove.github.io/Kluent/에서 확인할 수 있다.

---

2 Kluent는 Fluent Assertion을 위한 코틀린 라이브러리이며, Fluent Assertion은 프로그래밍 언어의 제약을 넘어 이해하기 쉬운 자연어에 가까운 말로 테스트를 유창하게 작성할 수 있게 하는 라이브러리이다. – 옮긴이

Kluent 추가하기

먼저 Kluent를 메이븐 POM에 종속성을 추가 한다. **Project** 창으로 이동해 프로젝트의 루트 폴더에서 pom.xml을 연다. Kluent는 Bintray JCenter에서 호스팅하고 있으며 POM에 해당 저장소를 추가해야 한다. repositories 태그를 찾아 기존 repository 끝에 저장소를 추가한다.

```
....
<repositories>
....
  <repository>
    <id>jcenter</id>
    <url>http://jcenter.bintray.com</url>
    <snapshots>
      <enabled>true</enabled>
      <updatePolicy>never</updatePolicy>
      <checksumPolicy>warn</checksumPolicy>
    </snapshots>
    <releases>
      <enabled>true</enabled>
      <checksumPolicy>warn</checksumPolicy>
    </releases>
  </repository>
</repositories>
....
```

이제 dependencies 섹션으로 이동해 dependencies 태그 사이에 Kluent를 추가한다.

```
....
<dependencies>
....
  <dependency>
    <groupId>org.amshove.kluent</groupId>
    <artifactId>kluent</artifactId>
    <version>1.30</version>
```

```
    <scope>test</scope>
  </dependency>
</dependencies>
....
```

이 의존성을 추가할 때, 범위를 테스트로 설정한다. 이는 단지 테스트만을 위한 것으로 애플리케이션 바이너리에 포함시킬 필요가 없기 때문이다. 이제 인테리제이 IDEA에서 POM을 다시 가져와야^{reimport} 한다. 메이븐 Project 창으로 가서 툴바의 첫 번째 버튼인 Reimport All Maven Projects를 클릭한다.

서술적으로 서비스 테스트하기

이제 Kluent를 가지고 테스트를 수정해본다. 먼저 CustomerServiceTest를 수정한다.

다음과 같이 작성된 유효한 고객 한 명을 요청하는 테스트를 수정한다.

```
@Test
fun `we should get a customer with a valid id`() {
  val customer = customerService.getCustomer(1)
  assertNotNull(customer)
  assertEquals(customer?.name,"Kotlin")
}
```

assertNotNull 어설션^{assertion}을 객체에서 사용할 수 있는 고차함수인 shouldNoteNull으로 변경할 수 있다.

```
package com.microservices.chapter09

import junit.framework.Assert.assertEquals
import org.amshove.kluent.shouldNotBeNull
import org.junit.Test
import org.junit.runner.RunWith
```

```kotlin
import org.springframework.beans.factory.annotation.Autowired
import org.springframework.boot.test.context.SpringBootTest
import org.springframework.test.context.junit4.SpringRunner

@RunWith(SpringRunner::class)
@SpringBootTest
class CustomerServiceTest {
  @Autowired
  lateinit var customerService: CustomerService

  @Test
  fun `we should get a customer with a valid id`() {
    val customer = customerService.getCustomer(1)
    customer.shouldNotBeNull()
    assertEquals(customer?.name, "Kotlin")
  }

  ..........
}
```

그러나 Kluent는 가독성을 위해 공백을 포함하는 더 나은 기능을 제공한다.

```kotlin
package com.microservices.chapter09

import junit.framework.Assert.assertEquals
import org.amshove.kluent.`should not be null`
import org.junit.Test
import org.junit.runner.RunWith
import org.springframework.beans.factory.annotation.Autowired
import org.springframework.boot.test.context.SpringBootTest
import org.springframework.test.context.junit4.SpringRunner

@RunWith(SpringRunner::class)
@SpringBootTest
class CustomerServiceTest {
  @Autowired
  lateinit var customerService: CustomerService
```

```
  @Test
  fun `we should get a customer with a valid id`() {
    val customer = customerService.getCustomer(1)
    customer.`should not be null`()
    assertEquals(customer?.name, "Kotlin")
  }

.........
}
```

그런 다음 이름^{name} 매개 변수를 검사할 수 있다.

```
package com.microservices.chapter09

import junit.framework.Assert.assertEquals
import org.amshove.kluent.`should be`
import org.amshove.kluent.`should not be null`
import org.junit.Test
import org.junit.runner.RunWith
import org.springframework.beans.factory.annotation.Autowired

import org.springframework.boot.test.context.SpringBootTest
import org.springframework.test.context.junit4.SpringRunner

@RunWith(SpringRunner::class)
@SpringBootTest
class CustomerServiceTest {
  @Autowired
  lateinit var customerService: CustomerService

  @Test
  fun `we should get a customer with a valid id`() {
    val customer = customerService.getCustomer(1)
    customer.`should not be null`()
    customer?.name `should be` "Kotlin"
  }
```

```
.......
}
```

이것은 이해하기 쉬운 테스트 코드이며, 가독성 향상을 위해 코틀린 Infix 함수를 사용했다.

이제 두 번째 테스트를 진행해본다.

```
@Test
fun `we should get all customers`() {
  val customers = customerService.getAllCustomers()
  assertEquals(customers.size, 3)
}
```

다음과 같이 변경할 수 있다.

```
package com.microservices.chapter09

import org.amshove.kluent.`should be`
import org.amshove.kluent.`should equal to`
import org.amshove.kluent.`should not be null`
import org.junit.Test
import org.junit.runner.RunWith
import org.springframework.beans.factory.annotation.Autowired
import org.springframework.boot.test.context.SpringBootTest
import org.springframework.test.context.junit4.SpringRunner

@RunWith(SpringRunner::class)
@SpringBootTest
class CustomerServiceTest {
  @Autowired
  lateinit var customerService: CustomerService

  @Test
```

```kotlin
  fun `we should get a customer with a valid id`() {
    val customer = customerService.getCustomer(1)
    customer.`should not be null`()
    customer?.name `should be` "Kotlin"
  }

  @Test
  fun `we should get all customers`() {
    val customers = customerService.getAllCustomers()
    customers.size `should equal to` 3
  }
}
```

비록 이 테스트에서 필요하지는 않지만 Kluent의 다른 기능들을 확인하기 위해 메소드를 추가할 수 있다.

```kotlin
package com.microservices.chapter09

import org.amshove.kluent.*
import org.junit.Test
import org.junit.runner.RunWith
import org.springframework.beans.factory.annotation.Autowired
import org.springframework.boot.test.context.SpringBootTest
import org.springframework.test.context.junit4.SpringRunner

@RunWith(SpringRunner::class)
@SpringBootTest
class CustomerServiceTest {
  @Autowired
  lateinit var customerService: CustomerService

  @Test
  fun `we should get a customer with a valid id`() {
    val customer = customerService.getCustomer(1)
    customer.`should not be null`()
    customer?.name `should be` "Kotlin"
  }
```

```
    @Test
    fun `we should get all customers`() {
      val customers = customerService.getAllCustomers()
      customers.size `should equal to` 3
      customers.size `should be greater than` 0
      customers.size `should be less or equal to` 3
      customers.size `should be in range` 1..3
    }
}
```

서술적으로 컨트롤러 테스트하기

이제 CustomerControllerTest를 좀 더 서술적으로 만들 것이다. 먼저 고객 목록 반환하
는 기존 테스트를 살펴본다.

```
@Test
fun `we should GET a list of customers`() {
  given(customerService.getAllCustomers())
    .willReturn(listOf(Customer(1, "test"), Customer(2, "mocks")))

  mockMvc.perform(get("/customers"))
      .andExpect(status().isOk)
      .andExpect(jsonPath("\$").isArray)
      .andExpect(jsonPath("\$[0].id").value(1))
      .andExpect(jsonPath("\$[0].name").value("test"))
      .andExpect(jsonPath("\$[1].id").value(2))
      .andExpect(jsonPath("\$[1].name").value("mocks"))
      .andDo(print())

  then(customerService).should(times(1)).getAllCustomers()
  then(customerService).shouldHaveNoMoreInteractions()

  reset(customerService)
}
```

Kluent는 Mockito의 메소드도 제공한다.

```
package com.microservices.chapter09

import org.amshove.kluent.*
import org.junit.Test
import org.junit.runner.RunWith import org.mockito.BDDMockito.given
import org.mockito.BDDMockito.then import org.mockito.Mockito.reset
import org.mockito.Mockito.times
import org.springframework.beans.factory.annotation.Autowired
import org.springframework.boot.test.autoconfigure.web.servlet.
AutoConfigureMockMvc
import org.springframework.boot.test.context.SpringBootTest
import org.springframework.boot.test.mock.mockito.MockBean
import org.springframework.test.context.junit4.SpringRunner
import org.springframework.test.web.servlet.MockMvc
import org.springframework.test.web.servlet.request.MockMvcRequestBuilders.get
import org.springframework.test.web.servlet.result.MockMvcResultHandlers.print
import org.springframework.test.web.servlet.result.MockMvcResultMatchers.jsonPath
import org.springframework.test.web.servlet.result.MockMvcResultMatchers.status

@RunWith(SpringRunner::class)
@SpringBootTest
@AutoConfigureMockMvc
class CustomerControllerTest {
..........
  @Test
  fun `we should GET a list of customers`() {
    When calling customerService.getAllCustomers() `it returns`
        listOf(Customer(1, "test"), Customer(2, "mocks"))

    mockMvc.perform(get("/customers"))
        .andExpect(status().isOk)
        .andExpect(jsonPath("\$").isArray)
        .andExpect(jsonPath("\$[0].id").value(1))
        .andExpect(jsonPath("\$[0].name").value("test"))
        .andExpect(jsonPath("\$[1].id").value(2))
```

```
            .andExpect(jsonPath("\$[1].name").value("mocks"))
            .andDo(print())

    Verify on customerService that customerService.getAllCustomers() was called
        `Verify no further interactions` on customerService

    reset(customerService)
  }
.........
}
```

이제, 테스트는 목^{mock}이 무엇을 하는지 더 유창하게 표현할 것이다. 다른 테스트를 수정해보자.

```
@Test
fun `we should GET a customer by id`() {
  When calling customerService.getCustomer(1) `it returns`
      Customer(1, "mock customer")

  mockMvc.perform(get("/customer/1"))
      .andExpect(status().isOk)
      .andExpect(jsonPath("\$.id").value(1))
      .andExpect(jsonPath("\$.name").value("mock customer"))
      .andDo(print())
  Verify on customerService that customerService.getCustomer(1) was called
    `Verify no further interactions` on customerService

  reset(customerService)
}
```

하지만 여전히 표현력이 부족한 코드들이 남아 있어서 이를 위해 infix 함수와 고차 함수로 생성한다. 이것을 CustomerControllerTest가 있는 파일의 맨 위에 추가한다.

```
package com.microservices.chapter09

import org.amshove.kluent.* import org.junit.Test
import org.junit.runner.RunWith import org.mockito.Mockito.reset
import org.springframework.beans.factory.annotation.Autowired
import org.springframework.boot.test.autoconfigure.web.servlet.
AutoConfigureMockMvc
import org.springframework.boot.test.context.SpringBootTest
import org.springframework.boot.test.mock.mockito.MockBean
import org.springframework.test.context.junit4.SpringRunner
import org.springframework.test.web.servlet.MockMvc
import org.springframework.test.web.servlet.ResultActions
import org.springframework.test.web.servlet.ResultHandler
import org.springframework.test.web.servlet.ResultMatcher
import org.springframework.test.web.servlet.request.MockMvcRequestBuilders.get
import org.springframework.test.web.servlet.result.JsonPathResultMatchers
import org.springframework.test.web.servlet.result.MockMvcResultHandlers.print
import org.springframework.test.web.servlet.result.MockMvcResultMatchers.jsonPath
import org.springframework.test.web.servlet.result.MockMvcResultMatchers.status

class WithKeyword {
    infix fun `json path`(expression: String) = jsonPath("\$" + expression)
}

val With = WithKeyword()

class ThatKeyword {
    infix fun `status is http`(value : Int) = status().`is`(value)
}

val That = ThatKeyword()

infix fun JsonPathResultMatchers.`that the value is`(value: Any) =
this.value(value)
infix fun ResultActions.`and expect`(matcher: ResultMatcher) =
this.andExpect(matcher)
infix fun ResultActions.`and then do`(handler: ResultHandler) =
this.andDo(handler)
infix fun MockMvc.`do a get request to`(uri: String) =
```

```
this.perform(get(uri))

@RunWith(SpringRunner::class)
@SpringBootTest
@AutoConfigureMockMvc
class CustomerControllerTest {
}
```

테스트를 더욱 가독성 있게 하는 몇 가지 함수를 정의했다. 이것을 고객을 조회하는 테스트에 적용해보자.

```
@Test
fun `we should GET a customer by id`() {
  When calling customerService.getCustomer(1) `it returns`
      Customer(1, "mock customer")

  (mockMvc `do a get request to` "/customer/1"
      `and expect` (That `status is http` 200)
      `and expect` (With `json path` ".id" `that the value is` 1)
      `and expect` (With `json path` ".name" `that the value is`
      "mock customer")
      ) `and then do` print()

  Verify on customerService that customerService.getCustomer(1) was called
    `Verify no further interactions` on customerService

  reset(customerService)
}
```

이제 같은 기능을 사용하도록 다른 테스트를 수정한다.

```
@Test
fun `we should GET a list of customers`() {
  When calling customerService.getAllCustomers() `it returns`
      listOf(Customer(1, "test"), Customer(2, "mocks"))
```

```
(mockMvc `do a get request to` "/customers"
    `and expect` (That `status is http` 200)
    `and expect` (With `json path` "[0].id` `that the value is` 1)
    `and expect` (With `json path` "[0].name" `that the value is` "test")
    `and expect` (With `json path` "[1].id" `that the value is` 2)
    `and expect` (With `json path` "[1].name" `that the value is` "mocks")
    ) `and then do` print()

Verify on customerService that customerService.getAllCustomers() was called
 `Verify no further interactions` on customerService

reset(customerService)
}
```

이제 이런 변화로 테스트가 보다 가독성이 높고 이해하기 쉬워졌다.

 이것은 마이크로서비스 테스트에 대해 간단한 소개에 불과하다. 테스트 기능을 향상시키는 데 사용할 수 있는 다양한 도구가 있다. 이 책의 독자라면 http://maven.apache.org/surefire/maven-surefire-plugin/에서 Maven Surefire에 대해 알아보고 http://maven.apache.org/surefire/maven-failsafe-plugin/에서 Maven Failsafe를 찾아볼 것을 권한다. 둘 다 메이븐으로 빌드된 코틀린 마이크로서비스와 쉽게 통합된다.

▌정리

마이크로서비스를 테스트할 수 있는 방법을 배웠고 JUnit, SpringBootTest, MockMvc와 같은 강력한 도구와 사용할 수 있는 리소스를 갖게 됐다. 목mock을 사용해 테스트를 종속성이 아닌, 점검할 필요가 있는 기능에 집중시키는 방법을 배웠다. 마지막으로 Kluent를 사용해 읽기 쉬운 언어로 테스트를 작성하는 방법을 배웠다. 그러나 마이크로서비스를 운영 환경에 이르게 하기까지는 가야 할 길이 남아있다.

10장에서는 마이크로서비스를 모니터링할 수 있는 방법과 운영 환경에서 모니터링의 중요성에 대해 배운다. 그런 다음 모니터링과 운영 시스템에 노출할 수 있는 정보를 사용자 정의하는 방법과 모니터링에 도움이 되는 스프링 프레임워크의 기능을 알아본다.

10

마이크로서비스 모니터링

마이크로서비스를 운영 환경으로 전환함에 있어, 코드를 얼마나 잘 만들었는지, 아키텍처가 얼마나 잘 설계됐는지, 얼마나 많은 테스트를 거쳤는지와 상관없이 장애는 발생한다. 마이크로서비스는 결국엔 장애를 발생시킬 것이기 때문에, 그 시점이 언제인지를 알고 그 상황을 처리할 수 있는 도구가 필요하다.

10장에서는 실제 운영 시스템에서 모니터링이 중요한 이유와 모니터링 및 제어가 가능한 마이크로서비스를 제공하는 방법에 대해 설명한다. 이 문제를 테스트하기 위해 장애가 발생할 수 있는 마이크로서비스를 만들 것이며 결국엔 장애가 발생할 것이다. 그런 다음 스프링 부트 액추에이터가 무엇을 할 수 있는지, 그리고 필요에 맞게 어떻게 사용자 정의할 수 있는지를 배운다. 마이크로서비스 계측기instrumentation가 무엇이며 어떻게 사용할 수 있는지 알아볼 것이다. 실제 운영 환경의 마이크로서비스를 관리할 수 있는 도구를 제공하는 JMX 관리 빈Management Bean을 만들 것이다.

10장에서 다루는 내용은 다음과 같다.

- 모니터링
- 스프링 부트 액추에이터
- 계측기
- JMX^{Java Management Extensions}
- jconsole
- 관리 빈^{Management Beans}

▌ 모니터링의 이해

이번 절에서는 실제로 모니터링이 무엇이고 운영서비스를 제공하는 데 있어 중요한 이유를 간략히 설명한다. 경고^{alerting}가 무엇을 할 수 있는지, 그리고 그것을 어떻게 효과적으로 사용할 수 있는지 배운다. 그런 다음 장애로부터 복구할 수 있는 방법을 배운다. 마지막으로, 장애를 발생시키는 작은 마이크로서비스를 만들어 이 장의 다양한 주제에 활용할 것이다.

모니터링은 무엇인가

운영 시스템에서 장애를 이해하고 대응하는 가장 좋은 방법은 실제로 무엇이 일어나고 있는지 파악하는 것이다. 이를 위해서는 마이크로서비스를 모니터링해야 한다. 마이크로서비스는 우리가 작성하는 코드에서부터 사용하는 라이브러리에 이르기까지 메모리나 CPU와 같은 하드웨어 자원을 직간접적으로 사용하는 복잡한 소프트웨어 집합이다.

애플리케이션을 실행하는 서버나 클라우드에서부터 데이터베이스 또는 서비스에 이르기까지 아키텍처의 결합^{coupling}을 최소화하려고 하더라도, 대개는 다른 시스템에 의존적이다. 모니터링은 마이크로서비스에서 무슨 일이 일어나고 있는지 알 수 있고 측정 가능한 데이터를 제공한다.

이는 마이크로서비스가 얼마나 많은 메모리를 사용하는 지와 같은 간단한 데이터에서부터, 새로운 고객을 데이터베이스에 추가하는 것과 같은 특정 작업을 수행할 때 얼마나 많은 오류가 발생하는지와 같은 더 복잡한 세부 사항에 이르기까지 가능하다. 때로는 모니터링 데이터의 변경, 추세 또는 패턴을 이해하기 위해 특정 시간이나 이벤트의 간단한 값 또는 정보의 흐름으로 다른 분석 시스템 또는 MI 시스템Management Information System에 제공할 수 있다.

최근에는 고급 분석 기능을 사용해 정보를 탐색할 수 있는 시스템에 모니터링 피드feed를 통합하는 것이 일반적이다. 이런 시스템에서는 데이터를 탐색하고 분석하거나 기계 학습 알고리즘을 사용해 시스템에서 발생할 수 있는 것과 어떻게 처리해야 하는지를 예측할 수 있다.

> 모니터링 피드 통합은 증가할 것이며 이미 업계에서 성공적인 관행으로 입증된 트렌드이다. 지금 바로 사용하지 않더라도 정보를 저장하는 것은 미래에 매우 유용할 수 있기 때문에 이런 피드를 만드는 것에 대해 생각해보자.

그러나 모니터링은 마이크로서비스에 관한 것뿐만이 아니다. 아키텍처와 시스템의 모든 요소가 애플리케이션의 현재 상태를 이해하는 데 사용할 수 있는 의미 있는 모니터링을 제공해야 한다. 마지막으로, 모니터링은 풍부한 데이터 집합을 가지고 있을 수 있지만, 실제로 볼 수 없다면 쓸모 없을 수 있다. 이런 정보를 지속적으로 제공할 수 있는 대시보드나 제어판을 갖는 것이 중요하다.

경고

애플리케이션의 장애나 문제 발생 시 위험을 알릴 수 있는 정보를 가지고 있으면 이런 상황에 대처할 수 있다. 이런 경고는 제어판이나 대시보드에서 시각화하거나 개인 또는 그룹에게 알리거나 자동으로 처리되는 시스템으로 보낼 수 있다. 하지만 효과적으로 경고하기 위해서는 마이크로서비스를 만들 때 이런 경고를 정의해야 한다.

경고를 정의할 때 다음 요소에 대해 생각해보자.

- **의미 있는 정보**: 단순 '시스템 장애' 메시지를 제공하는 것만으로는 부족하고, "고객 데이터베이스에 연결하지 못합니다."와 같은 문제의 상황이나 처리 방법 또는 힌트를 제공해야 한다.
- **경고를 촉발시키는 조건**: 단지 특정한 한 문제나 장애 때문인가? 10개 이상의 문제 때문인가? 상황이 심각하기 때문일까? 그것을 다른 문제로 분류했기 때문일까?
- **맥락[1] 정보**: 경고를 생성하는 서버나 연결된 서버와 같이 실제로 문제가 무엇이고 어디에서 발생했는가?
- **요약과 세부 정보 분류를 제공하려는 노력**: 경고를 이해하기 위해 엄청난 양의 정보가 필요한 것은 아니지만, 추가 정보를 보기 원한다면 세부 정보가 필요하다.
- **분류 가능하게 만들기**: 어떻게 분류할지 고려하자.
- **의미 있는 심각성**: 심각성 등급을 모두 높게 정의한다는 것은 뭔가 잘못된 것이다.
- **추적 가능**: 항상 경고 발생 시간을 기록한다.
- **진정성**: 진짜 경고인가? 경고를 수행하는 데 아무것도 필요하지 않은 경우 이를 알려야 할까?

---

1 그 상황을 설명하는 것 –옮긴이

경고는 분석 시스템에 다른 피드로써 사용할 수 있고 볼륨, 추세, 예측 문제의 세부 정보를 생성하는 데도 사용할 수 있다. 이전처럼 이런 피드에 대해 생각해야 하며, 결국 그 노력이 성과를 거둘 것이다.

복구

적절한 모니터링 시스템과 경고 기능을 갖추고 있으면 시스템의 장애와 같은 문제가 발생했을 때, 이를 이해하는 데 도움이 된다. 이런 상황을 어떻게 처리할 수 있는지 이해해야 한다. 장애가 발생했을 때 이를 복구하기 위한 메커니즘을 제공해야 한다. 이 중 일부는 자동으로 처리 및 복구될 수 있지만 일부는 수동 작업이 필요할 수 있다.

예를 들어, 하드 드라이브가 고장 난 경우 서버 또는 시스템의 전원을 끄고 데이터를 다른 서버 또는 볼륨으로 이동하거나 하는 등의 모든 것이 자동으로 처리될 수 있다고 생각할 정도로 순진하지는 않다. 결국 누군가가 직접 하드 드라이브나 시스템을 수동으로 교체해야 한다.

이런 경우에는 복구 작업을 처리할 수 있는 도구를 마이크로서비스에 제공해야 한다. 예를 들어, 데이터베이스 연결이 끊어지는 경우 문제가 해결되면 다시 연결할 수 있어야 한다. 이런 경우에 마이크로서비스를 관리하는 데 도움이 되는 도구를 제공해야 한다.

이런 도구 중에는 마이크로서비스 자체에 내장하거나, 일부는 외부에 별도로 만들어야 할 수도 있고, 기존 도구를 사용해 이런 복구를 처리할 수도 있다. 이런 도구를 경고 및 모니터링 제어판 또는 대시 보드와 통합해 운영 환경에서 마이크로서비스의 작동을 중앙 집중식으로 확인하는 것이 좋다.

장애 발생 마이크로서비스 만들기

이제 모니터링에 대해 명확하게 이해했으므로, 장애를 발생하는 마이크로서비스를 만들어 보자. 이전 장에서 했던 것처럼 스프링 이니셜라이저Spring Initializr를 사용해 마이크로서비스를 만든다.

https://start.spring.io/에 들어가서 시작할 수 있다.

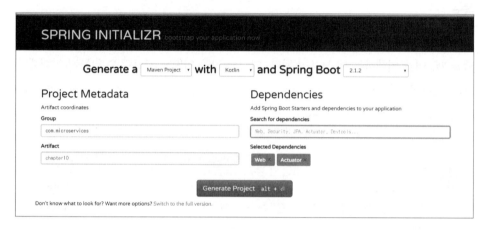

스프링 이니셜라이저

Kotlin과 Spring boot 2.1.2를 사용하는 Maven Project를 만들자. Group을 com.microservices로, Artifact는 chapter10으로 한다. Dependencies을 위해 Web 및 Actuator를 설정한다. Generate Project를 클릭해 ZIP 파일을 다운로드한 다음, 압축을 풀면 IntelliJ IDEA로 프로젝트를 시작할 수 있다. 잠시 뒤, 프로젝트가 준비되고 메이븐 창을 열어 다양한 라이프사이클 단계와 메이븐 플러그인 및 그 목표를 볼 수 있다.

 2장. '스프링 부트 2.0 시작하기'에서 스프링 이니셜라이저, 메이븐, 인텔리제이 IDEA를 사용하는 방법을 다루었다. 이 장에서 다루지 않는 내용을 이해하려면 2장을 참조하자.

이제, 프로젝트에서 인텔리제이 IDEA의 서비스 인터페이스를 만들 것이다. Project 창에서 패키지 com.microservices.chapter10을 마우스 오른쪽 버튼을 클릭한 다음 New > Kotlin File / Class를 선택한다. 이름을 GreetingsService로 하고 Kind 드롭다운에서 Interface를 선택한다.

```kotlin
package com.microservices.chapter10

interface GreetingsService {
  fun getGreeting(): String
}
```

고객 검색을 담당하는 서비스의 인터페이스다. 이제 이전 단계를 반복해 Greetings ServiceImpl라는 새로운 클래스를 구현할 것이다.

```kotlin
package com.microservices.chapter10

import org.springframework.stereotype.Service
import java.util.*

@Service
class GreetingsServiceImpl : GreetingsService {
  companion object {
    private val greetingsMessages = arrayOf("Hello", "Olá", "Namaste", "Hola")
  }

  fun random(max: Int): Int = Random().nextInt(max) + 1

  override fun getGreeting(): String = greetingsMessages[random(4)]
}
```

이것은 서비스가 호출될 때마다 다른 임의의 메시지를 반환하지만, 오류가 발생하는 간단한 구현이다. random이라는 이름으로 만든 이 함수는 1에서 4까지의 숫자를 반환한다.

하지만 배열은 0번째 요소부터 시작하므로, 0에서 3까지만 반환해야 한다. 이렇게 하면 무작위로 java.lang.ArrayIndexOutOfBoundsException 서비스 장애가 발생한다.

이것이 테스트 단계에서 걸러지지 않을까? 그럴지도 모른다. 하지만 우리가 만든 테스트에 따라 운영에서 원치않는 결과를 얻을 수도 있다. 어쨌든 시연 목적으로 이렇게 만든 것이다. 마지막으로, GreetingsService를 사용해 GET 요청의 메시지를 반환하는 RestController를 만든다. 다음 단계를 반복해 GreetingsController라는 새 클래스를 만든다.

```
package com.microservices.chapter10

import org.springframework.beans.factory.annotation.Autowired
import org.springframework.web.bind.annotation.GetMapping
import org.springframework.web.bind.annotation.RestController

@RestController
class GreetingController {
    @Autowired
    lateinit var greetingService: GreetingsService

    @GetMapping("/hello")
    fun message() = greetingService.getGreeting()
}
```

이 컨트롤러는 URL http://localhost:8080/hello을 요청하면 임의의 메시지를 반환한다.

 이 예제에서 사용한 많은 개념은 2장, '스프링 부트2.0 시작하기', 3장, 'RESTFul 서비스 만들기'에서 다뤘다. 추가 정보를 이해하려면 다시 보기 바란다.

이제 인텔리제이 IDEA의 **Maven Project** 창에서 `spring-boot:run` 타겟을 사용하거나 명령줄에서 다음 명령을 실행해 마이크로서비스를 실행할 수 있다.

```
mvnw spring-boot:run
```

어느 쪽이든 URL `http://localhost:8080/hello`을 요청하면 임의의 메시지 또는 오류가 발생한다.

▍스프링 부트 액추에이터

스프링 부트에는 운영 환경에서 애플리케이션을 운영할 때 애플리케이션을 모니터링하고 관리하는 데 도움이 되는 여러 가지 추가 기능인 스프링 부트 액추에이터가 포함돼 있다. https://docs.spring.io/spring-boot/docs/current/reference/htmlsingle/#production-ready 공식 문서 사이트에서 더 자세한 정보를 찾을 수 있다.

액추에이터에는 운영 환경에서 애플리케이션을 모니터링하고 관리하는 데 도움이 되는 여러 가지 추가 기능이 있다. HTTP 엔드포인트endpoint와 JMX를 사용해 애플리케이션을 관리하고 모니터링하도록 선택할 수 있다. 또한 애플리케이션에 감사, 상태, 메트릭 수집을 자동으로 적용할 수 있다. 이번 절에서는 마이크로서비스 모니터링에서 이를 사용하고 구성하는 방법을 배우게 될 것이다.

스프링 부트 액추에이터 활성화

스프링 이니셜라이저를 사용할 때 이미 스프링 부트 액추에이터를 의존성으로 포함시켰다. `pom.xml`을 열면 의존성으로 추가된 것을 볼 수 있다.

```
.....
<dependencies>
  <dependency>
    <groupId>org.springframework.boot</groupId>
    <artifactId>spring-boot-starter-actuator</artifactId>
  </dependency>
.....
</dependencies>
```

인텔리제이 IDEA의 **Project** 창에서 main | src | resources을 확장해 resources 폴더를 연다. application.properties 파일을 클릭하고 **Shift + F6**을 눌러 application.yml로 이름을 바꾼 다음 편집한다.

```
management:
  endpoints:
    web:
      exposure:
        include: health,metrics,trace
  endpoint:
    health:
      show-details: always
```

액추에이터의 엔드포인트를 활성화해 상태[health]를 볼 수 있다.

마이크로서비스를 재시작한 후 URL http://localhost:8080/actuator/health에서 상태를 탐색할 수 있다. 그러면 마이크로서비스의 상태 정보가 표시된다.

```
{
  "status": "UP",
  "details": {
    "diskSpace": {
      "status": "UP",
      "details": {
        "total": 126967869440,
```

```
      "free": 9880883200,
      "threshold": 10485760
    }
  }
  }
}
```

이는 상태 정보를 제공하는 상태 엔드포인트다. 이 기능을 사용해 마이크로서비스를 모니터링할 수 있지만, 탐색할 수 있는 더 많은 엔드포인트가 있다.

액츄에이터의 엔드포인트 이해

방금 정보를 검색하기 위해 상태 엔드포인트를 사용했지만 다른 것도 사용할 수 있다.

- health: 애플리케이션 상태 정보를 자세하게 표시한다.
- metrics: 현재 애플리케이션의 측정 항목 정보를 표시한다.
- trace: 추적 정보를 표시한다(기본적으로 HTTP 요청의 마지막 100개).

스프링 부트 액츄에이터에는 더 많은 엔드포인트가 있으며 전체 목록은 스프링 부트 프로젝트 웹 사이트 https://docs.spring.io/spring-boot/에 있는 공식 문서에 있다.

상태 엔드포인트

상태health 엔드포인트는 URL http://localhost:8080/actuator/health에서 볼 수 있고, 마이크로서비스의 자세한 상태 정보를 제공한다.

```
{
  "status": "UP",
  "details": {
    "diskSpace": {
      "status": "UP",
      "details": {
```

```
        "total": 126967869440,
        "free": 10007228416,
        "threshold": 10485760
      }
    }
  }
}
```

스프링 부트는 특정 문제 영역에 대한 정보를 제공하는 특수 개체인 상태 표시기^{health} indicator를 통해 정보를 얻는다. 기본적으로 스프링 부트에서 자동 구성하는 항목은 다음과 같다.

- CassandraHealthIndicator: 카산드라 데이터베이스가 작동 중인지 확인한다.
- DiskSpaceHealthIndicator: 디스크 공간 부족을 검사한다.
- DataSourceHealthIndicator: DataSource 연결을 얻을 수 있는지 확인한다.
- ElasticsearchHealthIndicator: 일래스틱서치 클러스터가 작동 중인지 확인한다.
- JmsHealthIndicator: JMS 브로커가 작동 중인지 확인한다.
- MailHealthIndicator: 메일 서버가 작동하는지 검사한다.
- MongoHealthIndicator: 몽고DB가 작동 중인지 확인한다.
- Neo4jHealthIndicator: Neo4j 서버가 작동 중인지 확인한다.
- RabbitHealthIndicator: Rabbit 서버가 작동 중인지 확인한다.
- RedisHealthIndicator: Redis 서버가 작동 중인지 확인한다.
- SolrHealthIndicator: Solr 서버가 작동 중인지 확인한다.

이런 기본 지표 중 하나라도 작동 중이지 않으면 상태 엔드포인트에 반영되고, 상태도 반영되며 각각에 대한 자세한 정보가 표시된다. 예제의 마이크로서비스에서는 다른 시스템을 사용하지 않기 때문에 사용할 수 있는 유일한 지시자는 DiskSpaceHealthIndicator이다.

DiskSpaceHealthIndicator는 디스크/파일 시스템에 충분한 여유 공간이 있는지 정기적으로 확인하여 상태 정보를 반환하기에 현재 사용 가능한 공간의 세부 정보, 전체 크기 및 장애 발생에 사용할 임계 값을 제공한다.

메트릭스 엔드포인트

메트릭스metrics 엔드포인트는 URL http://localhost:8080/actuator/metrics/에서 사용할 수 있고 마이크로서비스 통계를 제공한다. 이 URL을 호출하면 다음과 같은 이름을 볼 수 있다. 각각의 이름은 자세한 정보를 얻는 데 사용할 수 있는 측정 항목이다.

```
{
  "names": [
    "jvm.buffer.memory.used",
    "jvm.memory.used",
    "jvm.buffer.count",
    "logback.events",
    "process.uptime",
    "jvm.memory.committed",
    "jvm.buffer.total.capacity",
    "jvm.memory.max",
    "system.cpu.count",
    "process.start.time"
  ]
}
```

만약 사용된 JVM 메모리에 대한 자세한 내용을 보려면 URL http://localhost:8080/actuator/metrics/jvm.memory.used를 사용한다.

```
{
  "name": "jvm.memory.used",
  "measurements": [
    {
      "statistic": "Value",
```

```json
      "value": 195595240
    }
  ],
  "availableTags": [
    {
      "tag": "area",
      "values": [
        "heap",
        "heap",
        "heap",
        "nonheap",
        "nonheap",
        "nonheap"
      ]
    },
    {
      "tag": "id",
      "values": [
        "PS Old Gen",
        "PS Survivor Space",
        "PS Eden Space",
        "Code Cache",
        "Compressed Class Space",
        "Metaspace"
      ]
    }
  ]
}
```

트레이스 엔드포인트

트레이스Trace 엔드포인트는 URL http://localhost:8080/actuator/trace에서 사용할 수 있으며, 마이크로서비스가 반환한 HTTP 응답 중 최신 100개의 자세한 정보를 제공한다.

예를 들어, 트레이스 엔드포인트의 응답 중 하나는 다음과 같다.

```
{
  "timestamp": 1512029264243,
  "info": {
    "method": "GET",
    "path": "/hello",
    "headers": {
      "request": {
        "host": "localhost:8080",
        "connection": "keep-alive",
        "cache-control": "max-age=0",
        "user-agent": "Mozilla/5.0 (Windows NT 10.0; Win64; x64)
        AppleWebKit/537.36 (KHTML, like Gecko) Chrome/62.0.3202.94
        Safari/537.36",
        "upgrade-insecure-requests": "1",
        "accept":
        "text/html,application/xhtml+xml,application/xml;q=0.9,
        image/webp,image/apng,*/*;q=0.8",
        "accept-encoding": "gzip, deflate, br",
        "accept-language": "en-GB,en;q=0.9,es;q=0.8"
      },
      "response": {
        "Content-Type": "text/html;charset=UTF-8",
        "Content-Length": "7",
        "Date": "Thu, 30 Nov 2017 08:07:43 GMT",
        "status": "200"
      }
    },
    "timeTaken": "1"
  }
}
```

요청과 응답의 다양한 헤더를 포함한 매우 자세한 정보를 볼 수 있다.

상태 표시기 정의

아마도 가장 중요한 엔드포인트는 상태^{health}지만, 그것이 사용하는 기본 지표들이 마이크로서비스에 충분하지 않을 수 있다. 마이크로서비스의 상태를 정확하게 나타내는 맞춤형 지표를 정의하고 마이크로서비스의 상태를 파악하기 위해 실제로 확인해야 할 사항을 고려하는 것은 우리의 책임이다. GreetingsService가 실제로 작동하는지 여부를 확인하는 상태 표시기를 만들 것이다.

GreetingsServiceHealthIndicator라는 이름의 새 클래스를 만들자.

```
package com.microservices.chapter10

import org.springframework.beans.factory.annotation.Autowired
import org.springframework.boot.actuate.health.AbstractHealthIndicator
import org.springframework.boot.actuate.health.Health
import org.springframework.stereotype.Component

@Component
class GreetingsServiceHealthIndicator : AbstractHealthIndicator() {

  @Autowired
  lateinit var greetingsService : GreetingsService
  override fun doHealthCheck(builder: Health.Builder) {
    val lastMessage = try {
      val message = greetingsService.getGreeting()
      builder.up()
      message
    }catch (exception : Exception){
      builder.down()
      "ERROR:$exception"
    }
    builder.withDetail("lastMessage", lastMessage)
  }
}
```

AbstractHealthIndicator를 상속받아야만 하는 상태 표시기는 doHealthCheck 메소드를 재정의한다. 전달된 빌더 객체를 사용해 상태를 구성하고 greetingsService에서 메시지를 받고 빌드를 설정 또는 해제 상태로 설정한다.

이 표시기는 스프링 부트 액추에이터에 의해 선택되며 상태 엔드포인트에서 사용된다.

URL http://localhost:8080/actuator/health을 통해 상태 엔드포인트를 여러 번 조회하면 서비스가 작동하는 경우 다음 메시지가 표시된다.

```json
{
  "status": "UP",
  "details": {
    "greetingsService": {
      "status": "UP",
      "details": {
        "lastMessage": "Namaste"
      }
    },
    "diskSpace": {
      "status": "UP",
      "details": {
        "total": 126967869440,
        "free": 9991962624,
        "threshold": 10485760
      }
    }
  }
}
```

그리고 서비스가 작동하지 않을 때는 다음과 같은 메시지가 표시된다.

```json
{
  "status": "DOWN",
  "details": {
    "greetingsService": {
```

```
      "status": "DOWN",
      "details": {
        "lastMessage": "ERROR:java.lang.ArrayIndexOutOfBoundsException: 4"
      }
    },
    "diskSpace": {
      "status": "UP",
      "details": {
        "total": 126967869440,
        "free": 9998520320,
        "threshold": 10485760
      }
    }
  }
}
```

이것은 지나치게 단순화한 예제다. 히스트릭스 같은 서킷 브레이커를 사용해 실제로 서비스가 끝날 때에 서비스 호출을 닫는 것이 좋다. 그러나 이 장의 목적을 위해서는 충분하다.

 TIP 올바른 지표를 정의하고 이를 구현하는 방법은 어려운 과제일 수 있지만, 실제로 작동하는지 여부를 알려 주는 마이크로서비스가 있는 경우 장기적으로 효과가 있다.

액츄에이터 엔드포인트 보호

액추에이터 엔드포인트를 활성화할 때 고려해야 할 사항 중 하나는 이런 URL에 액세스할 수 있는 모든 사용자에게 해당 URL을 사용할 수 있도록 열려 있다는 것이며, 사용하지 않을 수도 있는 중요한 정보를 제공할 수 있기 때문에 적절하지 않다.

먼저 application.yml을 편집해 기본 URL과 포트를 변경할 수 있다.

```
management:
  endpoints:
```

```
  web:
    base-path: /management
    exposure:
      include: health,metrics,trace
endpoint:
  health:
    show-details: always
server:
  port: 8089
```

이제 URL은 http://localhost:8089/management/health와 같이 변경됐다. 이렇게 하면
운영 환경 설정에서 액추에이터 엔드포인트를 숨길 수 있다. 내부 URL 영역과 외부 URL
영역의 액세스를 차단할 수도 있다.

 엔드포인트를 더 안전하게 유지하기 위해 스프링 보안(Spring Security)을 사용하고 역할
(role)과 사용자(user)를 추가해 액추에이터 엔드포인트에 액세스할 수 있지만 이 장에서 의
도한 범위보다 더 복잡하다. 스프링 부트 및 스프링 보안의 공식 문서를 검토해 이 문제를 더
자세히 이해하자.
https://spring.io/projects

▌ JMX

코틀린 마이크로서비스가 JVM에서 실행되므로 JMX^Java Management Extensions를 사용해 외부
시스템에 모니터링 정보를 제공할 수 있다. JMX를 사용하면 마이크로서비스의 사용자 정
의 정보를 검색하거나 오류를 복구하는 데 사용할 수 있는 사용자 정의 도구를 실행할 수
있게 한다.

JMX 이해

자바 6 이후부터 JMX는 자바 SDK와 함께 제공되기 때문에 자바 프로그램에서 다른 시스템에 모니터링 정보를 제공하고 애플리케이션을 관리할 수 있다.

이는 대부분의 다른 모니터링 도구가 마이크로서비스에 대한 정보를 검색하는 데 사용할 수 있는 매우 강력한 기능이다.

또한 JMX를 사용하면 외부에서 애플리케이션의 특정 기능을 호출하는 관리 빈management bean을 노출할 수 있다. 이 기능은 특정 서비스를 다시 시작하거나 내부 동작을 변경하는 등의 애플리케이션을 지원하는 작업을 제공하는 데 사용될 수 있다.

기본적으로 JMX는 자바 애플리케이션 지원을 위해 업계에서 널리 사용되는 표준 메커니즘을 제공해 애플리케이션에 액세스해야 하는 시스템의 인터페이스 역할을 할 것이다.

JMX 사용하기

자바 JDK에는 명령줄에서 사용할 수 있는 JMX 콘솔이 함께 제공된다.

```
jconsole
```

이 프로그램은 JDK 디렉토리의 bin 폴더에서 사용할 수 있으며 실행하면 다음과 같은 창이 표시된다.

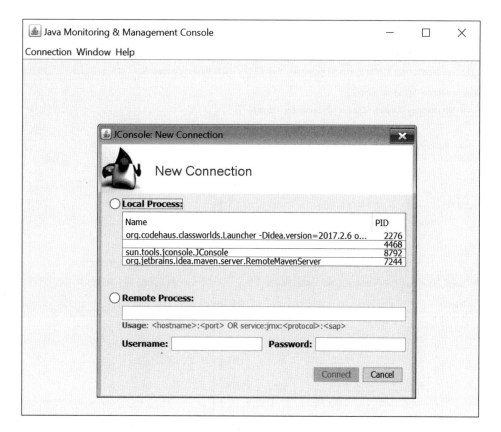

자바 JMX 콘솔

이 창이 표시되면 새 연결을 만들도록 한다. **로컬 프로세스**에서 자바 애플리케이션을 선택할 수 있다. 인텔리제이 IDEA에서 마이크로서비스를 실행한 경우 `org.codehaus.classworlds.Launcher` 프로세스를 선택해야 한다. 명령줄에서 실행한 경우에는 `org.apache.maven.wrapper.MavenWrapperMain`을 선택해야 한다.

어느 쪽이든, 선택하면 Overview 창이 보인다.

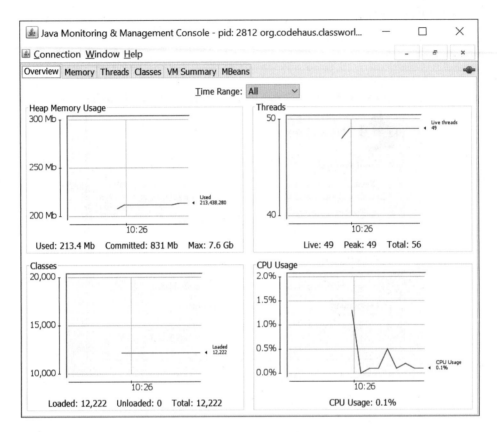

JConsole Overview 창

이 창은 마이크로서비스 통계 및 메트릭의 일부를 작은 대시 보드로 제공하며 잠시 사용할 수도 있지만 대시 보드를 직접 작성할 필요가 있다. 더 자세한 정보를 얻을 수 있는 추가 탭이 있지만 마지막 탭인 **MBeans**, 즉 관리 빈management beans에 초점을 맞출 것이다. 관리 빈은 데이터를 검색하거나 조작을 호출하는 데 사용할 수 있는 서비스를 제공한다. 스프링 부트 액추에이터는 이미 그 일부를 제공한다.

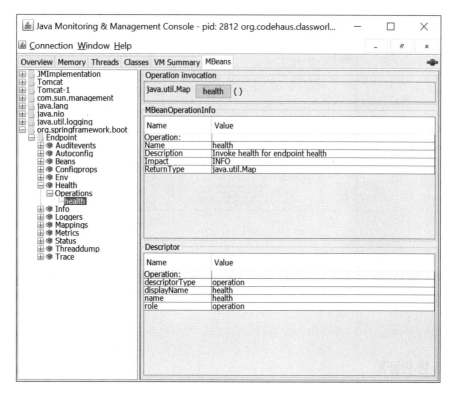

스프링 부트 액추에이터 관리 빈

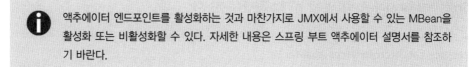

액추에이터 엔드포인트를 활성화하는 것과 마찬가지로 JMX에서 사용할 수 있는 MBean을 활성화 또는 비활성화할 수 있다. 자세한 내용은 스프링 부트 액추에이터 설명서를 참조하기 바란다.

health 버튼에서 창의 오른쪽을 클릭하면 상태 작업을 호출할 수 있으며, 그러면 새 창에 세부 정보가 표시된다.

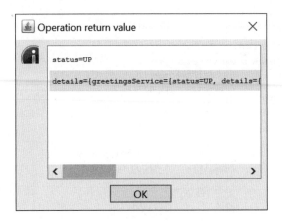

상태 운영 결과

이를 통해 다양한 스프링 부트 액추에이터 MBeans을 실행해 마이크로서비스를 운영할
수 있다.

관리 빈 만들기

이미 가지고 있는 마이크로서비스의 MBean을 보면 많은 것들이 있지만, 마이크로서비스
를 관리하기 위한 정보나 도구를 제공하기 위해 자체적으로 만들 수도 있다.

GreetingsMBean라는 이름의 새 클래스를 만들 것이다.

```
package com.microservices.chapter10

import org.springframework.beans.factory.annotation.Autowired
import org.springframework.jmx.export.annotation.ManagedOperation
import org.springframework.jmx.export.annotation.ManagedOperationParameter
import org.springframework.jmx.export.annotation.ManagedOperationParameters
import org.springframework.jmx.export.annotation.ManagedResource
import org.springframework.stereotype.Component

@Component
@ManagedResource(objectName =
```

```
"com.microservices:type=greetings,name=GetHello",
    description = "Get greetings")
class GreetingsMBean {
  @Autowired
  lateinit var greetingsService: GreetingsService

  @ManagedOperation(description = "Returns a greeting message")
  @ManagedOperationParameters(ManagedOperationParameter(description =
"provide a name", name = "name"))
  fun hello(name: String) = try {
    greetingsService.getGreeting() + " $name!"
  } catch (exception: Exception) {
    "oh $name, we get an error: $exception"
  }
}
```

이제 JMX 콘솔을 사용해 이것을 호출할 수 있다.

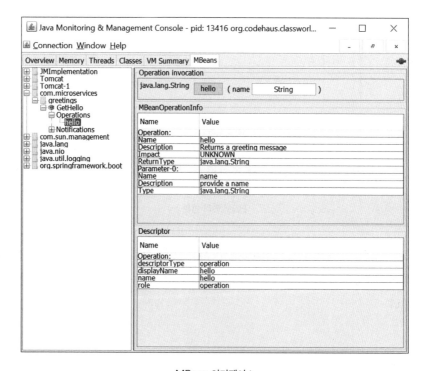

MBean 인터페이스

먼저, 매개 변수 name(예: Spring)을 설정하기 위해 **name** 매개 변수 옆 `String`이 보이는 상자 안에 입력한다. 이제 **Hello** 버튼을 클릭하고 서비스가 작동하면 다음과 같이 메시지가 표시된다.

Hello 메시지 반환

하지만 서비스가 실패하면 대신 다음을 얻게 된다.

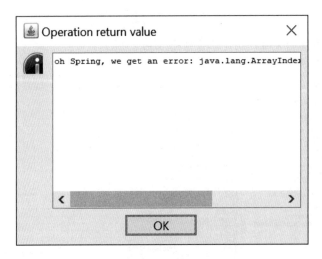

Hello 에러 반환

이것은 매우 간단한 예제지만, MBeans은 더 많은 고급 작업을 할 수 있게 해 준다. 예를 들어, 데이터베이스에 다시 연결하거나 서킷 브레이커를 다시 시작하는 등 오류를 복구할 수 있다.

> ℹ️ JMX도 프로그래밍으로 사용할 수 있기 때문에 다른 애플리케이션이나 서비스를 모니터링하
> 거나 운영하도록 애플리케이션을 만들 수 있지만, 가장 중요한 것은 대시보드나 컨트롤 센터
> 에 추가해 마이크로서비스를 운영할 수 있도록 하는 것이다.

▌ 정리

이제 마이크로서비스의 운영을 준비하기 위해 왜 모니터링을 해야 하는지 자세히 알게 됐
다. 경고alert를 정확하게 정의할 수 있는 방법을 이해하기 위해 경고에 대해 자세히 살펴
봤다. 그런 다음 스프링 부트 액추에이터를 사용하는 방법과 사용자 정의할 수 있는 방법
을 배웠다. 마지막으로 JMX가 무엇이고, 마이크로서비스를 운영할 수 있도록 관리 빈을
만들 수 있는 방법을 배웠다.

이제 마이크로서비스를 운영할 준비가 됐으니, 배포 방법을 알아야 한다. 다음 장에서는
운영 시스템에 마이크로서비스를 어떻게 배포할 수 있는지 배우게 될 것이다. 오픈시프
트 온라인을 사용해 클라우드 애플리케이션을 만들고 애플리케이션이 변경될 때마다 자
동으로 마이크로서비스를 배포하도록 Git 저장소를 설정하는 방법을 배우게 될 것이다.

11

마이크로서비스 배포

운영 환경에서 마이크로서비스를 서비스하기 위해서는 마이크로서비스를 배포해야 한다. 이 작업이 사소해 보일 수 있지만 애플리케이션이 요구하는 변화 속도나 배포 주기를 맞추는데 방해가 될 수 있다. 이 장에서는 오픈시프트 온라인을 사용해 마이크로서비스를 쉽고 효율적으로 배포하는 방법과 최고의 속도로 최상의 품질을 제공하는 방법에 대해 알아볼 것이다. 이를 위해 업계 표준 버전 제어 시스템인 Git을 사용해 배포를 간소화한다.

11장에서 다루는 내용은 다음과 같다.

- 오픈시프트 온라인^{OpenShift Online}
- 깃
- 깃허브
- Deployments
- 웹훅

▍ 설정

애플리케이션을 배포하기 전에 작업에 적합한 접속 권한 도구를 준비해야 한다. 이번 절에서는 마이크로서비스를 위한 저장소로 사용할 수 있는 깃허브GitHub 계정을 만든다. 마이크로서비스 코드를 깃허브에 게시publish하기 위해 시스템에 깃을 설치하고 설정한다. 그런 다음 클라우드 애플리케이션을 만들기 위해 사용할 오픈시프트 계정을 만들고, 오픈시프트 계정을 깃허브 계정에 연결할 것이다. 마지막으로 예제에서 사용할 오픈시프트 명령줄 도구CLI, command line interface를 설치하고 구성한다.

깃허브 계정 생성

이 장에서는 Git 리포지토리를 저장하기 위한 플랫폼으로 깃허브를 사용한다. 이는 마이크로서비스를 배포하는 데 필요하다. 이미 깃허브 계정이 있는 경우 이 단계를 건너뛸 수 있다.

먼저 깃허브 메인 사이트 http://github.com을 방문한다. 화면 중앙에 계정을 만들 수 있는 양식이 있다. 세부 정보를 입력하고 Sign up for GitHub 버튼을 클릭한다.

깃허브 계정 생성하기

다음 단계에서 Choose a personal plan 항목 중에 Unlimited public repositories for free를 선택하고 Continue 버튼을 클릭한다.

Welcome to GitHub

You've taken your first step into a larger world, **@Juan-Medina-Code**.

✓ Completed Set up a personal account	⊏[❑ Step 2: Choose your plan	⚙ Step 3: Tailor your experience

Choose your personal plan

- ◉ Unlimited public repositories for free.

- ○ **Unlimited private repositories** for $7/month.

Don't worry, you can cancel or upgrade at any time.

☐ **Help me set up an organization next**
Organizations are separate from personal accounts and are best suited for businesses who need to manage permissions for many employees.
Learn more about organizations

☐ **Send me updates on GitHub news, offers, and events**
Unsubscribe anytime in your email preferences. Learn more

Continue

Both plans include:

- ✓ Collaborative code review
- ✓ Issue tracking
- ✓ Open source community
- ✓ Unlimited public repositories
- ✓ Join any organization

개인 계획 설정

마지막으로, 개인 경험에 대한 맞춤 정보를 요청하지만 skip this step 클릭하면 건너뛸 수 있다.

Welcome to GitHub

You'll find endless opportunities to learn, code, and create, **@Juan-Medina-Code**.

✓ **Completed** Set up a personal account	⊏[□ **Step 2:** Choose your plan	⚙ **Step 3:** Tailor your experience

How would you describe your level of programming experience?

⦿ Very experienced   ⦿ Somewhat experienced   ⦿ Totally new to programming

What do you plan to use GitHub for? (check all that apply)

☐ Research   ☐ School projects   ☐ Project Management

☐ Development   ☐ Design   ☐ Other (please specify)

Which is closest to how you would describe yourself?

⦿ I'm a professional   ⦿ I'm a student   ⦿ I'm a hobbyist

⦿ Other (please specify)

What are you interested in?

[   ]

e.g. tutorials, android, ruby, web-development, machine-learning, open-source

[Submit] skip this step

개인 경험 설정

이제 이메일 계정을 검증하기 위해서 이메일을 받게 된다. 이메일에서 제공하는 링크를 클릭하면 모든 준비가 끝난다.

깃 설치

나중에 깃허브에 코드를 게시하는 예제를 실행하기 위해 깃을 시스템에 설치한다. 윈도우 시스템을 사용하는 경우 웹 사이트 https://git-scm.com/download/win에서 윈도우용 깃 Git for Windows을 다운로드하고, 기본 설정으로 설치를 완료한다. 맥에는 애플Apple에서 제공하는 깃 클라이언트가 설치돼 있지만 https://git-scm.com/download/mac 웹 사이트에서 깃 맥 클라이언트를 다운로드해 기본 설정으로 설치를 완료한다.

깃이 설치됐으므로 명령줄을 열고 다음을 실행해 설치를 확인할 수 있다.

```
git --version
```

윈도우에서는 각자 깃을 설치한 방법에 따라, 깃 명령을 수행하려면 **프로그램 메뉴**에서 깃 배시 프로그램을 실행해야 할 수도 있다. 여기에는 방금 설치한 깃의 버전이 표시되며, 이제 구성을 해야 한다. 깃허브에 설정한 사용자 이름과 이메일을 깃 명령어를 사용해 설정한다.

```
git config --global user.name "Juan Medina Code"
git config --global user.email "code@juan-medina.com"
```

오픈시프트 계정 만들기

이제 웹 페이지 https://manage.openshift.com/로 가서 오픈시프트 온라인 계정을 만든다. 화면 왼쪽 하단에 있는 **Sign up**을 클릭한다.

오픈시프트 온라인 메인 페이지

다음 화면의 **LOG IN USING SOCIAL ACCOUNT** 영역에서 **GITHUB** 버튼을 클릭한다.

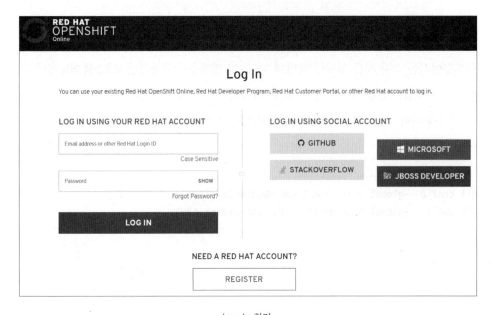

Log In 화면

그런 다음 Authorize Red Hat Developers 이메일 주소를 요청하는 새로운 화면이 나타난다.
Authorize redhat-developer 버튼을 클릭한다.

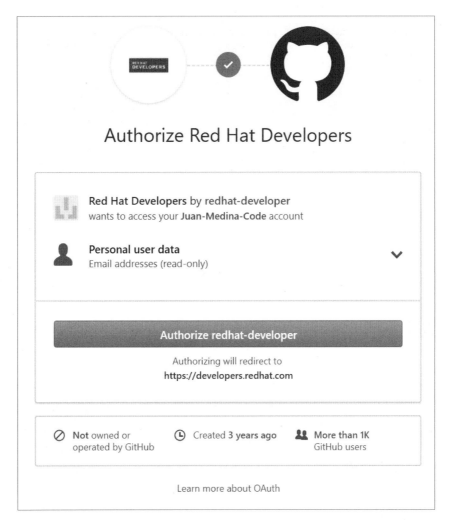

redhat-developer 권한 부여

이제, 계정 세부 정보를 확인하는 화면에서 깃허브 계정에서 사용한 이메일과 오픈시프트 온라인에 로그인하기 위해 사용할 암호를 설정한다.

ⓘ It looks like we need you to verify your account information.
To continue setup of your Red Hat account, please review and update your account information below. We retrieved the pre-filled information from your selected social login provider.

Account Information

First name *
Juan

Last name *
Medina

Email *
code@juan-medina.com

Password. Minimum 6 characters. *   SHOW
••••••••

Company

Country *
United Kingdom

☑ I have read and agree to all the terms and conditions below (check all boxes).
　☑ * I have read and agree to the OpenShift Online Service Agreement ⏷
　☑ * I have read and agree to the Red Hat Portals Terms of Use and Export Control Agreement ⏷

☐ I would like to receive the Red Hat OpenShift Online newsletter.

SUBMIT

계정 정보

SUBMIT 버튼을 클릭하면 이메일 주소를 검증하는 링크가 있는 이메일을 받게 되고, 링크를 클릭하면 애플리케이션 계획을 확인할 수 있는 화면이 나타난다. FREE 버튼을 클릭해서 약간의 제약 사항은 있지만 예제용으로는 문제없는 무료 Starter 계획을 사용하도록 선택할 수 있다.

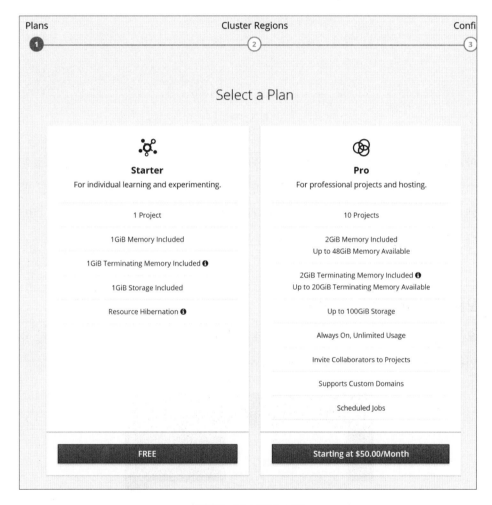

계획(Plan)을 선택하는 화면

그런 다음 새 페이지가 로드되어 애플리케이션이 사용할 리젼region을 선택한다. 화면에서 링크를 클릭해 선택할 수 있다.

리젼 선택

마지막으로 확인 화면이 나타나면 **Confirm Subscription** 버튼을 클릭해 계정 생성을 완료할 수 있다. 잠시 뒤, 오픈시프트 온라인의 환영 이메일과 콘솔에 접근할 수 있는 링크를 받게 된다. 나는 `https://console.starter-ca-central-1.openshift.com`의 링크를 받았다. 이 URL을 열면 계정에 로그인할 수 있는지 확인할 수 있다.

오픈시프트 클라이언트 다운로드

오픈시프트 계정에 로그인하면 화면 오른쪽 상단에 도움말 아이콘을 볼 수 있다. 해당 아이콘을 클릭한다. 팝업 메뉴가 **Command Line Tools**라는 옵션과 함께 표시된다.

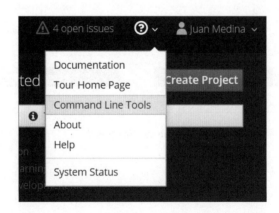

이 버튼을 클릭하면 오픈시프트 명령줄 도구^{CLI}를 다운로드할 수 있다. 운영체제를 선택할 수 있고, 다운로드한 후에 압축을 풀고, 시스템 경로에 추가한다.

이제 명령줄에서 oc login 명령을 사용할 수 있다.

```
oc login https://api.starter-ca-central-1.openshift.com
Authentication required for
https://api.starter-ca-central-1.openshift.com:443 (openshift)
Username: code@juan-medina.com
Password:
Login successful.

You don't have any projects. You can try to create a new project, by running

    oc new-project <projectname>

Welcome! See 'oc help' to get started.
```

▌ 애플리케이션 빌드

마이크로서비스를 배포할 준비를 하려면 먼저 마이크로서비스를 빌드해야 한다. 이를 위해 이 책을 통해 배운 지식을 활용할 것이다. 스프링 부트를 이용해 마이크로서비스를 만들것이며 이 마이크로서비스는 SpringBootTest와 MockMVC를 사용해 테스트할 것이다. 그리고 이 마이크로서비스를 깃허브에 업로드해서 다음 절에서 사용하도록 할 것이다.

예제 마이크로서비스 만들기

이제 도구가 준비됐으므로 마이크로서비스를 만들어야 하며 이전 장에서 했던 것처럼 스프링 이니셜라이저를 사용한다.

먼저 https://start.spring.io/을 방문하는 것으로 시작한다.

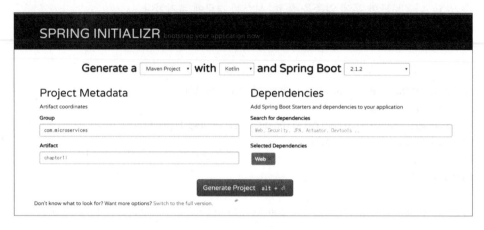

스프링 이니셜라이저

Maven Project를 Kotlin과 Spring boot 2.1.2을 사용해 생성한다. Group을 com.microser vices로, Artifact를 chapter11로 선택한다. Dependencies에는 Web을 설정하다. 이제 Generate Project를 클릭해 zip 파일을 다운로드할 수 있다. 압축을 풀고 인텔리제이 IDEA 에서 열어 프로젝트 작업을 시작할 수 있다. 잠시 뒤 프로젝트 준비가 끝나면 메이븐 프 로젝트 창을 열어 다양한 라이프사이클 단계와 메이븐 플러그인 및 목표를 볼 수 있다.

 2장에서 스프링 이니셜라이저, 메이븐, 인텔리제이 IDEA를 사용하는 방법을 다뤘다. 이 장에 서 다루지 않는 내용은 2장을 참고하기 바란다.

이제 Customer 클래스를 프로젝트에 추가한다. 인텔리제이 IDEA의 Project 창에서 src/ main/kotlin 폴더의 com.microservices.chapter11 패키지를 마우스 오른쪽 버튼을 클 릭하고 New > Kotlin File/Class를 선택한다. 팝업 창에서 이름을 Customer로 설정하고 Kind 드롭다운에서 Class를 선택한다.

```
package com.microservices.chapter11

class Customer(val id: Int, val name: String)
```

마이크로서비스에서 이 클래스를 사용해 고객 정보를 처리한다. 이제 이전 단계를 반복해 새 클래스를 만들고 이름을 CustomerController라 지정한다.

```
package com.microservices.chapter11

import org.springframework.web.bind.annotation.GetMapping
import org.springframework.web.bind.annotation.PathVariable
import org.springframework.web.bind.annotation.RestController
import java.util.concurrent.ConcurrentHashMap

@RestController
class CustomerController {
  companion object {
    val initialCustomers = arrayOf(Customer(1, "Kotlin"),
        Customer(2, "Spring"),
        Customer(3, "Microservice"))
    val customers = ConcurrentHashMap<Int, Customer>
    (initialCustomers.associateBy(Customer::id))
  }

  @GetMapping("/customers")
  fun getCustomers() = customers.values.toList()

  @GetMapping("/customer/{id}")
  fun getCustomer(@PathVariable id: Int) = customers[id]
}
```

이 컨트롤러는 URL /customer/{id}를 호출하면 개별 고객 정보를 반환하고, URL /customers를 호출하면 모든 고객 정보를 반환한다.

이 예제에서 사용한 많은 내용은 2장과 3장에서 다뤘다. 정보를 좀 더 알고 싶다면 2장과 3장을 다시 보기 바란다.

이제 인텔리제이 IDEA 메이븐 Project 창을 spring-boot:run 타겟을 실행하거나 명령줄에서 다음을 실행해 마이크로서비스를 실행할 수 있다.

```
mvnw spring-boot:run
```

어느 쪽이든 http://localhost:8080/customers를 접속하면 고객 목록을 얻을 수 있다.

```
[
  {
    "id": 1,
    "name": "Kotlin"
  },
  {
    "id": 2,
    "name": "Spring"
  },
  {
    "id": 3,
    "name": "Microservice"
  }
]
```

http://localhost:8080/customer/1을 접속하면 해당 고객을 얻을 수 있다.

```
{
  "id": 1,
  "name": "Kotlin"
}
```

444

이제 마이크로서비스의 주요 기능이 준비됐다.

테스트 추가

마이크로서비스는 준비됐지만 그것을 검증할 테스트가 없다. 소프트웨어를 운영 환경에 배포하기 전에 먼저 소프트웨어가 잘 작동하는지 검증해야 한다. 그래서 몇 가지 테스트를 추가한다.

이제 인텔리제이 IDEA에서 SpringBootTest 프로젝트를 생성한다. Project 창에서 src/test/kotlin 폴더의 com.microservices.chapter11 패키지를 마우스 오른쪽 버튼을 클릭하고 New › Kotlin File/Class를 선택한다. 팝업 창에서 이름을 CustomerControllerTest로 설정하고 Kind 드롭다운에서 Class를 선택한다.

```
package com.microservices.chapter11

import org.junit.Test
import org.junit.runner.RunWith
import org.springframework.beans.factory.annotation.Autowired
import org.springframework.boot.test.autoconfigure.web.servlet.
AutoConfigureMockMvc
import org.springframework.boot.test.context.SpringBootTest
import org.springframework.test.context.junit4.SpringRunner
import org.springframework.test.web.servlet.MockMvc
import org.springframework.test.web.servlet.request.MockMvcRequestBuilders.get
import org.springframework.test.web.servlet.result.MockMvcResultHandlers.print
import org.springframework.test.web.servlet.result.MockMvcResultMatchers.jsonPath
import org.springframework.test.web.servlet.result.MockMvcResultMatchers.status

@RunWith(SpringRunner::class)
@SpringBootTest
@AutoConfigureMockMvc
class CustomerControllerTest {
  @Autowired
  lateinit var mockMvc: MockMvc
```

```kotlin
@Test
fun `we should get the customer list`() {
  mockMvc.perform(get("/customers"))
      .andExpect(status().isOk)
      .andExpect(jsonPath("\$[0].id").value(1))
      .andExpect(jsonPath("\$[0].name").value("Kotlin"))
      .andExpect(jsonPath("\$[1].id").value(2))
      .andExpect(jsonPath("\$[1].name").value("Spring"))
      .andExpect(jsonPath("\$[2].id").value(3))
      .andExpect(jsonPath("\$[2].name").value("Microservice"))
      .andDo(print())
}

@Test
fun `we should get a customer by id`() {
  mockMvc.perform(get("/customer/1"))
      .andExpect(status().isOk)
      .andExpect(jsonPath("\$.id").value(1))
      .andExpect(jsonPath("\$.name").value("Kotlin"))
      .andDo(print())
}
}
```

스프링 MockMvc를 사용해 두 URL의 테스트를 몇 가지 추가했다.

 이런 테스트의 대부분은 9장, '스프링 마이크로서비스 테스트'에서 다뤘다. 추가 정보를 이해하려면 다시 보기 바란다.

446

이제 인텔리제이 IDEA Maven Project 창에서 verify 라이프사이클을 사용하거나 명령줄에서 다음을 실행해 테스트를 실행할 수 있다.

```
mvnw verify
```

어느 쪽이든, BUILD SUCCESS 메시지와 로그를 얻을 수 있다.

```
[INFO] Results: [INFO]
[INFO] Tests run: 3, Failures: 0, Errors: 0, Skipped: 0 [INFO]
[INFO] -------------------------------------------------------------------
----
[INFO] BUILD SUCCESS
[INFO] -------------------------------------------------------------------
----
[INFO] Total time: 16.984 s
[INFO] Finished at: 2017-12-09T13:00:36+00:00
[INFO] Final Memory: 40M/813M
[INFO] -------------------------------------------------------------------
----
```

왜 세 가지 테스트를 실행했는지 궁금할 것이다. 이는 스프링 이니셜라이저가 초기 프로젝트를 만들 때 이미 기본 테스트를 하나 만들었기 때문이다.

깃허브에 업로드하기

이제 마이크로서비스가 준비됐으므로 깃허브에 업로드할 수 있지만 먼저 깃허브에 프로젝트를 만들어야 한다. https://github.com/login에서 각자의 계정에 로그인하면 페이지가 나타난다.

첫 번째 프로젝트를 만들기 위해 Start a Project 버튼을 클릭하면 다음 창이 나타난다.

Create a new repository

A repository contains all the files for your project, including the revision history.

Owner   **Repository name**

[Juan-Medina-Code ▾] / [customers   ✓]

Great repository names are short and memorable. Need inspiration? How about **shiny-octo-guacamole**.

Description (optional)

[   ]

◉ Public
    Anyone can see this repository. You choose who can commit.

◯ Private
    You choose who can see and commit to this repository.

☐ **Initialize this repository with a README**
    This will let you immediately clone the repository to your computer. Skip this step if you're importing an existing repository.

[Add .gitignore: None ▾] | [Add a license: None ▾] ⓘ

[**Create repository**]

신규 리포지토리 만들기

Repository name을 선택하고 Create repository 버튼을 클릭하기만 하면 된다.

다음 창에서 새로 생성된 리포지토리의 Git URL을 볼 수 있다.

해당 URL은 뒷쪽에서 필요하므로 저장해 둔다. 이제 몇 가지 Git 명령을 사용해야 하므로 명령줄을 연다. 윈도우를 사용하는 경우 일반 명령줄 대신 깃 배시 프로그램을 열어야한 다는 것을 기억하라. 명령줄을 이용해 마이크로서비스가 있는 폴더(pom.xml이 추가된 폴더) 로 이동한다. 먼저 깃 저장소를 다음 명령으로 초기화한다.

```
git init
```

이제 폴더를 깃허브 프로젝트에 연결한다. 명령줄에 이 명령을 실행하기 위해 위의 깃 URL이 필요하다.

```
git remote add origin https://github.com/Juan-Medina-Code/customers.git
```

이제 마이크로서비스의 모든 파일을 로컬 깃 저장소에 추가하고 서버에 푸시할 수 있다.

 Git은 로컬 컴퓨터에 로컬 저장소를 가지며, 서버의 원격 저장소에 동기화된다는 콘셉트로 동작한다. 파일의 신규 추가, 업데이트, 변경 사항 커밋 등의 작업을 할 수 있고, 이후 변경분 을 게시(publish)하려면 서버로 푸시할 수 있으며, 아직 로컬 저장소에 없는 변경 사항을 가 져와서(pull) 동기화할 수도 있다.

먼저 다음 명령을 사용해 파일을 추가한다.

```
git add .
```

그런 다음 모든 변경 사항을 로컬 깃 저장소에 메시지와 함께 저장staging하도록 commit 명령을 이용한다.

```
git commit -m "first commit to github"
```

마지막으로 다음 명령을 사용해 깃허브로 푸시한다.

```
git push origin master
```

이 명령은 사용자 이름, 즉 이메일과 비밀번호를 입력하도록 요청할 것이며 입력한 후에 코드가 모두 업로드됐음을 알 수 있다.

```
Username for 'https://github.com': code@juan-medina.com
Password for 'https://code@juan-medina.com@github.com':
Counting objects: 28, done.
Delta compression using up to 12 threads.
Compressing objects: 100% (19/19), done.
Writing objects: 100% (28/28), 47.84 KiB | 0 bytes/s, done.
Total 28 (delta 0), reused 0 (delta 0)
To https://github.com/Juan-Medina-Code/customers.git
* [new branch] master -> master
```

Push 명령을 통해서 깃허브 프로젝트 사이트에서 해당 프로젝트를 사용할 수 있게 됐다. 이 예에서는 https://github.com/Juan-Medina-Code/customers이다.

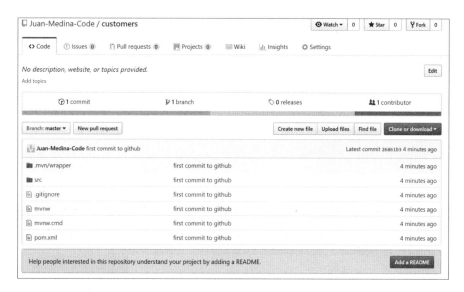

깃허브의 프로젝트

이제 마이크로서비스 코드가 업로드됐고, 다음 순서를 위한 준비가 완료됐다.

▌ 오픈시프트에 게시

마이크로서비스를 위한 코드가 준비되고, 테스트가 완료됐다면 이제 운영 환경에 배포를 시작할 준비가 된 것이다. 이번 절에서는 오픈시프트 온라인에서 마이크로서비스를 손쉽게 배포하는 방법과 관리 방법을 알아 볼 것이다. 그런 다음 마이크로서비스 코드를 업데이트하고 신규 배포를 트리거해서 애플리케이션의 배포 라이프사이클을 완료할 것이다.

애플리케이션 만들기

마이크로서비스를 배포하려면 먼저 오픈시프트 온라인에 애플리케이션을 만들어야 하므로 오픈시프트 온라인 콘솔에 로그인한다. 이 장의 시작 부분에서 받은 이메일에 URL이 있다고 한 부분을 기억하라(이 예제에서는 `https://console.starter-ca-central-1.openshift.com`). 이 URL을 브라우저에서 열어본다.

자격 증명으로 로그인하라는 메시지를 받을 수 있으며, 이 장의 시작 부분에서 설정한 정보를 제시한다. 선택할 수 있는 여러 애플리케이션 템플릿을 보여주는 카탈로그가 나타난다.

오픈시프트 카탈로그

Red Hat OpenJDK 8을 선택하기 위해 아이콘을 클릭한다. 새 창이 열린다.

OpenJDK 8 템플릿

이 템플릿은 제공되는 소스 코드를 사용해 애플리케이션의 도커 이미지를 생성하게 된다.

이제 Next〉 버튼을 클릭해 다음 페이지로 이동한다.

여기에, 추가 기입해야 하는 양식이 나타난다.

- **Project Name**: 오픈시프트에서의 프로젝트 이름: `kotlin-microservices`
- **Project Display Name**: 오픈시프트 콘솔에 표시되는 이름 : `Kotlin Microservices`
- **Application Name**: 프로젝트에서 애플리케이션 이름 : `customers`
- **Git Repository URL**: 전에 사용했던 Git URL : `https://github.com/Juan-Medina-Code/customers.git`

나머지 필드는 그대로 두고 **Create** 버튼을 클릭하면 된다.

입력폼 채우기

이제 창에 성공 메시지가 표시된다. 창을 닫으면 오른쪽 상단에 생성한 프로젝트를 나타
내는 아이콘이 나타난다.

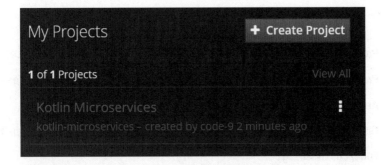

Project in dashboard

이제 오픈시프트가 마이크로서비스를 빌드하고 배포하는 데 몇 분이 걸릴 것이다. 내부적으로 오픈시프트가 하는 일은 다음과 같다.

- 깃허브에서 소프트웨어 가져오기
- 메이븐을 호출해 애플리케이션을 JAR로 패키징
- OpenJDK 8과 애플리케이션을 포함하는 도커 이미지 생성
- 도커이미지를 내부 오픈시프트 레지스트리로 게시
- 이미지를 포드^{pod}로 배포. 이것은 오픈시프트에서 인스턴스 이름을 지정하는 방법
- 마이크로서비스를 위한 서비스와 내부 HTTP 경로 생성
- 마이크로서비스를 외부에 노출시키는 외부 HTTP 경로 생성

모든 단계가 완료되고 **Kotlin Microservices** 링크를 클릭하면 새 페이지가 표시된다.

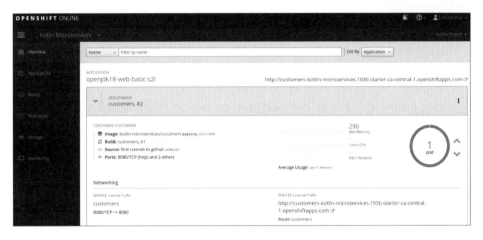

오픈시프트 온라인에 애플리케이션 배포

화면 오른쪽에 마이크로서비스의 URL를 볼 수 있으며, 이 URL은 이전에 했던 것처럼 마이크로서비스를 테스트하는 데 사용할 수 있다. 이 예제에서는 `http://customers-kotlin-microservices.193b.starter-ca-central-1.openshiftapps.com/costomers`이다.

애플리케이션 관리

이제 애플리케이션이 실행 중이므로 오픈시프트 웹 콘솔이나 명령줄 도구를 사용해 관리할 수 있다. 웹 콘솔의 왼쪽 상단 메뉴에서 **Application > Pods**를 선택해 마이크로서비스의 인스턴스를 볼 수 있다.

오픈시프트 포드

여기에서는 두 개의 포드를 볼 수 있으며, 하나는 애플리케이션을 빌드하는 데 사용된 것이고 다른 하나는 실제로 실행 중인 애플리케이션이다. 클릭하면 새 페이지가 표시된다. 새 창에서 **Logs** 탭을 클릭한다. 그러면 마이크로서비스에 대한 로그가 표시된다.

다른 방법으로는 오픈시프트 명령줄 도구인 oc를 이용해 로그를 볼 수 있지만, 먼저 이장의 앞 부분에서 했던 것처럼 오픈시프트 명령줄 도구를 설치하고 오픈시프트에 로그인해야 한다.

먼저 oc 명령을 사용해 현재 프로젝트로 변경한다.

```
oc project kotlin-microservices
Now using project "kotlin-microservices" on server
"https://api.starter-ca-central-1.openshift.com:443".
```

그런 다음 포드를 나열할 수 있다.

```
oc get pods
NAME READY STATUS RESTARTS AGE
customers-1-build 0/1 Completed 0 14m
customers-2-bq95f 1/1 Running 0 6m
```

마지막으로 다음 명령을 사용해 마이크로서비스 포드의 로그를 얻을 수 있다.

```
oc logs customers-2-bq95f
```

그러면 웹 인터페이스에서 봤던 것처럼 마이크로서비스 로그의 마지막 항목이 표시된다.

 오픈시프트는 여러 도구와 옵션이 있는 매우 복잡한 도구다. 좀 더 자세한 사항은 잘 정리되어 있는 온라인 설명서 https://docs.openshift.com/online/welcome/index.html을 참고한다.

애플리케이션 업데이트

이제 애플리케이션을 약간 변경할 것이다. 인텔리제이 IDEA를 사용해 프로젝트를 다시 연 다음 CustomerController 클래스를 연다.

```
package com.microservices.chapter11

import org.springframework.web.bind.annotation.GetMapping
import org.springframework.web.bind.annotation.PathVariable
import org.springframework.web.bind.annotation.RestController
import java.util.concurrent.ConcurrentHashMap

@RestController
```

```kotlin
class CustomerController {
  companion object {
    val initialCustomers = arrayOf(Customer(1, "Kotlin"),
        Customer(2, "Spring"),
        Customer(3, "Microservice"),
        Customer(4, "OpenShift"))
    val customers = ConcurrentHashMap<Int, Customer>
    (initialCustomers.associateBy(Customer::id))
  }

  @GetMapping("/customers")
  fun getCustomers() = customers.values.toList()

  @GetMapping("/customer/{id}")
  fun getCustomer(@PathVariable id: Int) = customers[id]
}
```

마이크로서비스에 고객을 한 명 더 추가했으니 테스트도 변경해야 한다. 그렇지 않으면 테스트가 실패하게 된다. 소프트웨어를 배포하기 전에 항상 테스트를 실행해야 한다.

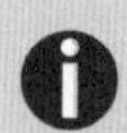

 파이프 라인이 있으면 테스트를 통과하지 못한 코드를 배포할 수 없으며, 이는 고품질의 소프트웨어를 제공하는 데 적합하다. 다음 장에 더 자세히 다룬다.

CustomerControllerTests 클래스를 다음과 같이 수정한다.

```kotlin
package com.microservices.chapter11

import org.junit.Test
import org.junit.runner.RunWith
import org.springframework.beans.factory.annotation.Autowired
import org.springframework.boot.test.autoconfigure.web.servlet.
AutoConfigureMockMvc
import org.springframework.boot.test.context.SpringBootTest
import org.springframework.test.context.junit4.SpringRunner
```

```
import org.springframework.test.web.servlet.MockMvc
import org.springframework.test.web.servlet.request.MockMvcRequestBuilders.get
import org.springframework.test.web.servlet.result.MockMvcResultHandlers.print
import org.springframework.test.web.servlet.result.MockMvcResultMatchers.jsonPath
import org.springframework.test.web.servlet.result.MockMvcResultMatchers.status

@RunWith(SpringRunner::class)
@SpringBootTest
@AutoConfigureMockMvc
class CustomerControllerTest {
  @Autowired
  lateinit var mockMvc : MockMvc

  @Test
  fun `we should get the customer list`(){
    mockMvc.perform(get("/customers"))
        .andExpect(status().isOk)
        .andExpect(jsonPath("\$[0].id").value(1))
        .andExpect(jsonPath("\$[0].name").value("Kotlin"))
        .andExpect(jsonPath("\$[1].id").value(2))
        .andExpect(jsonPath("\$[1].name").value("Spring"))
        .andExpect(jsonPath("\$[2].id").value(3))
        .andExpect(jsonPath("\$[2].name").value("Microservice"))
        .andExpect(jsonPath("\$[3].id").value(4))
        .andExpect(jsonPath("\$[3].name").value("OpenShift"))
        .andDo(print())
  }

  @Test
  fun `we should get a customer by id`(){
    mockMvc.perform(get("/customer/1"))
        .andExpect(status().isOk)
        .andExpect(jsonPath("\$.id").value(1))
        .andExpect(jsonPath("\$.name").value("Kotlin"))
        .andDo(print())
  }
}
```

이제 인텔리제이 IDEA Maven Project 창에서 verify 라이프사이클을 사용하거나 명령줄에서 다음을 실행해 테스트를 실행할 수 있다.

```
mvnw verify
```

어느 쪽이든 BUILD SUCCESS 메시지를 얻는다.

```
[INFO] Results: [INFO]
[INFO] Tests run: 3, Failures: 0, Errors: 0, Skipped: 0 [INFO]
[INFO] -----------------------------------------------------------------
----
[INFO] BUILD SUCCESS
[INFO] -----------------------------------------------------------------
----
[INFO] Total time: 5.959 s
[INFO] Finished at: 2017-12-09T13:07:04+00:00
[INFO] Final Memory: 29M/416M
[INFO] -----------------------------------------------------------------
----
```

이제 깃으로 변경 사항을 푸시한 다음, 오픈시프트 웹 인터페이스로 이동하거나 명령줄을 사용해 플랫폼에 소프트웨어를 다시 배포하도록 요청할 수 있다. 그러나 깃에 그냥 푸시만 해도 소프트웨어가 자동으로 다시 배포된다면 훨씬 좋을 것이다. 오픈시프트는 그렇게 할 수 있다. 어떻게 그렇게 하는지 살펴보자.

먼저 오픈시프트 콘솔 메뉴에서 Builds > Builds를 선택한다. 새 페이지에 빌드 목록이 보여지고 customers를 클릭하면 마이크로서비스의 세부 정보가 표시된다.

이 새 페이지에서 **Configuration** 탭으로 이동한다.

빌드 설정

페이지의 오른쪽에 **Trigger** 섹션을 볼 수 있다. **GitHub Webhook URL**을 복사한다. 이제 깃 허브 프로젝트 페이지로 이동해 **Settings** 탭을 클릭한 다음 페이지의 왼쪽에서 **Webhooks** 옵션을 클릭한다.

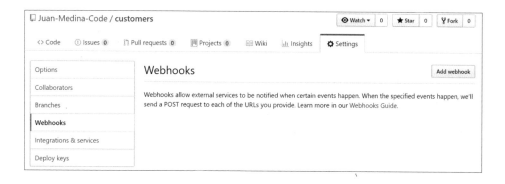

이제 Add webhoOK 버튼을 클릭하고 새로운 페이지에 세부 정보를 입력한다.

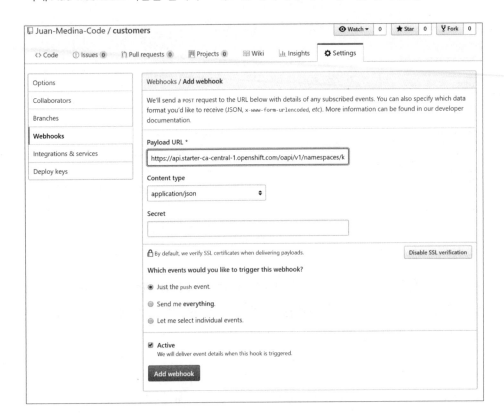

여기서는 오픈시프트 빌드 구성에서 복사한 URL을 Payload URL로 설정한다. 콘텐츠 유형을 application/JSON으로 설정하고 마지막으로 push 이벤트만 트리거하도록 Just the push event를 선택한다. 그런 다음 Add webhook 버튼을 클릭한이다.

이제, 소스를 깃허브에 푸시한다. Git 명령을 실행하기 위해 명령줄을 열고 마이크로서비스 폴더로 이동한다. 먼저 다음 명령을 사용해 변경된 파일을 다시 확인한다.

```
git status
On branch master
Changes not staged for commit:
  (use "git add <file>..." to update what will be committed)
```

```
    (use "git checkout -- <file>..." to discard changes in working directory)

        modified:
src/main/kotlin/com/microservices/chapter11/CustomerController.kt
        modified:
src/test/kotlin/com/microservices/chapter11/CustomerControllerTest.kt
```

변경 사항을 추가한다. 이번에는 다음 명령을 사용해 검토할 수 있다.

```
git add -p
```

이 명령은 원래 파일과의 차이점을 보여주고 변경 사항을 적용하려면 파일별로 요청해야 한다. 변경 내용을 적용하려면 Y를 입력하고 Enter 키를 누른다.

이제 변경을 커밋한다.

```
git commit -m "updating customers"
```

마지막으로 깃허브에 변경 사항을 적용한다.

```
git push origin master
```

오픈시프트 온라인에서 Builds 섹션으로 돌아가면 새로운 Builds가 실행 중인 것으로 표시된다.

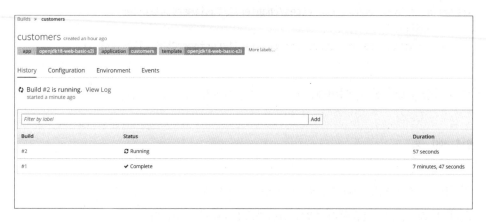

신규 빌드 실행

잠시 뒤, 애플리케이션이 다시 배포되고, 이전 URL http://customers-kotlin-microservices.193b.starter-ca-central-1.openshiftapps.com/customers를 사용해 확인할 수 있으며, 이번에는 변경된 결과를 반환한다.

```
[
  {
    "id": 1,
    "name": "Kotlin"
  },
  {
    "id": 2,
    "name": "Spring"
  },
  {
    "id": 3,
    "name": "Microservice"
  },
  {
    "id": 4,
```

```
    "name": "OpenShift"
  }
]
```

Git push를 수행하는 것만으로 마이크로서비스에 변경 사항이 적용됐다. 이것도 나쁘지는 않지만, 소프트웨어를 배포하기 전에 테스트를 실행하는 파이프라인을 구성하는 것이 더 바람직하다.

 깃과 오픈시프트를 사용해 완전한 기능의 파이프라인을 만드는 방법에 대해 더 자세히 알고 싶다면 Travis CI에서 제공하는 예제를 활용할 수 있다.
https://docs.travis-ci.com/user/deployment/ openshift/

▌ 정리

11장에서는 마이크로서비스를 운영 시스템에 쉽게 배포할 수 있는 방법과 깃을 마이크로서비스 코드의 저장소로 구성하고 사용하는 방법에 대해 배웠다. 그리고 오픈시프트 온라인에서 클라우드 애플리케이션을 만드는 방법과 이 플랫폼에서 마이크로서비스를 배포할 수 있는 방법을 배웠다. 마지막으로 프로젝트에서 깃허브와 오픈시프트 온라인을 통합해 소스 변경시 마이크로서비스를 자동으로 배포할 수 있는 방법을 배웠다.

12장에서는 코틀린 마이크로서비스를 생성할 때 업계의 모범 사례에 대해 설명한다. 코틀린 모범 사례의 일부를 커버해 이점을 활용할 것이다. 그런 다음 스프링 애플리케이션 컨텍스트에 대해 심도 있게 살펴보고, 동급 최고의 스프링 애플리케이션을 만들 것이다. 쉽게 관리할 수 있는 코드를 갖기 위해 마이크로서비스 코드를 위한 더 나은 계층화 구조를 제안할 것이다. 그런 다음 마이크로서비스를 만들 때 효과적인 테스트를 수행하는 방법을 살펴본다. 마지막으로 지속적인 통합Continuous Integration과 지속적인 배포Continuous Delivery를 어떻게 처리해야 하는지 알아볼 것이다.

12

모범 사례

이 책을 읽는 동안 우리는 스프링 프레임워크와 코틀린으로 마이크로서비스를 만들 수 있는 다양한 기술과 도구에 대해 배웠다. 하지만 이것은 간단한 작업이 아니다. 지금까지 배운것을 프로젝트에 적용할때, 선택할 수 있는 무수히 많은 접근 방법이 존재할 것이고, 상황에 따라 더 적합한 접근 방법이 있을 것이다.

이 장에서는 마이크로서비스의 전반적인 품질을 향상시킬 수 있는 업계의 모범 사례에 대해 알아보겠다.

12장에서 다루는 내용은 다음과 같다.

- 코틀린 관용구Kotlin Idiom
- 스프링 컨텍스트Spring Context
- 계층화Layering

- 테스팅^{Testing}
- 지속적인 통합^{Continuous Integration}
- 지속적인 배포^{Continuous Delivery}

▍ 코틀린 관용구 사용

코틀린은 보일러플레이트 코드^{boilerplate code}의 양을 획기적으로 줄이는 관용구^{idiom}를 제공한다. 보일러플레이트 코드는 변경이 거의 없거나 전혀 없는 부분에 포함돼야 하는 코드 절을 나타낸다. 이번 절에서는 가장 많이 쓰이는 관용구 중 일부를 배워 보겠다.

타입 추론

다음과 같은 값을 반환하는 함수를 작성했다고 하자.

```
fun lower(name : String) : String {
  val lower : String = name.toLowerCase()
  return "$name in lower case is: $lower"
}
```

여기서는 함수의 결과 타입^{type}과 내부 변수를 명시적으로 표시했다.

코틀린에서는 변수의 타입을 추론할 수 있다.

```
fun lower(name : String): String {
  val lower = name.toLowerCase()
  return "$name in lower case is: $lower"
}
```

그리고 심지어 함수의 리턴 타입도 추론할 수 있다.

```
fun lower(name : String) = "$name in lower case is: ${name.toLowerCase()}"
```

사용하는 타입을 변경하더라도, 이를 사용하는 코드에서는 타입 추론으로 알 수 있기 때문에 코드를 변경할 필요가 없으므로 매우 유용하다. 예를 들어 이를 명확히 설명하겠다.

```
fun foo() : String {
  return "14"
}

fun bar() : String {
  val value : String = foo()
  return value
}
```

Foo 메소드를 다음과 같이 변경하면

```
fun foo() : Int {
  return 14
}
```

bar 메소드를 다음과 같이 변경해야 한다.

```
fun bar() : Int {
  val value : Int = foo()
  return value
}
```

그러나 메소드를 다음과 같이 선언하면

```
fun foo() = "14"

fun bar() = foo()
```

그러면 bar에 영향을 주지 않고 foo의 결과를 변경할 수 있다.

```
fun foo() = 14

fun bar() = foo()
```

표현식

어떤 값을 반환하는 간단한 함수가 다음과 같다고 하자.

```
fun oddOrEven(number: Int): String {
  if(number % 2 == 0)
    return "odd"
  else
    return "even"
}
```

위의 내용은 다음과 같은 표현식으로 나타낼 수 있다.

```
fun oddOrEven(number: Int): String {
  return if(number % 2 == 0)
    "odd"
  else
    "even"
}
```

물론, 타입을 추론할 수 있다.

```
fun oddOrEven(number: Int) =
  if (number % 2 == 0)
    "odd"
  else
    "even"
```

예를 들어, 다음과 같은 함수가 있다고 하면 다른 코드를 표현식으로 나타낼 수 있다.

```
fun fizzBuzz(number: Int): String {
  if (number % 15 == 0) {
    return "FizzBuzz"
  } else if (number % 3 == 0) {
    return "Fizz"
  } else if (number % 5 == 0) {
    return "Buzz"
  } else {
    return number.toString()
  }
}
```

표현식으로 변환할 수 있다.

```
fun fizzBuzz(number: Int) =
    if (number % 15 == 0) {
      "FizzBuzz"
    } else if (number % 3 == 0) {
      "Fizz"
    } else if (number % 5 == 0) {
      "Buzz"
    } else {
      number.toString()
    }
```

코틀린은 자바 switch/case와 같은 방식에서 사용할 수 있는 when 표현식이 있다.

```kotlin
fun fizzBuzz(number: Int) =
    when {
      number % 15 == 0 -> "FizzBuzz"
      number % 3 == 0 -> "Fizz"
      number % 5 == 0 -> "Buzz"
      else -> number.toString()
    }
```

이것은 try/catch와 같은 다른 표현식에도 적용될 수 있다.

```kotlin
fun calculate(number1: Int, number2: Int) =
    try {
      number1 / number2
    } catch (ex: Exception) {
      0
    }
```

기본 매개 변수

코틀린은 함수를 선언할 때 기본 매개 변수default parameter를 지정할 수 있다.

```kotlin
fun compute(number1: Int, number2: Int = 2, number3: Int = 5) = number1 *
number2 * number3
```

다음과 같이 사용할 수 있다.

```kotlin
println(compute(7))
println(compute(7, 2))
println(compute(7, 2, 8))
println(compute(number1 = 8, number3 = 4))
```

람다

반복문에서 숫자 범위를 사용한다고 생각하자.

```
fun printNumbers() {
  val range = 1..10
  for(i in range){
    println(i)
  }
}
```

숫자 범위를 액세스하기 위해 람다를 사용할 수 있다.

```
fun printNumbers() {
  val range = 1..10
  range.forEach { i -> println(i) }
}
```

하지만 람다는 추론된 it 객체로 쉽게 단축할 수 있다.

```
fun printNumbers(){
  val range = 1..10
  range.forEach { println(it) }
}
```

그리고 변수가 필요하지 않으므로 다음과 같이 단순화할 수 있다.

```
fun printNumbers() {
  (1..10).forEach { println(it) }
}
```

하지만 forEach의 요소만 출력하면 되기 때문에, 람다 대신 메소드 레퍼런스^{method reference}를 사용할 수 있다.

```
fun printNumbers() {
  (1..10).forEach(::println)
}
```

 이것들은 코틀린 관용구의 몇 가지 예일 뿐이며, 다른 수십 가지가 더 있다. 코틀린의 공식 문서를 검토해 언어가 발전함에 따라 새로 추가된 내용을 항상 최신 상태로 유지할 것을 강력하게 권장한다.

https://kotlinlang.org/docs/reference/idioms.html

스프링 컨텍스트 관리

스프링 애플리케이션 컨텍스트는 빈^{Bean}이 애플리케이션에서 사용되도록 참조되는 곳이며, 올바르게 관리하는 것은 간단한 작업이 아니다. 생성된 수십 개의 빈이 있을 때, 어디에서 그리고 어떻게 접근할 것인가가 중요하며, 그래야 잘못된 빈을 부르는 문제를 끝낼 수 있다.

이번 절에서는 이런 복잡성을 처리하는 방법에 대해 설명하겠다.

생성자 주입

이 책에서는 @Autowired를 사용해 스프링 애플리케이션에 빈을 주입하도록 하는 방법을 설명했다.

다음의 두 서비스 및 이를 사용하는 컨트롤러를 예로 들어 보겠다.

```
import org.springframework.beans.factory.annotation.Autowired
import org.springframework.stereotype.Service
import org.springframework.web.bind.annotation.*

@Service
class AccountService {
  fun getAccountsByCustomer(customerId: Int): List<Account>
      = listOf(Account(1, 125F), Account(2, 500F))
}

@Service
class CustomerService {
  @Autowired
  private lateinit var accountService: AccountService
  fun getCustomer(id: Int): Customer {
    val accounts = accountService.getAccountsByCustomer(id)
    return Customer(id, "customer$id", accounts)
  }
}

@RestController
class CustomerController {
  @Autowired
  private lateinit var customerService: CustomerService

  @GetMapping("/customer/{id}")
  fun getCustomer(@PathVariable id: Int) = customerService.getCustomer(1)
}
```

CustomerController는 @Autowired 애노테이션을 사용해 CustomerService 빈을 주입하고 CustomerService는 @Autowired 애노테이션을 사용해 AccountService를 주입한다.

이런 서비스들은 이 예제를 위해 만든 몇 개의 데이터 클래스를 사용한다.

```kotlin
data class Account(val id : Int, val balance : Float)
data class Customer(val id : Int, val name : String, val accounts: List<Account>)
```

@AutoWired를 사용하는 대신 클래스 생성자의 매개 변수로 서비스를 주입할 수 있다.

```kotlin
import org.springframework.stereotype.Service
import org.springframework.web.bind.annotation.*

@Service
class AccountService {
  fun getAccountsByCustomer(customerId: Int): List<Account>
      = listOf(Account(1, 125F), Account(2, 500F))
}

@Service
class CustomerService(val accountService: AccountService) {
  fun getCustomer(id: Int): Customer {
    val accounts = accountService.getAccountsByCustomer(id)
    return Customer(id, "customer$id", accounts)
  }
}

@RestController
class CustomerController(val customerService: CustomerService) {
  @GetMapping("/customer/{id}")
  fun getCustomer(@PathVariable id: Int) = customerService.getCustomer(1)
}
```

스프링이 CustomerController를 생성할 때 CustomerService의 생성자 매개 변수가 실제로 컨텍스트에 존재하는 빈^{Bean}인 것을 감지해 CustomerController를 생성하는 동안 주입한다. AccountService가 주입된 채로 CustomerService가 생성될 때도 똑같은 현상이 발생한다.

476

이를 통해 몇 가지를 개선할 수 있다. 먼저 생성자만 확인하면 컴포넌트에 필요한 것이 무엇인지 분명해진다. 두 번째 자동 설정autowired은 가변 객체인 var을 사용하고, 생성자 주입의 경우 불변 객체인 val을 사용한다.

 객체를 불변으로 설정하면 마이크로서비스와 같은 동시성 애플리케이션을 만들 때 문제를 방지할 수 있고, 또한 성능에 긍정적인 효과가 있다.

명시적 컨텍스트 설정

지금까지는 @Component 또는 @Service를 사용해 스프링 부트 애플리케이션이 시작할 때 컴포넌트 스캔으로 스프링 컨텍스트에 추가할 빈을 선언했다.

그러나 Configuration 클래스를 사용해 빈을 명시적으로 선언할 수도 있다.

```
import org.springframework.context.annotation.Bean
import org.springframework.context.annotation.Configuration

@Configuration
class ContextConfiguration {
  @Bean
  fun accountService() = AccountService()

  @Bean
  fun customerService(accountService: AccountService) =
CustomerService(accountService)

  @Bean
  fun customerController(customerService: CustomerService) =
CustomerController(customerService)
}
```

이제 생성자 주입이 있으므로, 필요한 빈을 매개 변수로 받을 특정 빈을 선언해서 메소드의 생성자에게 보낼 수 있다. 그러면 컴포넌트 스캔이 필요하지 않으며 서비스에서 @Service를 제거할 수 있다.

```kotlin
class AccountService {
  fun getAccountsByCustomer(customerId: Int): List<Account>
    = listOf(Account(1, 125F), Account(2, 500F))
}

class CustomerService(val accountService: AccountService) {
  fun getCustomer(id: Int): Customer {
    val accounts = accountService.getAccountsByCustomer(id)
    return Customer(id, "customer$id", accounts)
  }
}
```

마지막으로, application 클래스와 ContextConfiguration 클래스를 별도의 패키지로 옮길 수 있으므로, 컴포넌트 스캔에서 다른 애노테이션이 달린 클래스를 선택해 이를 빈으로 추가하는 것을 방지할 수 있다. 이렇게 하려면 컨텍스트에서 필요한 것을 정확하게 알려주는 명시적 컨텍스트 설정Explicit context을 해야 한다.

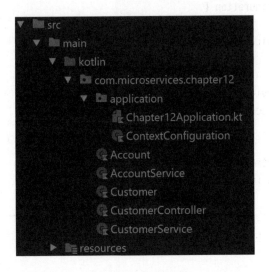

Application package

478

이 예제에서는 컴포넌트 스캔이 애플리케이션을 시작할 때 ContextConfiguration 클래스를 로드한 다음 빈을 만든다.

> 명시적 컨텍스트를 사용하면 수많은 클래스 중 올바른 빈을 얻는 것과 같은 복잡한 상황을 피할 수 있게 해 준다. 컴포넌트 스캔을 완전히 피해야 한다는 것을 말하는 것이 아니라 신중하게 사용할 필요가 있다는 것이다.

서비스 분리

간과할 수 있는 한 가지는 컨트롤러와 서비스가 실제 구현에 의존한다는 것이다. 즉, 데이터베이스에서 다른 메커니즘으로 바꾸는 것 같은 구현 변경 사항이 있는 경우, 이를 사용하는 측이 변경돼야 하므로 이를 방지하기 위해 인터페이스를 만들 것이다.

먼저 CustomerService를 CustomerServiceImpl로, AccountService를 AccountServiceImpl로 변경한다. 그런 다음 인터페이스를 생성한다.

```
interface AccountService {
  fun getAccountsByCustomer(customerId: Int): List<Account>
}

class AccountServiceImpl : AccountService {
  override fun getAccountsByCustomer(customerId: Int): List<Account>
      = listOf(Account(1, 125F), Account(2, 500F))
}

interface CustomerService {
  fun getCustomer(id: Int): Customer
}

class CustomerServiceImpl(val accountService: AccountService) :
CustomerService {
  override fun getCustomer(id: Int): Customer {
```

```
    val accounts = accountService.getAccountsByCustomer(id)
    return Customer(id, "customer$id", accounts)
  }
}
```

이제 CustomerController와 ContextConfiguration을 변경해 인터페이스를 참조하게 한다.

```
import org.springframework.context.annotation.Bean
import org.springframework.context.annotation.Configuration
import org.springframework.web.bind.annotation.*

@RestController
class CustomerController(val customerService: CustomerService) {
  @GetMapping("/customer/{id}")
  fun getCustomer(@PathVariable id: Int) = customerService.getCustomer(1)
}

@Configuration
class ContextConfiguration {
  @Bean
  fun accountService() : AccountService = AccountServiceImpl()

  @Bean
  fun customerService(accountService: AccountService) : CustomerService =
    CustomerServiceImpl(accountService)

  @Bean
  fun customerController(customerService: CustomerService) =
CustomerController(customerService)
}
```

이제 서비스의 구현을 변경해야 하는 경우, 상황에 맞는 설정만 변경하면 된다. 나머지 애플리케이션은 변경하지 않아도 된다. 이런 변화에 대한 또 다른 효과는, 서비스가 어떤 스프링 의존 코드도 가지고 있지 않을 수 있으며, 이것은 마치 다음에 다른 프레임워크로 옮길 필요가 있을 때 원활하게 변경이 가능하다는 것이다.

>
> **TIP** 커플링(coupling)을 피하는 것은 모든 소프트웨어에서와 마찬가지로 마이크로서비스를 만들 때도 원칙 중 하나가 돼야 한다는 것을 기억하자.

▌ 애플리케이션의 계층화

애플리케이션이 커지면 수많은 클래스를 관리하는 것이 더 복잡해진다. 애플리케이션의 구조를 관리하지 않으면 필요한 클래스를 찾을 때 찾지 못할 수도 있다.

이번 절에서는 애플리케이션을 계층화하고 클래스를 패키징하기 위한 구조를 제안할 것이다.

클래스 이해

먼저 프로젝트에서 클래스를 살펴보겠다.

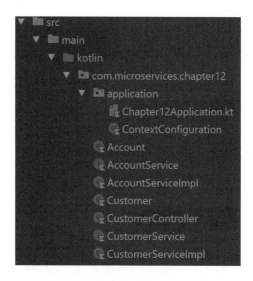

현재 애플리케이션 구조

현재, 클래스가 참조할 수 있는 도메인을 알기 위해 위의 클래스 이미지를 보면 두 개의 도메인으로 나눌 수 있다.

- 고객 관련 클래스
- 계정 관련 클래스

하지만 클래스가 무엇인지 알기 위해 위의 이미지를 살펴보면 여러 가지 그룹으로 클래스를 분류할 수 있다.

- 애플리케이션 클래스
- 컨텍스트 설정 클래스
- 데이터 클래스
- 서비스 인터페이스
- 서비스 구현 클래스
- 컨트롤러 클래스

이런 그룹과 도메인을 사용해 어떻게 나열할 수 있는지 생각해보자.

도메인

두 개의 도메인을 만들고 클래스를 내부에 둘 수 있으며, 특정 도메인에 속하지 않는 어플리케이션 클래스를 저장하는 데 사용할 수 있는 application 패키지가 있다.

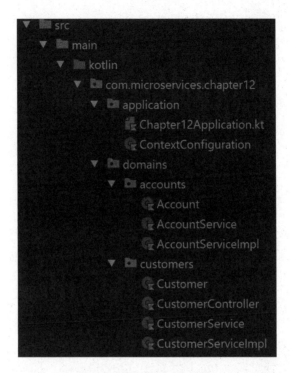

도메인 패키지 애플리케이션 구조

이것이 보기에 더 좋아 보이지만, domain 패키지가 필요하지 않을 수도 있다. 하지만 구조에 추가할 것이 많다면 편리할 것이다.

분할

이제 도메인에서 무엇을 위해 사용되는지를 기반으로 나눌 수 있다.

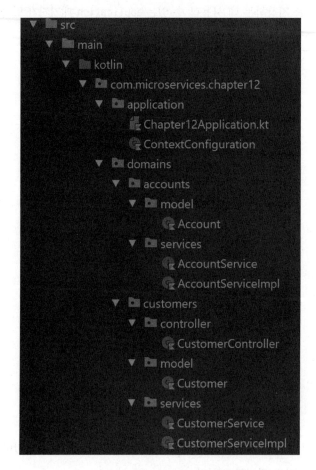

final 패키지

다음과 같은 별도의 패키지를 만들었다.

- model: 데이터 클래스와 같은 도메인 모델 객체
- services: 도메인의 비즈니스 로직을 사용하는 서비스, 구현은 분리할 수 있다.
- controller: 모델을 노출하고 서비스를 사용하는 컨트롤러

이런 패키지는 추가할 모델, 서비스 또는 컨트롤러 클래스가 더 많을 경우 확장할 수 있다.

> **TIP** 애플리케이션을 이해할 수 있는 방식으로 계층화하는 것이 마이크로서비스의 핵심적인 요소 이지만, 어떤 구조도 완벽하지 않으며 어떤 방식으로 구조를 만들고 싶은지 결정해야 한다. 이 구조와 다를 수 있지만, 프로젝트의 모든 사람이 사용된 구조를 이해하고 프로젝트 또는 OSS(Open Source Software) 애플리케이션을 만들 생각이라면 이 구조를 이해해야 하고 기여 문서에 추가할 수 있다.

▎효과적인 테스트

테스트는 최신 소프트웨어 개발의 가장 중요한 요소 중 하나이며, 마이크로서비스를 설계하기 시작할 때부터 테스트를 시작해야 한다.[1] 이번 절에서는 마이크로서비스를 효과적으로 테스트하는 방법에 대한 몇 가지 제안을 하겠지만 실제로 테스트를 이해하려면 결국 자세히 살펴볼 필요가 있다.

테스트 유형 이해

마이크로서비스에서 수행할 수 있는 테스트에는 여러 가지가 있지만 다음은 알아야 할 가장 일반적인 테스트 중 일부다.

- 단위 테스트
- 통합 테스트
- E2E 테스트

---

1 TDD(test driven development)에서 강조하는 바이다. – 옮긴이

테스트 클래스의 이름을 테스트 유형의 이름으로 지정하거나, 해당 유형의 테스트를 참조하는 패키지의 분류에 따라 테스트 이름을 지정해야 하기 때문에 이는 중요하다.

예를 들어, `CustomerControllerTest`라는 컨트롤러에 대해 하나의 통합 테스트가 있는 경우 `CustomerControllerIntegrationTest`, `CustomerControllerIT` 또는 `com.micro services.test.integration`이라는 패키지에 그대로 둘 수 있다.

 TIP 테스트를 잘 분류하면 테스트가 실패했을 때 어떤 테스트인지 쉽게 알 수 있다.

다양한 유형의 테스트를 검토해 이름을 지정하거나 배치하는 방법을 명확히 이해해보자.

단위 테스트

작은 단위(일반적으로 클래스 또는 복잡한 알고리즘)를 테스트하는 데 초점을 맞춰야 한다. 격리된 상태에서 다른 장치와 독립적으로 테스트해야 한다. 즉각적인 피드백을 제공하기 위해서 몇 초 이상 걸리지 않아야 한다. 이런 테스트를 통해 자신감을 가지고 코드를 리팩토링하고, 작은 변경을 가하고 테스트를 지속적으로 실행할 수 있다.

통합 테스트

통합 테스트는 소프트웨어의 다양한 컴포넌트가 제대로 동작하는지 테스트한다. 클래스는 격리 상태에서는 동작하지만 함께 테스트할 때 실패할 수 있다.

E2E 테스트

E2E^{End-to-End} 테스트는 전체 기능이 최종 사용자의 관점에서 잘 동작하는 것을 입증한다. API를 노출하는 마이크로서비스를 실행하는 경우, 마이크로서비스를 호출하는 외부 애플리케이션이 호출하는 것과 같은 다양한 방법으로 테스트할 수 있다.

그 외 테스트

다른 많은 유형의 테스트가 있지만, 이전에 정의된 유형의 하위 분류일 수 있다. 여기 몇 가지 예가 있다.

- **시스템 테스트**^{System test}: 다른 시스템과 통합이 실제로 작동하는지 확인하려고 하는 통합 테스트
- **인수 또는 기능 테스트**^{Acceptance or functional test}: 일반적으로 E2E 테스트는 소프트웨어가 사용자가 지정한 대로 작동하는지 확인하는 데 사용된다.
- **기초 안정성 또는 정밀성 테스트**^{Smoke or sanity test}: 보통 소프트웨어를 공개하기 전에 애플리케이션의 가장 중요한 부분이 여전히 작동하는지 확인하기 위해 하는 통합 또는 E2E 테스트
- **보안 테스트**^{Security tests}: 일반적으로 소프트웨어의 보안 수준을 증명하는 E2E 또는 통합 테스트

테스팅 피라미드

마이크로서비스를 테스트할 때, 다른 종류의 테스트를 할 수 있다. 그리고 소프트웨어의 많은 부분도 다양한 테스트를 이용해 테스트할 수 있다. 예를 들어 고객을 생성할 때 고객을 생성하는 서비스에서 **단위** 테스트를 사용해 테스트할 수 있지만, **통합** 테스트 또는 **E2E** 테스트를 통해서도 테스트할 수도 있다. 각 유형별로 얼마나 많은 테스트를 해야 하는지를 나타내는 테스트 피라미드를 사용해 테스트에 접근해야 한다는 것은 업계의 공통된 이해이다.

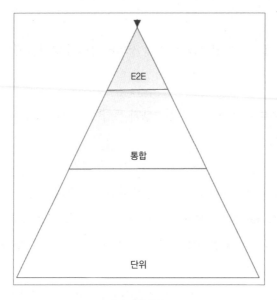

테스트 피라미드

전반적인 아이디어는 단위 테스트를 최대한 많이 수행해야 한다는 것이며, 즉각적인 피드백을 제공해야 한다는 것이다. 단위 테스트는 개발하고 유지보수가 용이하며, 모든 다양한 조건과 시나리오를 가지고 테스트할 수 있다.

그러나 각 단위unit의 통합 방식을 테스트해야 할 수도 있으므로, 통합만 테스트하는 통합 테스트가 필요하며, 단위 테스트가 끝난 로직도 다시 테스트해야 한다.

예를 들어, 오류의 결과를 반환하는 모든 비즈니스 규칙rule을 담당하는 서비스에 대한 단위 테스트를 수행한 경우, 서비스를 사용하는 컴포넌트의 통합 테스트에서는 서비스의 결과 또는 오류에 대해서만 테스트해야 하며, 이전에 단위 테스트에서 수행한 모든 테스트를 다시 할 필요는 없다.

마지막으로 요구 사항에 정의된 시나리오뿐만 아니라 구현 시나리오에 관계없이 전체 시나리오를 포괄하는 E2E 테스트를 수행해야 한다.

TIP Google 테스트 블로그에서는 테스트할 때 70/20/10 비율을 제안한다. 70% 단위 테스트, 20% 통합 테스트, 그리고 10% E2E 테스트다. 마이크로서비스 테스트를 수행할 때 이 수치를 고려할 수 있다. 자세한 내용은 다음 사이트를 참고하자.

https://testing.googleblog.com/2015/04/justsay-no-to-more-end-to-end-tests.html

테스트 주도 개발

마이크로서비스를 만들 때 **테스트 주도 개발**TDD, Test Driven Development을 시도해야 한다. TDD는 마이크로서비스가 올바르게 테스트되도록 하는 데 도움이 될 뿐만 아니라 마이크로서비스의 설계를 더 효율적으로 구현하는 데도 도움이 된다. TDD를 수행하기 위한 전반적인 아이디어는, 아직 구현 코드가 없기 때문에 실패하는 테스트를 먼저 작성하는 것이다. 그런 다음 테스트 통과를 위한 최소 코드만 구현해 테스트를 통과하면 녹색이 된다. 그런 다음 코드를 리팩터링해 코드를 개선하고 테스트를 다시 실행해 코드가 다시 작동하는지 확인하고, 그렇지 않으면 수정한다. 그런 다음 다른 테스트를 작성해 코드를 다시 변경하고 이전과 같은 주기를 반복한다. 적색-녹색-수정의 짧은 주기가 TDD를 훌륭하게 만드는 요인이다.

마이크로서비스의 경우 존재하지 않는 컨트롤러를 테스트한 다음 데이터를 반환하도록 컨트롤러를 구현하고 컨트롤러에서 필요한 작업을 수행할 서비스의 테스트를 만들고 서비스를 구현할 수 있다. 다음으로, 컨트롤러를 수정할 수 있으며, 모든 것이 정의된 대로 작동하는지 확인하기 위해 처음 만든 테스트를 한다.

이것의 또 다른 큰 장점은 애플리케이션에 필요한 것이 무엇이든, 필요하기 전에 서비스 및 관련 컴포넌트를 생성하는 것이 아니라, 필요할 때 만듦으로써 장점이 명확해진다는 것이다. 이것은 린lean 소프트웨어 개발[2]을 위한 좋은 방법이다.

---

2 개발 방법론은 도요타(자동차 제조사)의 프로세스를 S/W 개발에 적용한 방법론으로, 필요한 시점에 필요한 만큼만 만드는 것으로 칸반이 중요한 요소다. - 옮긴이

행위/행동 주도 개발

또한 마이크로서비스에 대한 테스트를 수행할 때 **행위/행동 주도 개발**[BDD, Behavior-Driven Development]을 사용할 수도 있다. BDD는 소프트웨어 개발에서 개발 팀과 관리 팀이 공유할 수 있는 도구와 프로세스를 제공하기 위해 도메인 주도 설계와 객체 지향 분석 및 설계의 아이디어를 가지고 TDD에서 나온 소프트웨어 개발 프로세스다.

팀은 애플리케이션의 작동 방식을 정의하는 도메인 전문가를 포함해 소프트웨어 요구 사항을 작성한다. 이는 도메인 모델에서 유비쿼터스 언어를 사용해 행동 사양을 작성한다.

다음은 이런 사양의 예다.

스토리: **API**에서 고객 가져오기

API의 사용자로서
고객을 가져오기 위해서
나는 그것을 질의하고 싶다

시나리오 1: 존재하는 고객 가져오기
고객으로부터 **ID**를 받은 경우
고객이 존재하는지
고객 **API**를 쿼리할 때
고객 **ID**를 사용한다
그럼 고객 세부 사항을 가져온다

시나리오 2: 존재하지 않는 고객 가져오기

고객으로부터 **ID**를 받은 경우
고객이 존재하지 않고
고객 **API**를 쿼리할 때
고객 **ID**를 사용한다
그럼 존재하지 않음 응답을 한다

이것은 마이크로서비스를 구축하기 전에 작성할 요구 사항을 설명하며, 유비쿼터스 언어를 사용해 팀 전체가 함께 사양을 정의하기 위해 협력한다. 그런 다음 Cucumber와 같은 도구를 사용해 문자 그대로 사양을 읽고 검증하는 테스트를 만들 수 있다. 마지막으로, TDD를 사용해 테스트를 통과시키고 빨강–녹색–수정 주기를 수행할 수 있다. 이와 같이 테스트를 하는 것은 도메인 전문가와 팀 전체를 포함해 모두가 기여할 수 있는 테스트를 하기 때문에 굉장히 유용하다.

 Cucumber–JVM은 BDD 테스트를 위한 우수한 프레임워크를 제공하며, JVM에서 실행되기 때문에 코틀린으로 만들 수도 있다. 자세한 내용은 다음 웹 사이트를 참조하기 바란다. https://cucumber.io/docs/reference/jvm

▌CI/CD 처리

마이크로서비스에 지속적인 통합Continuous Integration과 지속적인 배포Continuous Delivery 기능을 추가하면 애플리케이션을 우수한 품질과 빠른 속도로 제공할 수 있고, 마이크로서비스를 만들 때 반드시 해야 한다. 이번 절에서는 지속적 통합 및 지속적 배포를 수행할 때 고려해야 할 몇 가지 사례에 대해 설명한다.

지속적인 통합

특히, 여러 개발자가 동일한 코드 기반에서 개발하는 경우, 소프트웨어 작동을 유지관리하는 것은 항상 쉬운 것은 아니다. 지속적 통합CI, Continuous Integration을 사용하면 소프트웨어 작업 시 문제를 최소화할 수 있다. CI의 핵심 아이디어는 저장소에 코드를 푸시할 때마다 테스트가 실행되므로 수정된 코드로 인해 애플리케이션이 손상됐는지 여부를 알 수 있다는 것이다.

이렇게 하면 누군가 결함이 있는 소프트웨어를 푸시 하더라도, 문제를 수정하고 다시 작동하도록 할 수 있기 때문에 코드 베이스에 소프트웨어를 통합하는 문제를 최소화한다. 이것은 우리가 항상 목표로 삼아야 하는 것이다. 이는 저장소에 작동하는 소프트웨어가 있으면 피드백을 받을 수 있을 만큼 자주 릴리스할 수 있고, 피드백은 소프트웨어를 개선할 수 있는 것이기 때문이다.

모든 것이 준비될 때까지 소프트웨어를 커밋해서는 안 된다고 생각할 수도 있는데, 이것은 나머지 코드와 통합할 수 없다는 것을 알기 위해 코드 베이스에 여러 변경 사항을 한꺼번에 푸시하는 고통스러운 접근 방법임이 판명됐다. 이것은 피해야 할 것이다. CI를 통해 소프트웨어를 개발하는 동안 코드기반에서 나머지 부분과 실제 동작하지 않고 통합할 수 있기 때문에, 소프트웨어가 실제로 완성되지 않는 상황은 결코 발생하지 않는다.

 작은 것을 자주 커밋하려고 노력하자. 이것은 통합을 하기 전까지 적은 노력으로 문제를 해결할 수 있게 해준다.

지속적 배포

CI가 동작하는 환경을 가지고 있는 경우 **지속적 배포**CD, Continuous Delivery와는 한 발짝 거리에 불과하지만 때로는 그 한 발짝이 짧은 거리가 아닐 수 있다. 그러나 우리는 항상 그 방향으로 나아가야 한다. 통합 환경에서 작동하는 소프트웨어를 가지고 있더라도, 사용하는 데 몇 주씩 걸린다면 애플리케이션이 제공해야 하는 가치를 사용자에게 제공하지 못하게 된다.

CD에서는 전체 프로세스를 자동화해 코드 베이스의 소프트웨어를 라이브 애플리케이션으로 전환하고 필요한 모든 단계를 수행할 것이다. 이것은 인프라를 생성하고 구성하는 것에서부터 애플리케이션을 테스트, 배포 또는 검증하는 다양한 중간 단계에 이르기까지 최소한의 개입을 통해 이루어진다. 이것의 목표는 개발자가 저장소의 변경 사항을 적용하면 애플리케이션을 최종 사용자에게 실시간으로 제공하는 것이다.

 최종 사용자가 사용하지 않는 것은 실제로 아무것도 아닌 것을 의미한다. 자주 배포하는 것이 좋으며, 이것은 애플리케이션에 가치를 부여하는 방법이며, 최상의 품질을 위해서는 CD를 해야 한다.

파이프라인

CI/CD를 제대로 수행하려면 변경 사항을 파악하고, 소프트웨어를 구축하고 테스트를 실행하거나 애플리케이션을 배포하는 등의 프로세스를 처리할 수 있는 파이프라인 도구가 필요하다. 만약 어떤 것이 실패하면 파이프라인이 우리에게 알려 줄 수 있고, 그래서 그 문제에 대응하고 해결할 수 있다.

파이프라인을 수행할 수 있는 도구는 매우 다양하지만 젠킨스Jenkins(아마도 가장 인기 있는 도구) 또는 콘코스Concourse, 뱀브Bamboo, 깃랩Gitlab CI, 트래비스Travis CI, 드론Drone 등과 같은 도구를 살펴보는 것이 좋다.

 다른 사람들이 사용한다고 무작정 젠킨스를 사용하지 마라. 젠킨스보다 충분히 좋은 도구가 많이 있으니, 그 중에서 사용해보자.

대시보드

파이프라인을 운영하는 것은 좋지만, 만약 빌드가 작동하지 않거나 테스트가 실행되지 않는다면 이유를 알고 대응해야 한다. 대부분의 파이프라인은 이메일을 보내거나 슬랙과 같은 프로그램에 게시하는 등의 알림을 제공하며 대시보드를 만드는 대부분의 도구도 제공한다.

파이프라인의 대시보드는 소프트웨어 개발에서 테스트 또는 배포에 이르는 다양한 단계를 시각화해야 하며, 대개 정상 작동 시 녹색, 오류 시 빨간색으로 구분되는 색상 코드로 돼 있다. 대시보드가 있다면 팀에서 파이프라인이 제대로 작동하는지 확인하고 필요시 수정해야 하는 곳을 표시할 수 있다.

파이프라인 대시보드는 애플리케이션 모니터링과 쉽게 통합돼 애플리케이션의 작동 상황을 중앙 집중적으로 볼 수 있다.

 빌드 시 오류를 수정하는 것은 팀 전체의 책임이며, 오류가 발생한 이유를 이해하도록 격려해야 한다. 최종 사용자에게 자신 있게 빠른 주기로 제공할 수 있도록 파이프라인을 운영하는 것이 애플리케이션에 가장 큰 도움이 된다.

▎ 정리

이 책에서는 마이크로서비스가 무엇인지, 애플리케이션에 가져다 주는 장점에 대해 다뤘다. 이제 우리 소프트웨어가 진화함에 따라 진화하는 아키텍처를 구축할 수 있는 업계 최고의 원칙으로 설계할 수 있게 됐다. 스프링 프레임워크를 코틀린과 쉽게 통합하는 방법과 마이크로서비스를 구축할 수 있는 훌륭한 도구를 배웠다. 이 과정에서, 고품질의 소프트웨어를 제공하기 위해 코틀린과 같은 현대적 프로그래밍 언어를 사용하는 장점을 깨달았다. 그리고 성능이 가장 우수한 몽고DB와 같은 NoSQL 데이터베이스를 사용하는 리액티브 마이크로서비스로서 RESTFul API를 작성하기 시작했다는 것을 기억해야 한다. 그런 다음 컨테이너와 클라우드를 만드는 방법과 필요할 때 애플리케이션을 확장하는 방법을 배웠다.

하지만 신뢰를 주는 소프트웨어가 필요하기 때문에, 테스트를 통해 요구 사항을 충족하는지 뿐만 아니라 팀 내 누구나 애플리케이션을 이해하는 데 사용할 수 있는 실제 문서로서 요구 사항을 작성하는 방법을 배웠다. 또한 애플리케이션이 운영 환경에 배포되면 최악의 상황에서도 마이크로서비스를 제어하고 관리할 수 있도록 경고와 모니터링 기능을 운영 환경에 사용할 수 있게 되었다. 마지막으로 최종 사용자에게 최상의 가치를 제공하기 위해 코틀린에서 마이크로서비스를 만들 때 업계 모범 사례를 어떻게 사용할 수 있는지 배웠다.

이제 코틀린과 스프링 프레임워크로 자기 자신만의 마이크로서비스를 만들 준비가 돼 있을 것이라 믿는다.

| 찾아보기 |

ㄱ

가상 머신 312
게시자 185
게이트웨이 278, 281, 305
격리 45
경계된 컨텍스트 53
경로 변수 129, 131
계층화 467
구독자 185
구현 은닉 44

ㄴ

내부 클래스 156
넌블로킹 32
네티 174, 177

ㄷ

다운스트림 47
데이터 클래스 154
도메인 주도 설계 31, 51
도커 311
도커 스웜 338, 342
도커 허브 330

ㄹ

라우터 함수 174
람다 473
로드 밸런서 281
리본 285
리액터 186
리액티브 32
리액티브 선언문 58

리액티브 프로그래밍 56
리플렉션 162

ㅁ

마이크로서비스 31
메이븐 80
모노 174, 187
목 380, 382
몽고DB 234

ㅂ

배압 60, 187

ㅅ

서비스 지향 아키텍처 33
서비스 탐색 278, 299
서킷 브레이커 278, 283
스프링 데이터 243
스프링 부트 71, 96
스프링 부트 액추에이터 304
스프링 웹플럭스 174
스프링 이니셜라이저 77
스프링 컨텍스트 467, 474
스프링 클라우드 276
스프링 표현 언어 107, 110
스프링 프레임워크 71

ㅇ

업스트림 46
역직렬화 155, 161
오픈소스 이니셔티브 284
오픈 컨테이너 이니셔티브 314
요청 변수 130

유레카 284
유비쿼터스 언어 52
의존 관계 자동 설정 101
의존성 삽입 102
인텔리제이 IDEA 85

ㅈ

제어의 역전 102
주울 285
중첩된 클래스 155
지속적 배포 492
지속적인 배포 468, 491
지속적인 통합 468, 491
지속적 통합 492
직렬화 152

ㅋ

컨테이너 313
컨텍스트 매핑 53
컨트롤러 125
컨트롤러 어드바이스 168, 170
컨피그 서버 278, 287
컴포넌트 스캔 71, 98, 99
코틀린 관용구 467, 468
클라우드 네이티브 마이크로서비스 68, 275
클린 아키텍처 31, 55

ㅌ

테스트 주도 개발 489
테스팅 468

ㅍ

폴백 46, 48
표현식 470
플럭스 174

ㅎ

하트비트 280
함수형 프로그래밍 174
행위/행동 주도 개발 490
확장성 48
히스트릭스 285

B

back-pressure 187
Back pressure 60
BDD 490
Behavior-Driven Development 490
Bounded context 53

C

CD 492
CI 492
Circuit breaker 278
Component Scan 71, 99
Config server 278
Config Server 287
Continuous Delivery 468, 491, 492
Continuous Integration 468, 491, 492
controller advice 168
Controller Advice 122

D

data class 154
DDD 51
dependency injection 102
deserialization 161
deserialize 155
Docker 311
Docker Hub 330
Docker Swarm 338
Domain-Driven Design 31, 51

E

Enterprise Service Bus 38
Eureka 284

F

Fallback 46
Flux 174
Functional Programming 174

G

Gateway 278

H

Heart-beat 280
HTTP DELETE 137
HTTP POST 135
HTTP PUT 138
HTTP 동사 132, 134
Hystrix 285

I

inner class 156
Inversion of Control 102
IoC 102

K

Kluent 360
Kotlin Idiom 467

L

Layering 467
LinuX Containers 313
Load Balancer 281
LXC 313

M

Microservices 31
mock 380, 382

M

Mockito 360
MockMvc 375
Mono 174, 187
Monolith 38

N

nested class 155
Netty 174
Non-Blocking 32

O

OCI 314
Open Container Initiative 314
open source initiatives 284
OSI 284

P

Path Variable 122
Path Variables 131
publisher 185

R

Reactive Manifesto 58
Reactor 186
reflection 162
Request Mapping 122
RequestParam 122
request variables 130
ResponseEntity 147
Response Entity and Response Body 122
RestController 122
Ribbon 285
RouterFunction 199
Router functions 174

S

Separation of Concerns 38

Serialization 152

Service discovery 278

Service Oriented Architecture 33

SoA 33

SpEL 107, 110

Spring Boot 71

Spring Boot actuator 304

Spring Context 467

Spring Expression Language 107, 110

Spring Framework 71

Spring Initializr 77

Subscriber 185

T

TDD 489

Test Driven Development 489

Testing 468

U

Ubiquitous language 52

V

Virtual Machine 312

VM 312

W

WebFlux 174

Z

Zuul 285

코틀린 마이크로서비스 개발

스프링 5와 스프링 부트 2.0을 활용해 코틀린으로 구축하는 리액티브 마이크로서비스

발 행 | 2019년 1월 29일

지은이 | 후안 안토니오 메디나 이글레시아스
옮긴이 | 강 인 호 · 황 주 필

펴낸이 | 권 성 준
편집장 | 황 영 주
편 집 | 조 유 나
        김 진 아
디자인 | 윤 서 빈

에이콘출판주식회사
서울특별시 양천구 국회대로 287 (목동)
전화 02-2653-7600, 팩스 02-2653-0433
www.acornpub.co.kr / editor@acornpub.co.kr

이 도서의 국립중앙도서관 출판시도서목록(CIP)은 서지정보유통지원시스템 홈페이지(http://seoji.nl.go.kr)와
국가자료공동목록시스템(http://www.nl.go.kr/kolisnet)에서 이용하실 수 있습니다.(CIP제어번호: CIP2019002269)

책값은 뒤표지에 있습니다.